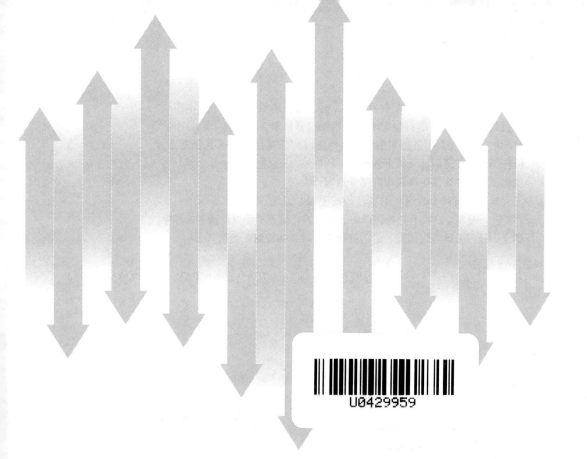

看透财务造假

王峰 / 著

机械工业出版社

当公司上市成为巨大财富的来源时，财务造假便开始与资本市场的前行相生相伴。中国有强大的资本市场监管机制，美国有用市场手段管控的沽空机制，但财务造假始终没有停止，巨大的利益让许多人铤而走险。但任何的财务造假都会留下各种各样的痕迹，只要能找到这些蛛丝马迹，就能够深挖并揭露花样频出的财务造假行为。

本书通过四个故事将财务造假的手段、方法以及造假逻辑、目标、目的一一呈现。这四个轻松诙谐的故事能够让读者了解财务造假的脉络，学会识破财务造假的招数，进而有能力发现并揭发财务造假。

图书在版编目（CIP）数据

看透财务造假 / 王峰著. — 北京：机械工业出版社，2022.1（2024.11重印）

ISBN 978-7-111-59026-2

Ⅰ.①看… Ⅱ.①王… Ⅲ.①上市公司–会计检查–研究 Ⅳ.① F276.6

中国版本图书馆CIP数据核字（2022）第017184号

机械工业出版社（北京市百万庄大街22号 邮政编码100037）
策划编辑：曹雅君　　　　　　责任编辑：曹雅君 李佳贝
责任校对：黄兴伟 李 伟　　　封面设计：马书遥
责任印制：李 昂
北京联兴盛业印刷股份有限公司印刷
2024年11月第1版第2次印刷
170mm×230mm·16印张·165千字
标准书号：ISBN 978-7-111-59026-2
定价：88.00元

电话服务　　　　　　　　　　网络服务
客服电话：010-88361066　　　机 工 官 网：www.cmpbook.com
　　　　　010-88379833　　　机 工 官 博：weibo.com/cmp1952
　　　　　010-68326294　　　金 书 网：www.golden-book.com
封底无防伪标均为盗版　　　　机工教育服务网：www.cmpedu.com

本书故事情节均为虚构,仅为说明财务造假手段的起因、过程和结果,如有雷同,纯属巧合。

前言 / PREFACE

　　财务造假自从有财务岗位的那一天开始就没有停止过,造假事件总是与赚取不义之财或者遮盖丑陋如影随形,而这种触犯法律的行为是不堪一击的。

　　或许有人会说现在人们看到的财务造假也仅仅是冰山一角,没有被发现的财务造假恐怕不计其数。不可否认,这种情况或许真的客观存在,但更多的现象则是在规则内选择、打规则擦边球、业绩粉饰、财务造假这几个状态中游离。如同古人常说的"兵不厌诈",如果企业家在经营中凡事均"草木皆兵",那么"不厌诈"反而是商业沟通的必然手段。只是,这个限度究竟在哪里?哪些算商业智慧,哪些又算是商业欺诈呢?或许这个边界精准到极其细微的地方就连法官或律师也很难统一意见。不过没关系,造假手段在曝光以后往往是显而易见的,就算是在最初做出的业绩粉饰行为也同样可以明确定性。但人性就是如此,业绩粉饰能够带来的效益实在是太诱人了,让很多人难以抗拒。从素颜到粉饰,从粉饰到整形,付出的努力从小到大又从大到小,而从中的获利却持续扩大。当企业对外界没有承诺的时候,粉饰、整形等行为可任意选择。可是当企业对外界有所承诺时,那么粉饰行为就已经触及了底线,整形更是严重击穿底线,被予以承诺过的那些人虽然可能会因为各种原因而选择重新接纳企业,但绝不会原谅这种造假行为。

　　本书通过四个故事将财务造假的手段、方法以及造假逻辑、目标、目的一一呈现给读者。财务造假因为有其相当专业的财务知识和深邃的商业逻辑背景，往往让非专业人士无法真正明白，但如果依然用实务思维来撰文恐怕又会陷入说教的怪圈，让读者味同嚼蜡。将财务造假融入故事的最大好处就在于可以将造假的全过程通俗易懂地讲出来，让读者看到的不仅仅是造假原因、造假结果本身以及对造假手段的总结，而是从诱发造假念头开始一直到付诸实施，让读者能够身临其境地体会在企业经营的任何环节都有可能把这些造假行为公之于众的探索全过程。

故事一：《沽空》

这是一个在美国上市的中国公司为了达到资本市场股票增值而获取超额回报，主动对公司销售收入财务造假而最终被沽空、被揭发的故事。沽空报告中明显透露了这家中国企业的商业秘密，难道沽空公司动用商业间谍窃取了公司的商业机密？审计这家公司的会计师偶然发现当初看到的财务资料竟然存在重大问题，难道是被审计单位早有预谋让审计师来"背锅"？沽空后的企业股票大跌，不仅面临美国证券管理委员会的审查，而且面临美国律师巨额赔偿的集体诉讼。各方压力不断击打着这家摇摇欲坠的上市公司，沽空报告是捕风捉影还是无风不起浪？该公司的造假是被歪打正着发现的还是真的遗漏了造假的痕迹？审计师如何揪出线索揭开造假大案？企业未来将何去何从？直接参与造假的财务负责人又将何去何从？

故事二：《审计》

这是一个审计师通过高超的审计手段，揭发一家国内上市公司为了掩盖公司内部管理混乱、财务失控而不得不对成本费用财务造假的故事。这位幕后造假高手如同变魔术一般将混乱的财务资料粉饰后重新以完整、合理、详尽的状态呈现给审计，就连会计师事务所的审计人员都被如此完整的资料所折服，但合伙人一句不经意间的问话却牵出了一个又一个表面合理但实质隐藏着诸多造假痕迹的财务信息。公司能够顺利过审吗？这些造假信息能被夯实吗？该公司的财务总监会坐以待毙还是拼命一搏？究竟是怎样的造假手段能有如此的隐蔽性？会计师事务所又是如何发现的呢？

故事三：《抽逃》

这是一个投资明星帮助商界老板操盘巨额投资，却不知不觉被陷入转移上市公司资金的窘困当中的故事。一次偶然的机会，一位投资明星结识了红极一时的商界老板，并意外获得了该老板旗下上市公司未来多个投资的操盘项目，整个项目执行得非常顺利，却在完成所有投资后的一次意外事件中，投资明星发现事情远比他想的要复杂得多。

故事四：《炫技》

四个曾经就读财务专业的大学同学分别在各自的领域里取得了不同的成就，却都被多少牵扯上了财务造假。有的是财务造假的主谋，有的是财务造假的受害者，有的是财务造假的揭发者。受害者希望了解如何看出财务造假，造假主谋者则摒弃曾经的不法行为积极袒露自己的造假过程，而造假揭发者则把整个造假地图全部呈现出来，包括造假点、造假脉络、造假渠道、造假目的、造假目标、造假后果以及每一次造假留下的痕迹等。

希望这四个轻松诙谐的故事能够让读者了解财务造假的脉络，学会识破财务造假的招数，进而有能力发现并揭发财务造假，让资本市场长期健康发展。

衷心感谢所有支持我、鼓励我的亲人和朋友。

王峰

目录 CONTENTS

前言

第1章 沽空 // 001
沽海无涯,何以为岸

第2章 审计 // 073
危机四伏厦将倾,拨开迷雾见曙光

第3章 抽逃 // 137
明修栈道暗度陈仓,资金乾坤大挪移

第4章 炫技 // 181
造假魔高一尺,审计道高一丈

第1章 沽空

沽海无涯,何以为岸

公司及人物介绍：（人物根据出场顺序介绍）

四云科技：在美国上市的中国科技公司。

钱晓东：四云科技副总裁、首席财务官，财务造假主谋，财务高手。

孙解放：四云科技董事长兼总裁，创始人。

蓝迅霆：某内资会计师事务所高级合伙人，审计高手，协助发现造假线索。

吴乐：某外资会计师事务所高级经理，四云科技审计负责人，蓝迅霆的徒弟。

宋亮：四云科技副总裁，联合创始人。

部分名词简要解释

沽空和沽空报告：沽空就是先高价卖出再低价买入的股票交易方式，沽空报告是以发布关于上市公司业绩不实的信息而打压股价并从中获取利益为目的的报告。

会计师事务所合伙人：会计师事务所的股东或管理者，在事务所内部通常都称之为老板，大多有获取业务分成的权力。

底稿：审计工作底稿，会计师事务所在审计过程中留存的被审查过的资料，以及审计过程中留存下来的各种数据和信息资料。

函证：为了证明被审计单位交易属实而给交易对方发出的问询函，包括欠款余额或交易额等信息。

to B：针对商业客户的销售。

to C：针对个人消费者的销售。

脚本：就是用电脑编程语言编写的，可以执行一段命令或调用数据执行处理的编程语句。

小朋友：通常指在会计师事务所里刚入职的应届毕业生或者没有工作经验的初级审计助理人员的别称。

重要性原则：审计中可能存在的不影响财务报表使用者做出经济决策和判断的错报及漏报的最大限额。例如总收入的1%以下金额的错误。

三表同框：现金流量表、资产负债表、利润表这三张财务报表按照从左到右排列在一张纸上。

资产负债率：总负债/总资产。目的是看总资产中债务的比重有多大，能反映公司整体风险的指标。

股东权益报酬率：净利润/股东权益。是站在股东层面看公司盈利情况的指标。

总资产周转率：总收入/总资产。目的是考量公司整体资产的周转效率情况。

流动比率：流动资产/流动负债。是考量公司短期经营是否存在偿债风险以及日常运营管理是否到位的指标。

净利润现金保障比率：经营性净现金流/净利润。是考量公司净利润中有多少是已经收到的现金的指标。

资产减值：资产的可收回金额低于账面价值，减值部分会减少公司的利润。

集体诉讼：一名代表人代表众多当事人提起诉讼，美国有律师专门从事帮助受骗股民与上市公司提起集体诉讼的业务。

财报十大危机信号：危机信号出现时不一定真有危机，但这个信号不能不被关注。

1. 收入连年下降
2. 净利润连年下降且变为负数
3. 毛利润连年下降且畸低
4. 货币资金持续降低甚至不足一个月的日常支付
5. 应收、应付账款畸高，增幅超过收入
6. 存货畸高，增幅超过收入
7. 经营现金流连年为负，投资现金流连年为正，融资现金流连年为负
8. 资产负债表、利润表里存在大量"其他"会计科目
9. 资产负债率居高不下且连年升高
10. 流动比率长期低于100%

本章造假脉络图

以收入造假为主线的虚增收入、虚增毛利进而达到虚增净利润的造假脉络图

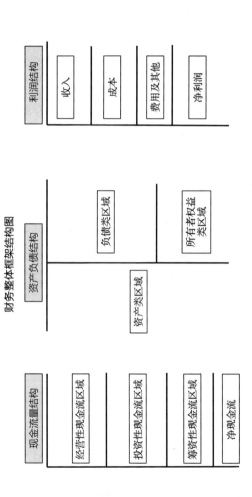

第1章 沽空

沽海无涯，何以为岸

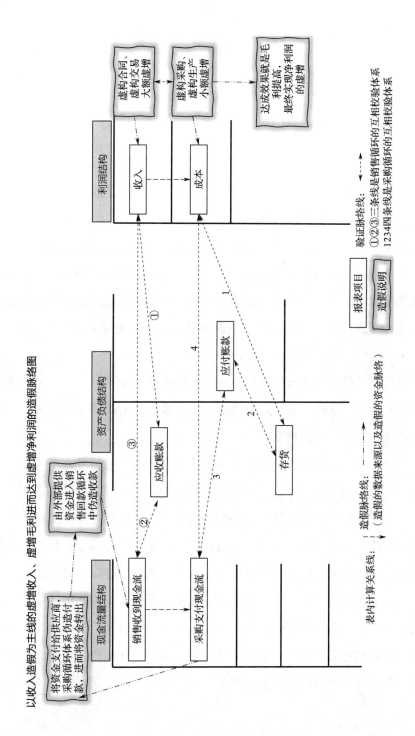

01

尽管刚落地的飞机广播里不断提醒乘客飞机停稳之前不要开机，钱晓东还是习惯性地打开了手机，他不看都知道身后已经有很多人都开机了。钱晓东使劲伸了一下懒腰，十多个小时的飞行就算是坐头等舱也让他感觉非常疲劳，这个时候他最希望的是赶紧回家躺在自己的床上好好睡上一觉。突然，手机在刚接入信号网络的那一瞬间就开始疯狂地响起各种提示音，微信、短信、邮件提示音不停地响，仿佛这断网的十多个小时错过了一个世纪一样。钱晓东立即意识到，可能出事了。

坐在一旁的孙解放听到这样连续不断的提醒也怔了一下，有种莫名的不安感逐渐涌来。这时钱晓东的电话接进一通来电，电话另一头传来声音："钱总，可找到您了，咱们被沽空了，股票崩盘了。"

就在美国当地时间周五中午，一家美国当地投资机构发布了对四云科技的沽空报告，立刻被各大媒体转载报道，股票应声下跌，收盘时已经跌了40%。这个时间的中国正是午夜，公司所有工作人员都在熟睡，根本没有做出任何反应。而公司最重要的两个管理者——董事长孙解放和首席财务官钱晓东都在回北京的飞机上，也不可能知道自家股票已经面临灭顶之灾。

听到电话中对方近乎喊叫的声音，钱晓东只说了句"知道了"就立即挂断电话打开手机新闻的财经频道，果然，公司被沽空及股票大跌的报道已经刷屏。看到信息后孙解放和钱晓东立刻被这突如其来的消息震惊到，本来还打算各自回家好好倒时差，这下可好，二人已经睡意全无，下了飞机直奔公司而去。

第 1 章 沽空

沽海无涯，何以为岸

在从机场回公司的车上，孙解放一脸严肃，早已有人将沽空报告的原文发到了孙解放和钱晓东的邮箱里，此刻钱晓东正全神贯注地看着这份导致公司股票大跌的沽空报告。

"怎么样，什么情况，报告里都说了什么？"孙解放有些着急又十分困惑，"怎么，为什么这一纸报告能有这么大的威力？"

"孙总，这在美国股市是正常的事情……"

钱晓东话还没说完，孙解放就按捺不住怒火了："正常？这叫正常？我在飞机上就这么半天的工夫，公司的市值就跌去 30 亿元，你管这叫正常？"

钱晓东依然保持着克制下的冷静回复道，"孙总，当初决定在美国上市的时候券商就已经提醒过，在美国上市虽比国内简单，但美国股市的市场行为非常充分，因为有沽空机制，股票背后的公司才不敢肆意妄为。"说到最后这个词"肆意妄为"，钱晓东故意加重了语气，孙解放没有说话，只是低沉着脸盯着副驾驶的座椅靠背。

"这份报告我大体看了一下，基本上说了三件事，虚增利润、欺骗客户、窃取资金。"钱晓东看孙解放没有说话的意思，便继续说道，"窃取资金和欺骗客户，这些都是无稽之谈，一会儿到了公司我跟券商杨总商量一下怎么应对。至于虚增利润，这里还有两个部分。一部分是成本费用不实，这一点我看了基本也是乱编的，公司在费用这部分没有什么大问题。只是这个收入……"钱晓东停下了，再次抬头看着孙解放，此刻孙解放也转头看着钱晓东，时间仿佛静止了一样。其实哪里是静止，两个人的脑子里正飞速地划过公司每一次会议的所有细节。

过了一会儿，还是钱晓东先开口说话："这个有些蹊跷，上次咱们商量的时候就四个人，其他人不可能知道，这件事的保密程度算是最高的了。"钱晓东左手扶着笔记本电脑，右手食指敲了敲电脑屏幕，继续说道："这里的资料居然有咱们公司交易的详细数据，而且，其中居然就提到咱们商量的那些，这些信息是绝对保密的，他们不可能拿到的。"

"既然是公司的商业秘密，我们能不能告他们窃取商业秘密，诽谤公司？"孙解放好像看到了一丝曙光。

"这份报告里反复强调了免责内容，文字描述很严谨。简单地说，只要是打开看了这份资料，那么这份免责条款就自动生效。而且对方在报告里说这些所谓的信息资料，都是他们安排数百人现场记录收集起来的，并没有窃取公司资料。"

这时孙解放的左手狠狠地捶向座位中间的扶手，扶手里的两瓶矿泉水被震翻在地。钱晓东知道孙解放的创业之路不容易，可谁的创业又是轻松的呢？本来正常运转一家公司就已经是一件非常困难的事情，再加上这突如其来的打击，被人丢入这么大的一个坑里，没有谁能真的沉得住气。所以钱晓东对孙解放的这种发泄并不在意。他当然也知道，如果发泄能解决问题，那这个世界上就不会有任何问题了。

钱晓东继续不停地在电脑上查看着，不时地还在手边的小本上计算着什么。突然，钱晓东像是发现了什么重大线索一样差点惊跳了起来："这不可能！"

"什么不可能？"孙解放一脸不解地问道。

"这不可能！这是咱们那次会上定的策略呀，你看。"钱晓东说着把电脑移向了孙解放的身边，并将屏幕转向了孙解放。

"你看看这个记录，这是咱们上次讨论的策略呀，外人绝对不可能察觉的，当初审计来都没有发现，这怎么就被一个纯外人给看出来了呢？而且这格式基本上就跟从咱们的系统数据库里导出来的一样，这种概率太小了，除非是……"钱晓东没再说下去，两只眼盯着已经抬起头来同样一脸惊诧地看着自己的孙解放。

"除非是，内鬼。"孙解放的声音有些颤抖。

"这不太可能，参会的没有外人，出这么大的事，谁的股票都会损失一大笔，没人会这么犯傻。"钱晓东嘴上这样说着，但心里已经开始怀疑其他参会的人了。难道真有内鬼，这内鬼还是一个视金钱如粪土的家伙？

此刻对于钱晓东来说，知道是谁干的已经没有那么重要，当务之急是怎么能把股价拉回去。可这个报告太具有煽动性了，美国投资人根本不了解中国，就好像中国老百姓不了解华尔街一样。多数中国人对华尔街的了解恐怕都是从影视作品中建立起来的，美国投资人对中国公司的认知同样是建立在一些并不完全真实的道听途说之上的。自然，美国人也没法理解在美上市的中国企业的经营压力，钱晓东和孙解放都陷入了沉思中。

会计师事务所的会议室里，主任合伙人正在召开月度例会，所有的合伙人都到场参加，蓝迅霆也不例外。在这种不怎么需要发言的大会上，他每次都会选择坐在靠近门口的座位上以便在开会的时候出入方便，更何况今天是周六，蓝迅霆更是不在状态。果然会议开始后不久，蓝迅霆的手机震动显示来电，他抬起手机跟主任合伙人示意了一下便合上笔记本慢慢起身，边向外走边做出好像是什么大客户的来电，大家也都没有在意他的离场，毕竟蓝迅霆是所里的大合伙人。

走出会议室，蓝迅霆的声音恢复了正常。"乐儿，在会上，说吧。"

"师傅，我审的四云科技出事了。"电话那头传来一阵急促的声音，"被美国一家机构沽空了，股价暴跌。"

"这跟你有什么关系，你紧张什么？"蓝迅霆不以为然地说道。

"师傅，是我签字的审计报告呀！沽空报告里说他们财务造假。"依然是一阵急促的不能控制的声音。

"那你也应该找你的合伙人呀，你给我打电话算哪门子事儿呀，我又不是你的领导。"蓝迅霆听出了电话那头是真急了，有点慌不择食的劲儿，却依然故意满不在乎地跟对方打趣。

"师傅，不是，我，我找不到我的合伙人，她休假去了，她一休假就人间蒸发。可这事儿……我……师傅，您就别拿我穷开心了。"

"行了乐儿，不逗你了，我刚才也看到新闻了。先别急，你现在在哪，约个地儿。"其实蓝迅霆知道吴乐这个电话早晚会打过来，只是没想到会这么快。

蓝迅霆很快结束了会议，独自一人开车离开办公室直奔他跟吴乐经常见面的咖啡厅。路上并不是很堵，收音机里播放着蓝迅霆情有独钟的评书《三国演义》，七年前他第一次听到这一段"诸葛亮舌战群儒"的时候也是蓝迅霆第一次偶遇吴乐的时候。那天蓝迅霆一边开车进停车场一边正听得起劲，脑子稍微那么一打恍，突然车前闪出一个低头看手机的小伙子，他急忙刹车，双方都吓了一跳。蓝迅霆赶忙下车查看，好在对方没有大碍，两人互相道了歉就各自离开了。蓝迅霆瞥了一眼这小伙子刚停好的车，宝马 Z 系跑车。心想，这家伙挺有钱呀，现在这种富二代啥都不缺，要是公司里有这么个主儿，你用工资、用绩效都管不了人家，你给他的那点工资连养车费都不够。蓝迅霆庆幸自己没有撞到对方，更加庆幸自己没有这个"小祖宗"手下。

让蓝迅霆没想到的是，自己刚下电梯就碰到主任合伙人，"迅霆，正好我找你，来我办公室一下。"蓝迅霆一进去看到的正是这个在停车场里差点撞到的小伙子。他叫吴乐，是主任合伙人同学的孩子，刚毕业从美国回来，他父亲是白手起家的企业主，家里自然是不缺钱。主任几天前就跟蓝迅霆说要让他亲自带一个实习生，原本实习生是不需要由高级经理级别的人亲自带的，那时蓝迅霆已经在申请成为合伙人了，是所里业绩最好的高级经理。也正是因为这个年轻人来头大，主任也担心出什么岔子，毕竟自己的这位老板同学给事务所里审计咨询的活儿真是不少。这次同学把孩子托付到这里，自己自然要往漂亮的方向去干，所以就直接让蓝迅霆这个所里精英亲自带了。

好在吴乐不是蓝迅霆想的那种公子哥,他为人很低调,除了自己开着一辆宝马上下班非常惹人眼之外,在同事间还是很谦虚谨慎的。但很快同事们就从对他出身的羡慕变成对他工作能力的嫌弃。吴乐从没有工作过,完全没有任何职场经验,更不懂如何审计,在工作繁忙的事务所里没人愿意搭配一个没有生产力的同事,本来蓝迅霆想把吴乐安排在自己的工作组里让同事给带带,结果,最后他还是只能跟着自己。就这样吴乐就成了蓝迅霆的徒弟。

实习结束的时候,吴乐找到蓝迅霆说道,"师傅,我想留在事务所里跟着您。"

"跟着我有什么出息,你应该去更大的平台。"

"只有您是真心教我,我能学到知识。您审过那么多大公司,还查过那些证监会的大案子,我是真想跟您学点真本事的。"

"我跟你说过,你能力不弱,只是缺点儿经验和自信而已。有机会还是要去更大的会计师事务所把眼界真正打开来,多了解公司、多了解行业,顺便也要考CPA(注册会计师执业证书)。如果可以的话,再到一家大企业里做几年财务工作,把会计功底做扎实了。到那个时候你再好好思考自己究竟是喜欢在大公司的环境下干,还是在会计师事务所干。干企业财务的人的最大问题在于眼界窄,干审计的人的最大问题在于不深入,你如果能在这两个岗位上都体会一下,你的经验自然就足够丰富了。更何况你家里这么大的产业早晚是需要你的。"

"我家的事轮不到我,我也不想在我爸的眼皮下干活,我还是想有自己的事业。"

"你英文那么好,去外资所试试吧,毕竟是发展了一百多年的事务所呀,人家摔过的跤、跌过的坑其实咱们国内事务所一样都少不了的,你又何必在我这浪费大好年华呢。多去学学人家的先进经验，没准未来你也能成立这么一家了不起的事务所，我去给你打工去。再说了，你就算去了外资所咱们又不是不见面了。"

就这样，吴乐听了蓝迅霆的话，去了一家十分著名的外资会计师事务所，也很快考下来了 CPA 证书，他也很适应这里的环境，毕竟在国外生活的那几年养成的沟通习惯在这里毫无违和感，也的确只有在这里才能接触到境外上市的中国企业，自己也才能够成为出海上市的中国公司审计团队成员。随着自己经验的不断积累，终于吴乐成为这次四云科技的上市审计项目负责人。吴乐虽然没有继续跟着蓝迅霆学习，但这份师徒关系却让吴乐十分珍惜，他隔三岔五就跑到蓝迅霆那请教一通，在公司楼下小酌已经成了这师徒俩的习惯。

蓝迅霆走进咖啡厅，远远地就看见吴乐已经坐在了那里，桌子上摆着两杯咖啡，蓝迅霆抬手打了个招呼走到桌边坐下，随手把背包放在旁边的座位上。

"乐儿，这事可不小呀，你应该跟你们事务所的大领导去汇报，你们这种大所一出面还有什么解决不了的事呀！"蓝迅霆从来都不喜欢谈话气氛太过凝重，自己虽然长吴乐 20 多岁，但俩人彼此间没有任何年龄的隔阂。蓝迅霆这种表面严肃实则是看热闹不怕事大的口气让吴乐哭笑不得。

"师傅，您就别拿我穷开心了，我当然汇报了，汇报完了不还得由我来干呀。我的合伙人在休假，我其实也在休假，旺季一过公司都快没人了。"吴乐苦着脸说。

"你的合伙人很快就会回来了，她又不是去了火星。说说吧，什么情况？"蓝迅霆终于还是恢复到正常的表情。

"昨天晚上，也就是美国当地时间的周五中午，一家基金公司发布了四云科技的沽空报告。我早上看到的新闻，随后下载了这份报告，足足有 299

页，里面罗列了四云科技许多的财务造假证据。就是这份报告在市场上被疯传，很多投资机构都被吓到了，纷纷抛售公司股票，搞得股价一跌再跌，完全失控。

当然，我也知道这份报告只是对方的一面之词，说辞真假还没来得及去核实，但其实核实不核实都已经是现在这个暴跌的结果了。股价跌不是我担心的，我担心的是真有问题我却没审出来。不过师傅，你知道吗，很奇怪，这份沽空报告里许多的原始资料截图证据我都没有看过，不是说具体的哪一张证据，而是这一系列的事都没在我们当时的审计范围里出现过。"吴乐有些语无伦次。

"说重点，沽空报告里打的是什么点？"蓝迅霆有些不耐烦。

"利润，利润造假。"吴乐赶忙说。

"废话，哪个造假不直指利润，具体是什么？"蓝迅霆没好气地说。

"我没读完，前面几页都看了，主要是收入造假。报告里提到了公司的收入不实，而且给出了一系列的测算逻辑，做得很有技术含量，这些测试我们当时都没有做过。"看着蓝迅霆没有说话的意思，吴乐继续说道："然后就是成本造假、费用造假、股东转移资金。我大体看了一下，根据当时我们审计的情况来看，报告里给出来的证据要么就是胡说，要么就是我们当时审计时忽略掉了。"

"你把你当时做的底稿给我看看。"

"师傅，你这不是让我犯错误吗，客户的底稿不能给别人看的。"吴乐一脸为难的样子。

"那你还找我来干什么"蓝迅霆喝了一口咖啡悻悻地说。

"师傅，不正是因为不能把客户的资料给别人看，我又没有思路，才来找您帮忙的嘛。您要是不救我，我可真就要陷进去了。"吴乐都快哭出来了。

"这跟你有什么关系,你审的又不代表是你造的假,而且还不知道是不是真的造假了,你慌什么。"蓝迅霆故意做出一脸不屑的样子。

"哎哟,师傅,您就别在这卖关子了,求您了,就帮帮我吧。"吴乐哀求道。

"你这什么资料都不给我,我怎么帮你呀,至少你也得把那个报告翻译成中文给我吧。"蓝迅霆终于说出了自己最不愿提到的痛点,他的英文在大学毕业之后就有条不紊地恢复到了初中二年级水平并稳稳地扎住了阵脚,无论怎么学都纹丝不动。

"噢,对对对,我真是。师傅,你给我一点儿时间,很快。我把报告的主要内容都翻译过来。"吴乐赶忙一脸歉意的样子说道。

"不行,不能只要主要内容。一个字都不能少。翻译软件很多,但翻译得肯定不精准。你找一个翻译软件先译成中文,然后你逐字逐句地去看有没有翻译错误或不准确的地方,都改过来,发给我。"蓝迅霆其实早就想好了要怎么办。

"没问题,师傅,今晚我就给您发邮件。这个报告很长,但真正有效的内容其实也没多少,我现在就回去把资料整理出来。"吴乐一边说着一边露出了一点儿看到希望的笑容。

"另外还有四云科技上市以后所有的年报和审计报告,要中文的。"蓝迅霆补充道。

"没问题,这个都有。"吴乐回答道。

"报表要 Excel 版的,别给我整 Word、Pdf 的,要带验证过公式的。"

"没问题。"

"还有所有的公告,以及四云科技上市以来的股票交易量和股价变化。"

"这个数据量可能会很大,您能看得过来吗?"

"不用你瞎操心,问你要什么你就给什么。"

"好的师傅,那您……"

"我去……你去把账结了。"

吴乐听到这,终于还是笑了出来。他就知道遇到难事找蓝迅霆准没错。蓝迅霆当然也知道吴乐为什么会这么恐惧,他倒不担心这个徒弟会胡来,吴乐是绝对不会跟被审单位搅和在一起的。只是吴乐的"斗争"经验实在不太丰富,如果企业的CFO(首席财务官)是高手,那么吴乐显然还是太年轻了。

奔驰车已经开到了公司楼下的厅门前,两人急匆匆地大步走进公司,已经有保安早早地在一间打开的电梯门口等着,里面的数字已经按在了38层,也就是大厦的顶楼。

在路上的时候,钱晓东就已经安排了所有相关人员都到会议室里去等候。两人还没进入会议室就听到里面传来了嘈杂的争吵声。

"这下可好了,好不容易熬到快要解禁了又来这么一出。"明显是幸灾乐祸的口气。

"刘总,您就少说两句吧,我们这还没搞懂什么是沽空呢,谁知道这是什么阴谋诡计。"

"股票跌成这样,是不是公司就不行了?"

"看着吧,等周一开盘了还是一个跌停板。"

"人家不叫跌停板,敞开了跌,跌到零都没人拦着。"

会议室大门打开,孙解放和钱晓东大踏步走入会议室,所有人都回到座位上不再说话。孙解放看了看所有在场的人。

"各位,大家都已经知道了我们在股市上遇到了一些不法之徒的攻击,股价因此而受到比较大的冲击,宋总和钱总已经在跟券商和律师联络,我们不能允许这种非法行为阻碍四云科技的发展。"孙解放故意停顿了一下,环视了一圈所有人,继续说道,"四云科技发展到今天很不容易,在座的大多数人都是亲历者,你们最清楚公司生存的压力有多大、这种成长的代价有多大。当然,越是艰苦的成长就越是能积淀下充足的能力。比这还大的挑战我们遇的多了,这种雕虫小技对我们来说不会有任何影响,各位也不必担心。接下来这段时间,财务中心和法务中心会需要各位的大力支持,请各位务必知无不言、言无不尽。这段时间有任何状况都可以直接向我汇报。"

孙解放说完还没等大家有什么反馈就径直离开了会议室。

留下坐在会议室的公司管理层们面面相觑,宋亮沉默了一会儿,站起身来说道,"行吧,都忙去吧。"然后低声对钱晓东说道,"走,去我那聊两句。"

宋亮的办公室在38层的西侧,跟孙解放在东侧的办公室对着。当初设计办公室的时候孙解放原打算让宋亮的办公室挨着自己的,但宋亮半开玩笑地说了句这楼不就偏称了吗,孙解放也就没再说话,设计师便将两个公司创始人的办公室放在了顶楼的两头,只是宋亮的办公室略小了几平方米。

"老钱,说说,这什么情况。"宋亮坐下以后慢条斯理地问道。

"宋总,报告我也是刚拿到,也还没看完。这种事上市之前券商就反复告诫过要小心,只是我也从来没有遇到过,没经验。不过刚刚孙总讲的'不法之徒'有些不恰当,沽空在美国是合法的,甚至是法律鼓励的。"钱晓东故意停了一下,看宋亮没什么反应,基本判断宋亮跟孙解放应该还没有沟通过此事。于是继续说道,"十多年以前有不少去美国借壳上市的中国公司都被沽空了,咱们不了解人家的机制,那一批企业当年都挺惨的,股票跌的一塌糊涂。以前还琢磨着当年那些公司管理差劲,被沽空是咎由自取,可没想到今天咱们自己也被沽空了,这一下子还有些慌神了。"

宋亮的身子向钱晓东凑了一下,压低了声音问道:"你觉得有没有可能是看出来了?"钱晓东知道宋亮说的这个"看出来了"是什么意思。同样压低了声音回答道:"不太可能,这事从外面是不可能发现的,哪怕是公司内部也没几个人知道。具体什么情况,我还没看完这份报告,给我点时间,我好好研究一下。"

宋亮听罢,正了正身子,恢复了正常的声音,"老钱呀,留给咱们的时间可不多了,下周一开盘不知道还会不会这么跌,咱们手里这点股票都快变成废纸了。"

从宋亮办公室出来,钱晓东急匆匆地回到自己的办公室,尽管在飞机上他根本没有休息好,但此刻的钱晓东一点困意都没有,他只想赶紧安静下来,好好看看这份报告到底有什么端倪。

因为今天是周末,大开间的办公室里只有零零星星几个人在加班,钱晓东的办公室在大开间的最里面。回到自己办公室后,钱晓东关上门坐到电脑旁打开邮箱,下载并打印了这份完整的沽空报告。

这份报告的结构很清晰,法律声明也非常严谨。报告正文之前仅仅法律声明的部分就占了5页纸,钱晓东没心情去看这些声明,直接翻到了正文。

"四云科技是一家在美国上市的中国科技公司,根据我们的调查,四云科技是彻底的骗子,不仅欺骗了中国监管部门,也欺骗了美国股市投资者,四云科技几乎分文不值,绝对不像其目前在股市中的估值。我们敢非常肯定地告诉各位,四云科技将很快倒闭,我们有充分的证据证明,四云科技在公司收入上有超过20亿元的造假。不仅如此,公司还利用非正常渠道将上市获得的融资转移到股东的个人名下。四云科技及其主要大股东都是完全不值得信赖的。"

钱晓东看到20亿元这个数字感觉有些可笑,但立刻又恢复了警觉性,急不可待地继续翻阅报告,想要看看沽空报告里这20亿元是怎么描述的,看看是否能够推断出来这个对手的研究逻辑。

"我们经过调查,发现四云科技根本没有像他们自己描述的那样宏大,其许多大客户都是不存在的。而这些不存在的大客户对四云科技的付款却是过分的积极。根据我们的调研，这类客户在中国通常是在服务交付完毕以后至少需要三个月才能付款，而不像四云科技的客户在一个月内就能够获得现金，而且是全额的。"

　　钱晓东渐渐感受到了这份报告的威力，难怪美国众多投资人都愿意相信这份报告，里面的说法和证据都太形象了，好像有无数双眼睛在盯着公司，让公司完全变成了透明人。"他们是怎么知道的？公告里也不会说到具体客户的层面呀。这份报告的煽动性实在太强了，难怪投资人会在仅仅看了一份报告就做出抛售的决定，恐怖！实在太恐怖了！"

02

蓝迅霆回到家里已经待了几个小时了，除了给自己做饭和玩手机，他大部分时间都坐在自己的书房里等待着吴乐的邮件。蓝迅霆的书房跟其他房间大不一样，他住的这个小区是很早建成的房子了，各种设施都已经陈旧，房子的装修也都是相当过时的，唯独他的书房里除了一墙的书柜摆满了各种书籍，另外一面墙上的四个大显示器几乎让这间书房变成了"黑客帝国"的样式。蓝迅霆很少请人到家里来做客，每次有朋友来家里都戏称蓝迅霆是游戏控，对此他也就一笑了之，但蓝迅霆从来不打游戏。

"叮咚"，电脑传来了一个提示音，吴乐给蓝迅霆发来了邮件，邮件里有一大堆需要下载的大文件。蓝迅霆花了一些时间把所有文件都下载下来，拿起手机与吴乐连线。

"乐儿，报告里说的这些不存在的客户，你们当时是怎么审的？"蓝迅霆快速地查看了沽空报告的主体内容，一边看一边问吴乐。

"我看了底稿，这部分是 Angela 做的，哦，就是我的那个审计助理，当时都做了函证，回函率100%，不仅回函了余额，也回函了发生额。资料都是完整的，从资料里没发现什么问题。"

"资料没问题，那么发函的程序对不对？"蓝迅霆想要知道的是，究竟是事务所审计人员亲自发出的询证函，还是由客户代为发出的询证函。

"师傅，这没问题，我有印象，当时客户说可以帮我们去带给客户逐一落实，Angela 跟我一说我就直接拒绝了，后来是她亲自发的。"作为一个审计项目负责人，吴乐知道这些关键环节都需要把控，特别是外资所对这些流程要求十分严格，而这种严格只能依靠现场的审计负责人，吴乐从来不会拿自己的责任和诚信去做赌注。

"这些公司的背景你们调查过吗？"蓝迅霆接着追问。

"背景？什么背景？"吴乐不知道师傅说的背景究竟是指的哪方面。

"背景呀！这些公司是干什么的，为什么采购四云科技的东西？他们又是卖给了谁？他们的客户都是哪个行业的？除了四云科技还有哪些供应商？行业里是什么地位？股东结构是什么？有没有关联关系！背景呀！"蓝迅霆有些不耐烦地喊了起来。

"这我当然都知道呀，从公司买这些设备的，肯定都是终端用户啊！"吴乐的语气中也透露出了不耐烦，吴乐知道蓝迅霆想要说什么，可是自己当时在现场怎么可能对这么多的客户逐一做背景调查，就算有那个心也没那个时间呀。更何况，这也算是多少超出了既定的审计程序，审计也是要考虑成本的，如果发动现场的人都做这些太过外围的调查，这未免也太蠢了。

"我一听到你嘴里带着这种对我提出的问题本身产生怀疑的语气，还有那种不屑，我就知道，你肯定是在这里有问题。我猜，第一，你没对这些客户的背景做调查，哪怕是最基本的工商局系统的数据都没看；第二，你把询证函全权交给你的审计助理 Angela 独立去执行了，这个过程你并没有真的盯着。"

吴乐不说话了，也实在是不想说话，他心里不平，当年难道不是你教给我的现场要有随机应变的能力，哪怕是有些程序做得不到位，只要底稿到位了就不会出大事。难道这不是你跟我说的吗？

蓝迅霆等了一会儿见吴乐没有说话，就知道他又开始耍小脾气了，于是继续说道："咋啦？我教你的？你也不看看你审的户和我当年带你审的户能一样吗？我当年带你审计的那个公司是非上市的，他们的审计重点都不一样，你忘了我当时跟你说的了？"

"那都多少年了，早翻篇了。师傅，你也知道，越是这种上市公司要走的审计程序就越多，我在审计时间内能把既定程序走完就算不错了。我也知道你说的这些很重要，但你也总得相信你的属下吧，用人不疑嘛。"吴乐无奈地解释道。

"哎哟，"蓝迅霆被吴乐的这两句解释给逗乐了，"你这带团队带出感觉来了，还用人不疑了。我问你，如果你充分信任一个正直无邪的小学生去对付一个老谋深算的大骗子，你会完全放手让这个小学生去吗？你这不是去送死吗？"蓝迅霆说着说着就急了。

"好了好了师傅，我知道错了，你现在说我有什么用呀，帮我想想办法，拉我离开这个沼泽地吧。"吴乐一听到蓝迅霆说这种极端例子，就知道他又要开始教育自己了，吴乐心想，师傅，我真没时间听你这嘟吧嘟吧了，等过了这个槛你爱说多长时间就说多长时间，我都听着。

"你真是一书呆子，人家给你资料全你就全认呀，能不能走走心。"蓝迅霆还是要给自己刚才那股冲劲找个台阶下，"哎，也是，审计时间那么紧张，你就算走心了，也不能不认这些提供过来的天衣无缝的证据。你又有什么证据能够证明这些证据不是真的呢？"

"就是呀，那我们能怎么办，难道要逼他们说这都是自己编出来，那也不能够呀。"吴乐顺着蓝迅霆的话也委屈地说，"那我现在该怎么办，重新再查一次？"

"你们当时有没有做数据分析、行业对比？"

"我们当时的确也做了一些数据对比，用历史数据、用同行竞争对手的数据去对比，四云科技的数据的确比同行都好，公司给我们的解释也非常合理，他们现在的技术在行业内绝对领先，无人能及，自然成本就比较低，客户宁愿花高价买他们的设备也不愿花低价去买便宜货。"

"你手里还有没有他们的招投标资料？"

"有一些，但应该不全，当时没有收集那么多，很多投标都没中标，就没要那些资料。"

"还能去要来看吗？"

"现在出了事恐怕难了，不过很快又要开始新一年的审计了，我们提前去预审，或者是去进一步补充审计程序，我想对方应该是会配合的。"

"那好，既然沽空报告里的重点是收入，那么你就必须要把该公司所有的销售合同全部重新捋一遍，还有所有的招投标、竞争性谈判等项目全部都仔细查看，不仅是中标的，没中标的更加要仔细。中标项目里肯定有陪标的，你看得多了自然就知道哪些是陪标的，那么这家招标客户就可能有问题，顺着这个思路，你就能找出来哪些对手经常投标却从未中标，行业内也不怎么出现这些公司；你也能找出哪些经常中标的客户，根本没有同行业真正的竞争对手，这样你就能揪出来哪家客户是真有问题的。然后再细查这家客户的背景，哪怕是去客户处现场访谈，或去客户工厂调研。我猜这些沽空公司肯定也是这样去调查的，人家都能这么玩命，你们还不得拼命去查呀！"

"知道了师傅，我这就把以前的底稿先捋一遍。"吴乐一边听一边将蓝迅霆的嘱咐记在自己的小本上，"人家玩命调查是真赚钱呀，我们拼命调查，那纯是保命呀。"

"底稿，对于普通企业审一审没什么问题，基本够用。但对于这种很可能是有预谋、有规划、有步骤造假的企业，就不够了。"蓝迅霆并没有理睬吴乐的调侃，继续说道，"以前收集的任何资料，不管有没有进底稿，都翻出来好好查看查看，特别是针对销售的。你要记住一点，凡是能让这家公司利润提高的，无论是收入的增加还是成本费用的减少，都不能放过。"

"可是师傅，咱们年审也没有查错防弊的责任吧，材料的真实性明摆着就是企业的责任嘛。你说他们如果真的造假了，给我们提供了这种有预谋、有规划的数据，你让我们怎么办呀？都去练个火眼金睛？"吴乐苦笑了两声。

"道理是对的，但股民听吗？"蓝迅霆没有让吴乐继续说下去，"行了，其实也没多大点儿事，至少对你来说不会是什么致命的事，不过对于四云科技来说搞不好可真是要命了，你这样，按照我说的来查。"蓝迅霆翻开自己的大本子摊放在桌子上，拿出一只蓝色签字笔开始画，尽管吴乐看不到，但蓝迅霆还是习惯画出图来让自己的思路更加清晰。

"第一，你去把这家公司给你提供的所有销售明细全部细查一遍，需要做出匹配，就是销售收入与销售成本逐一匹配。这个问题如果审计没查，就不会有人查，都是公司内部机密，外部是不可能查得到的。"

吴乐听到后赶忙问道："这工作量会很大呀，四云科技不仅有 to B 的项目，还有很多 to C 的销售，交易记录有大几百万条，怎么查的过来？"

"50 万行之内的，用 Excel 拉拉公式做匹配勉强够用。再多了，你就要找懂数据库开发的人写写脚本，也不复杂。你们外资所里就有这样的人才，没难度。你实在找不到也没事，多分几个 sheet（表格）做也可以，最后再把结果单独拎出来分析，数据量就小多了，再多做几次不同维度的分析就行。你先别打断我，我都给你说完了，你赶紧回去办。"

"嗯。"吴乐不再说话，重新拿起笔来准备记录。

"第二，对比交易记录中的时间、金额、交易对方单位、交易事项等，不管是用系统也好还是目测也好，去看有没有什么共性、疑点。我猜你们的业务交易明细总量与报表数已经做了交叉验证，基本底稿都会有这些测试要求。当然还有按照各种不同分类的总分验证，你回去把这些流程亲自再做一遍，必须要自己拉公式，必须。你们手下那些'小朋友'们，你就想想你当年是怎么跟我这偷懒的就行了。对了，这个对比不能只限定在审计期，要加大量，你们手里有多少年的数据就做多少年的数据分析。"

吴乐听到这，尴尬地撇了撇嘴，当年自己还是"小朋友"的时候，手头上的审计活很多，分配给自己需要做验证的数据量也大。当时他就想，客户这财务账肯定都是明细账汇总来的，怎么可能出现一加一不等于二的情况呢？这种验证也太愚蠢了吧。于是自己就把报表数直接粘贴到了明细的最下面当作合计数，那是因为刚从学校出来的自己还不懂 Excel 还可以做 sum 函数自动计算，面对着 Excel 里的数字还用计算器一个一个地敲。他这么粘数字很多次都没有人发现，当然也没出什么篓子。不过这种小伎俩最终还是被蓝迅霆给发现了，当时就被蓝迅霆狠狠地骂了一通，以后再也不敢这么偷懒了。

"第三，将这些销售收入去匹配回款记录，虽然这么大的交易量匹配起来会有些难度，但你也必须要做。这个时候就没有什么'重要性'的问题了，全部都要验证。匹配完毕以后，重点审查三个事项。没匹配上的，在应收账款里有没有；匹配上的，总额还差多少，有没有在应收账款里；匹配上的那些也要看回款的周期都是多长时间。记住了，要一笔一笔地去核对。另外，还有那些收到钱但没有交易记录的，去查一下是否有以前年度的交易记录。这些数据只要有异常的，全部都标记出来。"

"几百万条记录跟几百万条记录做对照？"吴乐不自觉地惊呼起来。

"别打岔，不都跟你说了方法了吗？第四，公司费用组成部分要跟历年做一个对比，不是金额绝对值的比较，而是要跟销售收入、人员总数、办公面积等你能想到在什么情况下才会增加费用的那些前置条件全部做出对比并一个一个地分析出来。"蓝迅霆停了一下，以为吴乐又要打断他冒出什么惊诧来。而吴乐这次没有说话，其实是被蓝迅霆的这些话惊诧到什么都说不出来。

蓝迅霆看着微信视频对面的吴乐又好气又好笑："你瞪这么大的眼睛干什么，这些记录当然不能以传统的方法去对比，这都什么年代了。以前审计都是凭证、明细账、总账、报表这么查过来。现在必须要从业务端开始，就是从直接跟客户交易的那个时点最原始的记录开始。交易量大的地方才是更容易查出问题的，你知道吗？因为交易量越大，伪造的痕迹就会越多。你想想，如果真有伪造，一定不是客户配合你做的，肯定都是你自己闷小黑屋里憋出来的。几十万条记录，就算用多么隐蔽的手段，也会留下很明显的规律的。"

"师傅，我都记下来了。只是这个工作量的确太大，就你说的这些检查，没有个把月根本无法完成。"吴乐有些绝望，心里想这么测试下去，这家公司无论有没有造假，都早已经在资本市场上被打压到无法翻盘的地步了。"师傅，这来不及呀。"

"来不及也要干。你作为审计，必须要建立数据思维，别以为抽抽凭证、看看报表、盘盘库存、发发询证就算审计了，差远了。你们不是都号称数字化审计吗？不转换思维，以后你没可能适应这个时代的潮流。"蓝迅霆真有些急了，合着自己说了那么一大堆方案吴乐一个都做不了，那还查什么劲呢。

"对了师傅，我突然想起来，这家公司的银行账户特别多，而且公司内部的资金在这些账户之间也经常转来转去。我还记得当时他们的出纳还在抱怨，说自己记账的速度还赶不上他们总监转账的速度快。他们有不少账户的网银都在总监手里亲自掌管，都是自己转完了钱才告诉出纳去记账，出纳也不知道是怎么回事。"

"那你当时怎么不深挖呢？"

"不是没时间嘛！不过这些账户都跟公司主业没有一点关系，采购、销售、收款付款都不会在这些账户里流转。"

"那他们开那么多账户是干什么用的？"

"有些是贷款专用户，有些是开信用证的保证金，也有些据说就是为了帮银行经理完成考核给开的临时存款户，月底存进去完成绩效以后到月初就转走了。还有一些是以什么名目开的户就不知道了，太多了。"

"乐儿，你太大意了。你想想，无论什么财务造假，它的造假基础是什么呀？"

"是什么？"

"钱呀！无论是你为了掩盖虚假收入而打进公司的钱，还是为了掩盖虚减成本从体外给供应商的付款，以及最终造假实现的资金转移，这不都是钱嘛！都是现金在流来流去，你只要把资金的流向摸透了，所有的问题就都能浮出水面。"

"我好像还真是要过该公司几年的银行交易记录，电子版的。当时还是逼着对方必须把所有银行账户都给我，但有几个账户是现场审计工作结束以后公司才给我们的。哎，当时看交易额都不大，而且都是集团内部资金流转，就没在意。"

"别说了，赶紧把这些资料找出来，按照我说的去做匹配。记得数据思维呀！数据思维！"

"你教教我到底什么是数据思维吧。"

"你现在还有工夫学习呀，你再学就学傻了，赶紧去续命吧，赶紧去。"

"续命？"

"我说你脑子能不能转一转，别总想着一根直线走到黑，你先别去想那些标准审计流程里哪些有效哪些无效，你先站在对方的心态上去想一想，如果你来造假，'你'怎么干就不会被此刻现在的'你'发现。而造假的'你'又有什么是'你'怎么也绕不过去必须要留下来的痕迹？"看到吴乐还是没有反应，蓝迅霆有些泄气，但他还是想尽办法把自己的意思表达出来，"我问你，你还记得中国有家与造纸有关的上市公司被沽空的事吧。"

"知道呀。"

"你说说。"

"那家上市公司本来是去美国找投资人买它们已经上市的股票的,结果人家派了个人跑到中国来实地调研,发现工厂并没有运输车辆进出,证明公司的销量其实没那么大。调查人员又跑到车间里去看,设备都停着,工人在扎堆聊天,就说明这家公司不可能卖出自己根本没有生产出来的产品。又跑到仓库里看到仓库环境都是阴暗潮湿的,表示即便产品生产出来了,在这种恶劣的存放环境下也不会有好品质,也就是产品不可能以正常价格销售。于是调查人员回到美国后不但没投资,反而写了一份沽空报告,把这家公司搞得很惨。这都成了当年的经典案例了。"

"没错,你再想想,如果你是个打算来沽空四云科技的家伙,你会怎么干?"

"我有点儿明白了,我现在就应以一个沽空者的身份来揪问题,而不是遵循审计固有的流程。"

"对喽,有的时候,警察要以罪犯的思维来判断罪犯会怎么干,你不这样想,就没法真正搞清楚罪犯的套路。"

"透过痕迹去挖掘线索,根据线索去揪出证据。"吴乐兴奋得大叫起来。

"我的福尔摩斯啊,你的审计之路才刚刚开始。"蓝迅霆哈哈大笑起来,心想自己的这个徒弟快"死"的时候才开窍,是不是也表示自己这个当师傅的也没睿智到哪去呢?

挂掉电话,吴乐看着窗外的路灯和空无一人的街道,才意识到此刻已经是深夜。洗漱一番之后,吴乐躺在了自己的那张简洁但舒适的实木床上,尽管自己是租住的公寓,但父亲还是把这间公寓里的家具家电全部更换一新,让这间本来就身处 CBD 的高档住宅更加没法透出低调的气质。父亲的这个举动让吴乐很反感,本想凭借自己的力量去独闯一片天地,但吴乐知道,尽管自己的工资已经不低了,但其实还是没法支撑自己的花销。如今自己唯一让父亲引以为豪的工作和做过的业绩,也在被沽空公司的报告无情地碾压着,这让吴乐既沮丧又恼火,自己终究还是会被父亲嘲讽一番,然后听着父亲说自己隔壁那个办公室永远给你留着。这哪是子承父业,明明就是俯首称臣。不行,我不会就这么束手就擒。

躺在床上翻来覆去睡不着的吴乐,看着钟表已经是凌晨4点多了,自己的公寓距离公司也不远,干脆不睡了,现在就回公司查资料去,毕竟客户的资料和底稿都在公司里,自己笔记本电脑上的那些资料也实在太少,除了审计报告和报表附注,几乎所有的资料都已经上交,在家里没法细查。

凌晨的公司自然是空无一人,吴乐进入办公区域后,一边打开办公室电脑,一边从抽屉中翻找资料,然后起身到休息区里打开咖啡机煮了一杯黑咖啡,便又回到自己的座位上。

师傅说的是没错的,其实吴乐自己也知道,客户数据量大到一定程度,事务所必须要有一个"重要性原则",因为肯定没有那么多时间去查全每一张单据、每一条记录,必须且只能是抽查。而且抽查也会有一些规律可循,通常是在年报最后一个季度里抽一两个月的全部数据来查,而不是全年所有的数据。因为如果企业有造假,也通常是在临近年终时才意识到数据不好看,需要"化妆"就只能在最后这几个月里动手脚。但如果这家公司从上市前就已经打算动手脚了,就不是最后几个月的问题,而是全年任何一个月、任何一笔交易都可能出问题。现在没办法了,先看看公司的底稿里有没有这些记录吧。吴乐印象里记得,虽然没有全查交易记录,但资料肯定是都要来了,当时他还因为要来的资料量太大而觉得太浪费空间,现在看来,幸亏当时要的资料全,否则现在怎么查呢。

其实直到目前为止,吴乐也不确定四云科技究竟是不是真有问题,美国的沽空机构向来都是先对公司有怀疑,然后只要有个一知半解就立马沽空,而沽空的逻辑也是四两拨千斤,很少有大举投入的持久战。说实话,沽空逻辑虽然凶悍，但风险极其之大。理论上讲，沽空的风险是无上限的。就拿"做多"来比较，比如一只股票 10 元，你正常低买高卖的话，那么你最多亏损的就只是 10 元钱，因为跌到零就不会再跌了，也就是说你做多的时候出现了下跌的股价变动，你最多就是亏掉手里 10 元买股票的成本。但如果沽空，你的获利空间最大也就 10 元，就是从 10 元跌到 0 元，沽空成功就能赚到这 10 元。但如果沽错了，这只股票一下涨到了 100 元，甚至涨到 1000 元，那么亏掉的就是 100 元 –10 元 =90 元，抑或是 1000 元 –10 元 =990 元，这可比沽空有可能赚到的钱要多得多。那么为什么还会有人去沽空呢？其实就是因为做空的人往往是抓住了上市公司难以反驳的漏洞，以及基金股民对风险厌恶的心理，这些信息会令投资人对上市公司丧失信心。在美国股市，一旦投资人对上市公司的诚信失去信心，那么无论这家公司多好，投资人都不会再去投了。一只股票一旦失去了交投量，那么基本上就可以宣布这家公司的股价会持续下跌了。所以，沽空本身就是一把双刃剑，用好了，可以利用别人的贪婪和诡诈来赚取超额利润；用不好，就会亏空得更加严重。许多股市也利用了这种市场自然监管法则来消除股价泡沫，其实还是头部效用在发挥力量，敢玩沽空的人本来就少，真正能赚到钱的就更少。这次沽空四云科技的公司最近几年都在盯着非美国本土公司，一方面是因为其他国家的公司不熟悉沽空，应对策略少；另一方面是因为，美国本土投资人也不了解非本土企业，一旦有所谓的"确凿证据"证明公司造假，那么这些投资人宁愿"割肉"也不会留着股票。所以，这家沽空公司的成功率很高。

　　吴乐的第一直觉就是这份沽空报告的形成不可能投入太多的成本和付出太高的代价，沽空者一定是在什么地方发现了漏洞，甚至很有可能已经把间谍埋进了公司内部。更甚者，有没有可能把间谍也埋进了会计师事务所，吴乐想到这不由得后背发凉。难道，自己的审计团队里有沽空公司的眼线？吴乐不敢想下去，他打算先把资料重新审阅一下再做打算。

吴乐打开自己的电脑，登录公司私有云中的底稿空间，找到了这家公司的点击入口。事务所的规定是，从客户处收集的任何资料，无论有用没用，都必须要存放在事务所指定的区域空间，要有账号密码，在公司的内网下才可以登录查看，但拷贝进去就不能再删除。当他找到这家公司的底稿资料时，让吴乐奇怪的是，在这个存储位置里只找到了该公司第四季度的交易数据。

"不对呀，当时资料是我亲自去跟客户要的，要来的资料我也是都浏览过的，的确给我的是全年数据，为什么就没了呢？这不可能。"吴乐将系统关闭，再次打开，确保不是因为缓存的原因自己没有看全。可是再次登录以后依然就只有第四季度的明细数据，除此之外空空如也。单从底稿的审核来看，这完全没问题，无论是事务所工作质量核查，还是中国注册会计师协会的工作底稿检查都可以过检，因为这符合监管检查要求。只是吴乐清楚地记得是自己亲手上传的全年数据到事务所的空间，当时自己还抱怨这么存下去空间很快会被占满。吴乐越发奇怪，"难道是系统管理员嫌这些数据太占空间，给删了？不可能。系统管理员没有删除数据的权限。那是公司领导删的？更不可能，领导的权限虽然大，但也都只是浏览无限制，没有删除的权限。"吴乐再次重复了关闭打开系统的动作，但依然没有任何变化。

此时蓝迅霆也没有睡觉，而是在他的书房里继续收集数据。

蓝迅霆在四块电脑屏幕的其中一块展示出吴乐给他翻译成中英文对照的沽空报告，对照着报告里提出的三大问题，他并没有着急把细节数据打开，而是把与四云科技业务相同或相近的上市公司名单先罗列了出来，包括中国的上市公司和在境外上市的中国公司，也包括纯美国公司在美国上市的同行，总共罗列出7家，加上四云科技一共有8家可以用来互相对比的公司。

蓝迅霆知道，沽空公司不可能任意抓取某家上市公司去挖，肯定是首先发现了某一家公司的某个数据异常，才会发动狙击式攻势，沽空公司绝无可能把全球所有上市公司的数据全部都看个遍。在同行业里发现异常是一条捷径，不用说，沽空公司背后很可能有强大的数据分析系统，能够抓取一些常规数据进行筛选。但其实设计这个模型根本不难，难是难在数据源特别多、数量特别大，一般人用一般手段是没法实现的。但现在，既然沽空公司已经有明确指向了，蓝迅霆再如此反向去找同行业公司也就没有什么难度了。

蓝迅霆很快将这 8 家上市公司的股票代码录入到他自己的数据分析模型中，不一会儿，这 8 家公司的一系列分析指标图形就映入眼帘。蓝迅霆看财报跟其他人很不一样，他从来不只看一张报表，就算是看利润变化也必须要将三张表的相关数据对比看，他称之为"三表同框"。因为他知道，三张财务报表单独拿出任何一张都是片面的，都不是公司的全貌，要想完整、系统地了解一家公司，就必须要穿插更多的与日常业务关联性大的信息加以分析。

蓝迅霆的分析模型里首先出现的是以下 5 个指标的 8 家公司对比图，包括：资产负债率、股东权益报酬率、总资产周转率、流动比率、净利润现金保障比率。这 5 个指标中，除了资产负债率和流动比率仅在资产负债表中的数据对比，其他 3 个指标都是跨表的数据对比。蓝迅霆也清楚，这些宽泛的指标仅能够让他先建立起对这家公司、这个行业的初步认知，很难从这个层面发现问题。如果真的能发现问题，那也只能说明这家公司的数据的确值得去深究。尽管如此，他还是要做一些排除的，万一呢。

从资产负债率上看，四云科技仅为 35%，在 8 家公司里算是比较低的，这看起来也比较正常，公司上市以后融到了大笔资金，这些钱都是股权性质的，能够增加股东权益。股东权益增加、资产相应增加而负债不变，资产负债率当然就会比较低。再加上这家公司上市不久，融到的资金远还没有用完，即便是已经花掉一部分，也只是购置了一些地产、设备，以及做了一些股权投资，这些花费都是不会影响资产总额的，自然融资后的资产负债率也不会有太大变化。

再看股东权益报酬率,四云科技高达45%。这个收益率实在是相当可观,在这8家对比公司中排在绝对领先的佼佼者位置。蓝迅霆心想,这恐怕就是沽空公司盯上四云科技的原因之一,因为放眼全世界,真正凭自己实力在全球竞争环境下能够获得如此高的收益公司也没有多少家,这冷不丁冒出一家名不见经传的中国公司拥有这么高的盈利,一定是所有投资者都相当关注的焦点。关注的人多了,股价自然就会逐渐涨起来。但是,如果这个高盈利是虚假的话,那么泡沫破裂之后的下跌就一定是沽空公司最大的肥肉。

再往下看,四云科技的总资产周转率为150%,8家公司的总资产周转率平均在90%,这或许也是一个异常现象。总资产周转率就是说明在拥有相同总资产的情况下谁做的生意更大一些,显然四云科技在相同条件下的生意规模最大,而且是在获得大笔融资的情况下,就表示其总资产规模仅仅因为融资获得大量现金本身而大量增加,其生产资料本身并没有太大变化。在这样的情况下,公司销售规模如此之大,就是一个令人称奇的事情了。蓝迅霆稍有些兴奋,没想到这么明显的差异就这么轻易地被展示出来,难道沽空公司也是通过这些数据来锁定目标的吗?

此外,四云科技的流动比率也是远超同行业的另外7家公司,同行的均值在3.3倍,而四云科技达到了6.3倍。这表示公司流动资产远超流动负债,因为有大额存量现金是募集而来的,所以现金占比很大,应收账款在流动资产中的占比虽然不高,但跟其他几家公司的销售额相比来说高出不少,只是因为公司存量现金太多而并没有把应收账款的占比显露出来而已。

再看最后一个指标,四云科技的净利润现金保障比率又出现了最低值——0.75,而其他几家公司的平均值在0.95。这说明,在相同行业、相同投入、相同产出的竞争对手中,四云科技的现金回收能力是明显不足的。这一点或许也印证了为什么该公司的应收账款会比较多。

蓝迅霆很快给自己定了一个方向:"收入""利润""经营性现金流"。财务造假的公司,绝大多数都是把最终目标落在净利润上,想要利润扩大,第一是虚增收入,第二是虚减成本费用,第三是隐藏减值及投资失败等。只要做到这三条,虚增利润就能够实现。而利润一旦增加,股东、股民们就会开心,股东、股民们开心,股价就会活跃上涨,投资者就能够获得超额回报,这个逻辑是多么的单纯质朴。蓝迅霆想起自己读过的那么多上市公司财务造假案例,也读过不少公司财务造假类书籍,其实打开来能有什么?无非只有两个字:利益。是个人利益,是拼命想把上市公司或者是股票投资人的利益转移到自己腰包里的欲望。在这个利益链里,股价提高是第一步,让股价提高的无非就是今天的利润提升以及未来可能存在的超额利润。今天的利润就在上市公司财报的利润表中,未来可能存在的超额利润就是公司的投资和研发方向,简单点理解就是概念,是消息,是基本不用负什么责任的一句话就可以让股价波动。证券管理部门当然也会看公司的公告和消息是不是靠谱,但是你想想,这些上市公司多精呀,它们的故事一定都是前后完美的对应。人家是这个行业的专家,自然比普通投资人精通,讲出来的故事也一定是隐蔽性极强。蓝迅霆无奈地笑了笑,仿佛是在跟对面坐着的自己打圆场,用一个冷笑结束自己进一步深入的思考。

收入和利润其实是一回事,只是一个是开始,一个是结果而已。那么就从收入开始。如果上市公司想要造假,几乎可以说它们首先会从收入开始。收入是创造利润的起点,如果收入足够多,创造利润的空间就足够大。不过上市公司哪里有那么傻,摆出前后明显不一致的数据给人看,肯定是经过反复测算以后确定了一个怎么看都合理的数据链并一起呈现出来,而且淡淡地一划而过,根本不会让外人的关注点放在他真正应当在意的地方。蓝迅霆打开四云科技的公司年报和审计报告,两份报告对照着看公司收入的组成结构,该公司的收入来源主要有5项,分别是硬件产品、工程实施、云服务、软件开发以及其他。这样粗犷的分类自然是没法做更多的分析，只能在这个维度上做历史多年度的增长趋势变化和毛利趋势变化分析，以期待能够发现更多的异常。想到这，蓝迅霆有些对吴乐没好气，如果吴乐能把他们的底稿拿给蓝迅霆看，那么以蓝迅霆的功力，发现数据异常肯定是轻而易举的。无奈，蓝迅霆没有办法获得更多、更细的数据，只能从公开数据中发掘线索再告诉吴乐，让吴乐自己去查。其实仅从四云科技的公司年报中根本没法看得出其收入是否存在造假，这就如同是让福尔摩斯走到案发现场发现许多别人发现不了的线索。但是，如果让福尔摩斯现场定性说谁是凶手，他是没法百分百确定的，只能是根据现场留下的蛛丝马迹去进一步挖掘，大胆假设，小心求证。如果外部人员透过财报就能看出造假，那还需要审计干什么。许多上市公司的造假被曝光，相当大的比例是由于在其他事情上出了状况了，有针对性地安排高手团队进入企业深挖问题才被揪出来的。仅凭常规审计的手段，基本上只能解决绝大多数不造假和造假手段太小儿科的那些财务报表的鉴证工作。

蓝迅霆接下来又做的几个测试是既简单又不简单。简单是因为没有哪个测试是脱离公司业务的，不简单的却是现在绝大多数读报表的人都忘记了报表原来是反映真实业务的数据。

第1步，测试收入、现金、应收账款这3个跟销售循环有关的数据配比关系。

第2步，测试成本、现金、存货、应付账款这4个跟采购循环有关的数据配比关系。

第3步，用此方法测试所有另外7家上市公司。

第4步，找出此行业的通常做法，然后对于偏差做出合理判断。

第5步，针对同行业的每一家上市公司，都用相同的逻辑对其真实存在的市场状况进行测试。

这5步测试着实让蓝迅霆花了不少工夫,平时他根本不会做这么大规模的数据测算,还对比这么多家公司的数据。这个计算量相当大,蓝迅霆将书房里的四块屏幕都用上了还觉得不够,因为这些测试相当麻烦,很多数据并不是在报表中能够体现出来的,而是要从报表附注中去找。像是资产负债表的应收账款中已经被扣掉的坏账准备金,表面上看好像应收账款不是很大,但如果公司已经计提了相当大额的坏账准备金,就表示尽管其真实的应收账款不少,但罗列在报表中真正能收回的有效的应收账款并不多。如果不了解这一点的人看到报表中应收账款的金额不大,就会以为公司收款情况良好,其实恰恰相反,是大量的应收账款没法收回。所以蓝迅霆只能一个一个地从报表附注中找出来这些干扰因素,逐一还原以后再做测试。

"我这是招谁惹谁了,这个臭小子,让我帮忙还不给我资料。"蓝迅霆又想起了吴乐不给自己底稿的事,自言自语地大骂吴乐,"等这事过去了,你小子必须要请我好好吃一顿。"

城市的另一端,吴乐已经掩饰不住自己的焦虑,明明是自己亲自收集的资料怎么就不翼而飞了,吴乐仔细回忆了自己上传资料的全过程,后悔当初没有在自己的电脑上备份。当时他不是没想过,只是这些资料实在太多,搞得自己的笔记本都没什么存储空间了。"当时要是想到有今天,买一个硬盘才多少钱呀。"以前听同事说过,公司的云存储空间偶尔也会丢资料,好在以前丢的那些也不是什么重要资料,公司也没人在意。而且通常大家一股脑往云上传完资料以后,几乎也不会再去打开了,没准还丢了其他资料也说不定,只是没人查而已。可是今天吴乐找的资料实在太重要,重要到如果没法查出真相,自己很可能被冠以失职的名义受到处罚,甚至有可能被吊销注册会计师证书,那自己一生的梦想也会就此破灭。

吴乐正郁闷的时候,手机短信响了。这年月手机短信99%都是运营商和广告方发送的。吴乐平时几乎是不看短信的,未读短信常年都有几百条记录。而此刻，已经没了思路的吴乐随手拿起手机翻看着这条新收到的短信，突然，吴乐的眼睛一亮，这是一条有内容的短信。

"这是一条邀请信息，请在无防火墙的网络中打开此链接，这里有你需要的明细记录。"短信的后面是一串很长的网址链接。

"明细记录？什么明细记录？还是我需要的明细记录？"吴乐不敢往下想，赶紧放下手机。"这个人怎么知道我的手机号码？难道是随机群发的？"

"就算是群发的，也应该会写'交易记录'而不是'明细记录'吧，交易记录不是会更加吸引人吗？"

吴乐重新拿起手机，用手机流量打开了链接，链接显示是一个可执行程序的下载。

"数据量过大，请使用PC机下载。"手机页面上出现了一行提示，原来这本身就是一个下载链接，而页面下方赫然写着"四云科技销售明细记录"。

天哪，吴乐简直不敢相信自己的眼睛，这条短信肯定不是群发的，他可以肯定这信息就是发给自己的。吴乐傻愣了好一会，突然意识到了什么，赶忙起身拿起东西就往家赶，家里的电脑不会有公司的防火墙。不管这个短信是真是假，吴乐知道这已经是他现在唯一的线索了，只能冒险尝试一次。

吴乐走出电梯，大步穿过公司大堂，此时已是上午，马路上已经看到熙熙攘攘的人群。吴乐一直有些担心，万一回家以后自己电脑里的信息被盗走怎么办，虽然自己没有那么懂电脑，但也知道这可不是闹着玩的。吴乐边想边抬头看，公司的斜对面就是电子城。对呀，去买一台笔记本，就用电子城里的无线网登录，这样就不会影响自己的电脑，也不会留下自己家庭的IP地址。想到这，吴乐径直走向了电子城。

用于办公、游戏的普通笔记本都不贵，吴乐很快买好了一台，开机进入浏览器界面，输入链接以后，跳出来的不是手机上看到的信息，而是另外

第 1 章 沽空
沽海无涯，何以为岸

一个浏览器的下载界面。吴乐明白了，手机登录的只不过是一个映射界面，即便是点击也只不过是一张图而已。而这个下载浏览器的页面，才是登录入口。

"反正现在不用自己的实名，也不用自己家的地址，登录也不怕。"想着想着，吴乐毫不犹豫地点击下载，并安装了这个陌生的浏览器，重新再次输入短信里的链接。这时，跳出来一个聊天界面。

"您好，吴总，很高兴能在这里见面。"

对方完全知道自己是谁，而且一登录就能察觉，说明对方很可能一直都在监视着自己。想到这，吴乐下意识地抬头看了一下四周，他的后背已经开始冒出冷汗。

"别担心，我们并没有恶意，只是想帮助您。"过了一会，屏幕又跳出来一句话。

吴乐心跳加速，心想："帮助我？帮助我什么？难道……"

"我们直说吧，沽空报告是我们发的，我们掌握了四云科技的造假证据，希望你能够弥补你们审计中犯下的错误。"

吴乐思考再三，终于还是决定跟对方交流，于是在电脑上打字："你怎么知道我的，你怎么知道我的手机号？"

"这很简单，审计报告里有您的姓名，得到你们事务所的通讯录并不难。"

"为什么你会有四云科技的数据，我的数据是你们删除的吗？"

"不是。我们知道你需要真相，我们希望你能看到所有的数据。你的事务所里有四云科技的人，如果不是我们在四云科技里也安排了人，你将永远看不到这些真实的交易数据。"

吴乐心慌极了，抬手把笔记本合上，傻愣愣地坐着发呆。自己只是一个审计师而已，没必要这样兴师动众吧，居然还动用了间谍手段，这远远超出了一个审计师应有的能力范畴。吴乐回想起自己所在的事务所里其实是有一帮神秘同事的，虽然也是审计师，但他们主要是由技术工程师组成，普通企业是不会请这些人去审计的，只有出了问题的企业才会。而且他们的手段极其特殊，会把你的电脑硬盘全部卸走，就算是你删除了文件，哪怕是格式化了硬盘，他们依然有手段能够恢复。你的邮件记录甚至你曾经在这台电脑上打过什么字，都有办法查出来。那帮家伙才是真的厉害，没准四云科技这次也要找这帮同事来自证清白，他们查完所有能查的资料以后，会给美国证券管理委员会出具一份报告，吴乐记得自己曾经读过一家中国公司在美国上市被沽空的公司创始人写的自传，其中详细描述了当年他们是怎么依靠这帮神秘审计出具的"清白"报告才在美国股市上重新站稳脚跟。今天吴乐遇到的这个对手恐怕也不会比他这帮神秘同事弱。如果自己想要继续查下去，没有资料是完全没可能的。既然是四云科技的人删除了事务所的数据，如果这是真的，那么吴乐想就算是再去向四云科技要这些资料，恐怕对方也会给一些粉饰后的数据。也很有可能理都不理，因为他们内部肯定也在想尽一切办法尽快把这件事给压下去，是没有工夫管事务所重新审查的需求的。除非让事务所高层出面，但这种沟通来来回回就真不知道要过去多少天了。

过了好一会儿，吴乐慢慢缓过来一点儿，他重新打开笔记本，犹豫片刻之后，开始回复。

"对，我要知道真相，如果真的是我错了，我会承认，但现在，我要看到全部数据。"

对方不再回复文字，而是发了一个超过800G的压缩包链接。吴乐点击以后，开始下载。电子城的网速很慢，吴乐将笔记本电脑插上电源线，等着文件下载。

吴乐死盯着电脑的屏幕，生怕下载到一半失败。

11%

13%

14%

16%

每跳一个数字都极其缓慢。吴乐这时候才想起，应该跟蓝迅霆说一下这个事儿，于是掏出手机给蓝迅霆发微信。

"师傅，你永远都想不到，我收到一个短信，居然是个链接，而且你知道吗，对方居然会给我四云科技的全部数据。"吴乐没想到自己竟然是以如此兴奋的口吻对蓝迅霆说话。"还有，师傅，我事务所里的数据被删掉了。信息里跟我说，我们事务所里有四云科技的人。但是他们也安插了人在四云科技里。"

过了很久都没有收到蓝迅霆的回信，吴乐猜师傅可能是在开会，或者可能还在睡觉。吴乐原本还担心自己会被蓝迅霆骂太不谨慎，但现在他已经顾不上那么多不可知的后果了，先拿到数据再说。可是，万一这个数据也是假的怎么办，那我分析的结果岂不是刚好坐实了沽空这件事吗？自己未来的判断全部都是成就沽空公司的，自己成了沽空公司的帮凶。

"我怎么能相信你发给我的这些数据是真实的，作为审计师，现在去企业要数据都不一定能拿到。"吴乐给对方留言，期待对方对数据做出解释。

"数据都是从四云科技系统里直接导出来的，你们看到的是假数据。"对方并没有过多解释自己数据的真实性，好像根本不担心什么。

"我如果用了你们的数据得出来结论，岂不是成了你们沽空的工具？"吴乐试探着又问了一句。

"你现在应该考虑的是你能否证明自己的清白，而不是会不会成为工具，你有自己选择的权力。"

吴乐不再问了，他知道问也不会有什么结果，对方把自己摸得透透的，包括自己的心理。

压缩包文件已经下载了 78%，速度依然还是相当缓慢。吴乐也没有别的办法，只能就这么等下去。

吴乐的微信响了，是蓝迅霆回复了。"乐儿，别碰，危险。"紧接着又来一条，"你根本把控不了。"

"师傅，我已经下载完了，我不能没有这些数据，我也不敢肯定四云科技给我的数据是不是真实的，我要知道实情。"

"你成了沽空公司的枪呀，你蠢不蠢。"

"我宁愿被当作枪，也不愿被人愚弄。"

"你这是在玩火。"

下载条终于走到了 100%，吴乐迫不及待地解压缩，其实他也担心压缩包里有病毒。打开压缩包以后，里面全部都是 Excel 文件，各种交易数据的记录，而且都是数据库格式的，一看就很像是写脚本从数据库里直接读取出来的数据。吴乐又多了一个心眼，从旁边的柜台里买了一个硬盘，把数据都拷贝到硬盘里，然后让卖电脑的人帮他全盘扫描是否有病毒。当确认他手里的数据是干净的，吴乐这才放了心，赶紧收起来电脑和硬盘起身回家。

钱晓东在办公室里眯了一会儿，长时间飞行的疲惫再加上时差还没有倒过来，钱晓东的精神一直处于高度紧张状态，从回到公司到现在已经过去一天一夜了，这份报告的信息量如此之大，全部解读完真的是太消耗体力，此时钱晓东除了疲惫还是疲惫，疲惫到根本无法入睡，只能闭着眼试图厘清这一堆乱麻的头绪。

当初参加秘密会议的人究竟谁是幕后黑手，这类会议不止一次，当然每次首先是跟董事长一对一地碰头沟通，达成共识以后才十分谨慎地扩大范围。因为董事长和副总裁都知道，仅凭他们两个人是绝对做不成这件事的，但如果全权交给钱晓东去操作，两位创始人又担心钱晓东很可能会把所有责任都推给他俩，这俩人肯定也想到了钱晓东不会傻到不留后手，所以一定要把更多的人拉进来。当然，扩大的范围也仅限于核心高管，这些人有公司的大笔股票，总不可能看着自己的股票大跌吧！所以这件事公司所有高管都知道，但操作细节包括董事长在内的多数人都不了解，原因很简单，因为他们不懂。他们完全不懂财务逻辑，甚至连财务报表都看不懂，每次年报公告前的会议，都是钱晓东找自己的财务经理在会上给高管们分析分析就算过去了，也就是走一个过场，不用说报表里更深层次的解读，就算是财务经理的常规汇报，参与的高管也还是跟听天书一样。所以，钱晓东心想就算是这些高管走漏了风声，也不可能把这么多细节数据找出来给别人。那么，如果不是高管，会是财务部的什么人？毕竟财务报表里的数字都是财务部做出来的。钱晓东转念一想，这可能性也不大，公司记账系统几乎全部自动化了，财务部的人是没法更改账务记录的，而记账分录全部都是从业务系统里传输过来自动生成的，除非改参数或改源代码才能更改记账逻辑。即便是改了记账逻辑，财务部的人也根本不会察觉，在信息化如此发达的现在，原本应该手工做的工作都被机器替代了，人的干预能力越来越弱，实操能力也越来越弱，越来越依靠机器出来的数据，完全没有了对数据的掌控力，会计只能看到机器出来的结果，至于这个结果是怎么计算出来的，钱晓东的嘴角不由得微微下撇，恐怕他手下这些会计只懂基本原理而完全不知道这套账的完整计算过程。所以，会计也不可能知道钱晓东在系统里做过什么。

钱晓东回想当时他们做数据处理的时候为了能显得真实一些，就直接在业务系统里改的原始数据。这个动作其实相当危险，这等于是把公司真正的交易记录彻底遗失了，对于任何一个公司来说，这种直接篡改海量真实交易记录的行为相当于灭顶之灾。但是没办法，如果不是从基础数据层面去改动，审计师又不是吃素的，怎么可能发现不了呢。只是，钱晓东知道这个环节里只有自己一个人知道他留下了用于区分数据的痕迹，也只有他一个人知道如何解密以及如何还原。除了他，别人没任何可能发现。当然这也包括了他从系统中删掉的数据，以及凭空增加的数据。

钱晓东不由得从挖掘告密者线索的思路中滑向了当初自己如同杂技师在钢丝上行走一般的设计过程。

必须先从收入开始，有了收入就要有应收账款，有应收账款就需要确定一个付款主体，这在财务账面上都要有记录，且这个记录还不能乱写。因为这套系统是钱晓东设计的，在业财融合对接点上，要对在工商局注册的有限公司做名称和统一社会信用代码认证，所以这家公司必须是真实存在的。这一步着实让钱晓东头痛，他一个人怎么可能找来这么多已经在工商局注册的虚拟公司来给财务造假做数据呢。当然这还没完，收入确认了，紧接着还需要确认与之相对应的成本，也就是你究竟卖给了客户什么产品或者什么服务，无论是实物的还是非实物的，都是与收入匹配的成本，这样才能让收入显得没有那么突兀。只是既然收入是虚拟的，那么虚拟的成本就可以更少一点，这样才能让利润更多一些。因为四云科技的业务中绝大多数都是硬件，所以钱晓东虚拟出来的收入必定是跟硬件捆绑的，也就是说，与收入对应的一定有硬件成本。既然有硬件成本，那么在转为成本之前一定是公司的存货，也就是在资产负债表里资产部分的存货项目。而要增加存货，就要考虑这些存货是从哪来的，是采购原材料自己生产出来的，还是买来成品直接卖出去的？钱晓东当然更加倾向于虚拟出购买原材料自己生产出来的，因为这样一来就可以自然地摊薄所有的人工水电能耗、折旧等，利润自然就会提高。当然，为了支撑虚拟出来的收入，不仅需要考虑具体客户究竟是谁，重要难点还是要找到这些真实存在的供应商名称，以及应当支付的现金到底从哪来，那么资金最佳来源必定是客户收款，而这里面的流转资金变成了伪装的最大难点。

在这之前，当钱晓东告诉孙解放公司当年严重亏损的时候，孙解放先是大惊，再是大骂。大惊的是自己苦心经营的企业怎么会越大越亏钱，这不符合逻辑呀，自己平时听到的所有汇报都是这也中标那也开门红，怎么就亏钱了呢？大骂的是这些管理层从来都是报喜不报忧，顺便也含沙射影地骂钱晓东肯定是算错了——瞎算的财务。钱晓东根本不理孙解放的暴躁，他已经习惯了对方这种解决不了问题的怒火发泄。当然钱晓东在孙解放面前也绝对不会表现出对这位董事长的不屑，毕恭毕敬还是需要的。当年的财务账记录都是正常呈现的，以公司的这种跟硅谷学文化的、大手大脚的做法怎么能不亏损，再加上公司发展得这么快，开拓市场需要大量的推广支持，想要让客户买单就必须要有大量补贴让价格降下来，而且产品质量还不能不优秀，否则客户也不可能在短时间内接受一个新品牌、新事物。你想想，这种高投入、高补贴、低回报的模式，怎么可能是盈利的呢？只是因为上市获得了大笔融资而不至于马上资金链断裂，也恰恰是获得大笔融资才让公司能够有许多的操作空间。这个操作空间，就是利用这些现金进行腾转挪移、偷梁换柱，让这家亏损的公司摇身一变成为盈利超级棒的公司。他作为财务负责人，或者说是实质上的财务负责人，如果公司一上市就出现巨额亏损，怎么跟大股东交代呢，更没法跟资本市场解释，为什么公司上市之前在没有资本市场大笔资金的时候能够盈利，反而上市以后获得大笔资金倒是亏损了，这说不过去的。钱晓东甚是得意地想着，"如果不是我钱晓东在这里，你们哪还有可能如此从容地对待资本市场，证券管理委员会的各种质疑就会令管理层焦头烂额，更别说还能正常经营了。既然你们管理层都达成了默契，我钱晓东的做法也是目前唯一一条能走得通的路了，也是技术含量最高的。你们只能配合我，我也只能找最信得过的人去操办。"

蓝迅霆一直没有停下查找线索，尽管自己也是很困倦，但最怕就是睡一觉起来自己的思路会跟着梦一起飘逝，所以蓝迅霆决定再挺一挺，先把大方向的线索全都捋一遍，至少将自己的逻辑圈画圆，然后再把这些线索交给吴乐继续追查，蓝迅霆显然已是将吴乐这个麻烦事当成自己的事儿在操心了。

四云科技一年的收入是 45.25 亿元，比上年增加了 71.2%，这个增幅可是够给力的。上市公司里绝大多数都算是成熟公司，那就表示其增长不会太差也不会太快，除非是那种全球顶级科技公司构建了覆盖全球的生态圈，连续不断的高增长对于成熟公司来说哪有这么简单。蓝迅霆顺着利润表向下瞥了一眼，成本只有 8.9 亿元？这仅仅比去年的成本绝对值增加了 1 亿元，却带来了如此之高的收入增长？这明显是相当不正常，毛利实在太抢眼了。蓝迅霆心里想，这公司也太敢干了吧，卖什么东西能以高出成本 5 倍的售价卖出去，真的要抢钱不成。不过他转念一想，上市公司里达到 90% 毛利的公司也不是没有，中国股市里股价最高的上市公司常年保持在 90% 的毛利。好吧，蓝迅霆不情愿地鄙视了自己的"狭隘"。不能仅依据毛利金额大小来判断公司造假，难不成毛利高的公司都有问题，当然不是。但他要先记录下这个线索，没准在后面发现其他线索的时候可以做交叉验证。

具象到金额上，蓝迅霆就如同进入了安全堡垒一般。跟绝大多数人不喜欢数字的状况截然相反，蓝迅霆很喜欢数字，喜欢在数字之间查找互相关联性的蛛丝马迹。他喜欢读侦探小说，《福尔摩斯》《尼罗河惨案》都不知道读了多少遍，他喜欢作者的推理过程，喜欢那些表面上虽毫无关联的事物但其底层却有着非常紧密的关联性，只是隐蔽得足够深让普通人都不可能发现，而福尔摩斯就是转换视角以非常人思维去思考罪犯行为还原的推演。所以蓝迅霆在审计的时候极少使用总结思维，他认为这种思维太粗犷，颗粒度太大，没有办法简单定性。只有经过对细节的还原和因果关系推演，才能够真切体会到始作俑者的"心路历程"和具体做法。而数字，特别是财务数字天然具备的自我校验能力就给了蓝迅霆实现推演的最佳前提。其实，即便是没有借贷记账法，事物与事物之间的联系也是千丝万缕的，福尔摩斯能发现蛛丝马迹推演出凶手的作案过程，蓝迅霆相信他比福尔摩斯更多了一个借贷逻辑的数字视角，同样也能够从财务报表中发现造假痕迹，进而推演深挖出公司财务情况的真实面貌。

再回到眼前的利润表上，公司的全部费用是 7 亿多元，仅销售费用就高达 5 亿元，这个数字透露出很明显的信号就是这家公司是以销售为导向的公司，公司宁愿在销售上做大额投入，也不会在其他方面投入过大。显然，这家公司的销售力度不小，虽然跟化妆品、酒饮行业的销售费用没法比，但在四云科技所属的行业里，其销售费用投入是最高的。要么就是这家公司刚开始打市场不得不加大投入，要么就是这家公司所处的行业本身就需要不断营销，要么就是这家公司过度依赖销售而相比之下并没有很重视内部管控。公司管理费用比上一年其实是降低了，表面上是公司紧缩和优化了管理费用，使之投入可以进一步缩减。但蓝迅霆不得不去考虑，公司为什么在大发展的时候反而降低管理费用的投入？显而易见的是，公司的管理岗位肯定都在增加，人员的薪水也都不算低，这些投入是死数，该公司也在各地增加分公司、子公司、办事机构等，这个费用不太可能降低，除非这些都归类到销售行为中变成销售费用，但一些子公司明显就不是销售型的。公司用的是 SAP 管理系统，公司的销售规模不小，各地的机构也很多，这类 ERP 系统本来就不便宜，再加上模块多、站点多，费用也不会是小数字，这些应该都会在管理费用中摊销的。不过也有可能公司把这类大额支出的费用摊销和每年的服务费都按照部门承担的方式分解到了管理费用、销售费用、研发费用和公司存货上，这样一来外人就很难搞清楚各部门究竟承担了多少，也就很难对费用高低做出判断了。这也是财务高手的操作方法，这在核算中是完全没错的，但这样的记账方式对于核算能力的要求是比较高的，除非公司财务能力超强，管理能力超级到位。可是，这样强大的管理能力难道不需要大投入来建设吗？所以一家这么大的公司不太可能随着业务的不断增长而管理费用却随之降低，这一点就算是另外一个线索吧，不管真假先留下来。蓝迅霆在自己的笔记本上写下这条线索。

公司的资产减值 2.1 亿元,报表附注里的信用减值是 1.5 亿元,公司的商誉减值了 0.2 亿元,其他的资产减值总共加起来是 0.4 亿元。蓝迅霆首先对应收账款相关的坏账准备数字产生过程简单地分析了一下,公司的应收账款金额有 10 多亿元,差不多是公司一个季度的销售额,粗犷地估计该公司从客户处收款的频率大概是 3 个月左右的时间。而公司所属行业其实竞争不小,公司这么高的毛利其实不利于开展市场竞争,那么很有可能就会以延长付款时间作为代价,所以应收账款金额大也在意料之中。蓝迅霆翻开报表附注找到了减值那部分的详细数字,公司的应收账款按照会计准则允许的两种方法确定坏账准备,也就是计提减值准备来减少利润。首先是"个别认定法",附注显示四云科技的三家客户或者倒闭,或者清算,或者因质量问题客户长期拒绝付款,被认定为所有应收账款全部都无法收回而全额计提减值准备了。其他剩余的应收账款则按照"账龄分析法"来计算,就是按照欠款的时间长短来估计不能收回可能性的比例,时间越长不能收款的可能性越大,这部分的减值比例就越大,依照这种可能性估计出的比例计算出来的金额就是"坏账准备",就会减少利润。

但是,对于个别认定法的计算,如果不给会计师事务所提供详细资料,通常审计师也不会轻易将其认定为坏账,所以除非公司有足够的证据表明的确无法收回,否则即便是公司隐瞒这种无法收回的可能性,审计也无从知道,也就会把这种严重隐患隐藏在账龄分析中去。而采用账龄分析法,既然是时间越长坏账比例越高,那么只要时间不长,坏账准备金的比例也就不会太高,进而对降低利润的影响也就会小。如果公司用一笔"周转金"对客户进行"收款"然后再从另外的渠道"支付"出去,同时再次与客户签订新的销售合同,那么既可以虚增公司销售收入,又可以解决公司的长期应收账款,同时也减少了公司的坏账比例,保住了利润,真是一箭多雕之计呀。蓝迅霆想到这不由得自言自语，"如果这公司真这么办，只要现金流有数据支撑，还真的是很难通过报表查出问题。除非……"蓝迅霆想了一下，"除非，审计亲自去到客户现场，获批查看客户的合同管理系统和确认收入、收款的账目，但这是没可能的。审计不是警察更不是检察官，对方没可能如此配合。或者审计亲自到客户处询证，但如果双方提前串通好，这个方法就会失效。如果不是串通而是公司单方面造假，那么肯定能查出真相。"于是，蓝迅霆又在笔记上记录下这一线索，同时写下有必要做一个追加审计程序，至少要尽可能排除这些发现的线索。

公司的所得税为 2 亿元，这一条基本上不会有太大出入，相信审计一定会看到公司实际缴纳给税务机关的税款相关单据，以及纳税申报单。另外，还会有一些递延所得税的调整事项，这些在上市公司中基本不会成为造假的主要手段。除非公司既想赚取虚增收入带来的利润又不想缴税，那么公司的税负率将会明显偏小。就目前来看，公司的税负率处于合理的平均范围内，那么也就是说即便是公司有造假行为，也已经为造假产生的利润而交了税。

公司净利润为 15 亿元，实现的净利率高达 44%，这在同行业之间明显就是极高的，同行业的净利率通常在 20%~25% 之间，跟绝大多数行业比起来，25% 的净利率其实也算是相当不错的了。而这家公司竟然超出同行一大截，又是一个比较新的公司，除非公司真的掌握了绝对核心的竞争力，产品性能超群、成本低廉，客户也愿意以超出市场价格的水平采购这家公司的产品，而且公司的员工效率极其高，根本不用太多的人力物力，公司就能够井井有条，也就是公司的各项费用要非常低，才有可能获得这么大的利润空间。但是这样的公司在市场中很少，那么这家公司真的就如此优秀吗？

蓝迅霆在笔记本上共写出 5 条记录：

1. 收入增长过快。

2. 成本偏低。

3. 费用偏低。

4. 应收账款坏账偏低。

5. 利润率偏高。

蓝迅霆知道这其实就是4条线索，是由于前4条线索的存在才可能导致第5条利润率偏高的结果。利润并不是一个独立存在的业务，而是所有业务累计起来的结果。

蓝迅霆又分别在4条记录后面写下：

1. 收入增长过快——销售商品现金、应收账款、预收账款验证；重新发询证函；从系统后台直接看数据库（一定不能让公司导出来）。

2. 成本偏低——后台数据将成本与收入一一匹配地导出，做毛利测试；存货转营业成本的路径与会计分录做测试；采购入库与供应商应付账款、预付账款做一一匹配。

3. 费用偏低——最近5年的各部门人员数量、工资总额、各项费用的比重测试，并且由年做到月。测试每个月的人均各项费用占比变化。销售费用仅以销售人员数量测试；管理费用仅以管理人员数量测试；研发费用和开发支出仅以研发人员数量测试；成本分摊部分仅以生产人员数量测试等。另外，办公面积、房租或折旧等都作为计算平台进行测试。

4. 应收账款坏账偏低——将银行收款的交易记录与账面的客户名称下每一笔记录进行一一匹配。

蓝迅霆写完这些以后看了一眼，喃喃自语道："可惜呀，这些绝大多数都只能是审计人员才能得到的数据，作为公众视角是绝对没法查到的。"更可惜的是，会计师事务所提供的也只是一种商业服务而已，尽管有它自己的专业性，但毕竟不是警察更不是审计署，不可能设定出一个"有罪假设"来审计。如果这家公司就铁了心地要造假，审计也只能看到这家公司给出来的资料而看不到其隐藏的资料。审计是没有强制权力的，充其量如果审计人员想看的资料企业不给，审计可以选择出具"非标报告"来提示读报告的人，仅此而已。而公众就更加无辜了，以为上市公司应当是诚信的，以为有了审计应当是客观真实的，以为有了监管就应当是没有瑕疵的。殊不知，即便是有法律、有警察也难以杜绝犯罪，都是同样的道理。那么公众投资人就只能自认韭菜宿命任人宰割吗？当然不能够，一些合理的怀疑是必须要有的。蓝迅霆想了想，又喃喃自语道："其实我的方法不就是公众视角吗？至少还是能发现不少线索的，难倒是不难，只可惜愿意学习分析方法的人实在是太少了。也当然是因为这些财务知识门槛挡住了绝大多数投资者，哎！剩下的就看吴乐了。"编辑完微信发给吴乐以后，蓝迅霆的困劲也上来了，一夜没睡真是太累了。

03

吴乐回到家已经困得不行,他给自己煮了一杯咖啡,烤了两片面包,他不敢躺在床上,担心一睡过去就起不来了,于是在沙发上歪着身子躺了下来并设定了手机闹钟15分钟。经过小睡一会儿,吴乐的精神状态好多了,这时刚好咖啡也煮好了,吴乐把咖啡和面包端到书房里,打开自己的电脑,查看刚刚从公司拷贝的数据,以及链接里下载的数据。正在这时,吴乐的手机收到了蓝迅霆的微信,不愧是自己的师傅,这一长串文字罗列出来的造假线索,显然是蓝迅霆没有睡觉连轴转搞出来的,吴乐心里暖乎乎的,这个师傅真是没白认,关键时刻对自己的帮助太至关重要了。

吴乐看着蓝迅霆的微信略微思考了一下,看来师傅的思路恰好跟链接给他的线索是一个方向的,就是这家公司很有可能只是在销售收入上做了手脚,其他的也许不是重点,那么着重调查销售收入,就能知道这家公司是不是真的在造假,还是被沽空公司诽谤了。

公司销售收入涉及整个销售体系和业务循环,如果要造假,就必须要前后一致,也就是涉及客户订单、组织生产、服务交付、确认应收、催收欠款等这一系列的动作,而这些信息在企业里都是有数据支持的,可惜吴乐自己手里的数据已经不完整,没法把这个业务循环贯穿起来,就只能依靠神秘人给自己的资料,但怎么才能知道这个数据是真实的呢?吴乐不管怎样还是不相信这天上掉下来的馅饼是真的。不如先用自己手里仅有的几个月的数据跟链接资料做一个匹配测试,也是进行一一核对。如果都匹配上了,就表示这个数据是真实的,否则,这可能就是一个骗局。打定主意后,吴乐把数据全部解压缩放到了自己刚刚新建的一个文件夹里,然后分别打开了自己手里的那一个月的销售明细,以及找到链接资料里对应月份的销售明细,用 Excel 录入简单的匹配函数然后向下一拉,果然数据完全吻合。吴乐依次将对应的数据继续做日期、金额、事项、摘要等信息的匹配,也全都符合。吴乐不由得倒吸了一口凉气,看来这个信息来源是真的,简直就是神通广大呀。吴乐琢磨了一会儿,又做了一个反向的匹配测试,这样可以确保互相之间都能发现重复和漏缺的数据条目。果然,测试反馈回来的结果是,数据条目数量不一样。可是,这些没有匹配上的数据又是什么原因呢?吴乐索引出所有没有匹配成功的那些数据条目,大概有几千条记录。拉出第一条来看,自己手里的数据匹配筛选出来的记录要比链接中的金额大,而且自己手里的这些记录条目也比链接中的数据要多,难道这就是虚增收入的证据?就这么简单就发现了?

  吴乐有点担心,害怕自己被这个神秘人所蒙骗,故意把真实的数据做了手脚发给自己,好让自己能成为四云科技财务造假的信息夯实人。如何分辨究竟真假?吴乐抬起头双眉紧锁,身子向后靠在椅背上斜视着窗外一大片云朵,心想"如果自己是这个造假的始作俑者,我难道就不会迷惑了别人的同时也迷惑了自己吗?我应该是最清醒的那一个,我必须要掌握前后两个不同的信息才会心中有底,否则,如果我自己都没法还原回去了,那么历史就被完整地替换掉了。如果是没有什么特殊背景的人可能会不管不顾,但如果是财务出身的人呢?对。这人也只能是财务出身的人,那他必然会留下能够还原的痕迹,如同手里有一个密码本一样。或许根本就没有那么复杂,密码就在数据记录里。"吴乐想到这眼睛一亮,继续在电脑屏幕前寻找线索。

  能够完全匹配上的字段很多,应该说绝大多数字段都是能够完全匹配上的。那些没有匹配上的记录也只有金额不一致,其他无论是 ID 编号、日期、摘要、科目、借贷方、备注、辅助核算项都完全一致,任何痕迹都没有被留下。留给吴乐的时间不多了，蓝迅霆的办法是好，也没准是能发现异常的，可需要的时间和人力都太大了，如果这些容易操作，当初自己正常审计的时候早就已经做了，何必等到现在。跟四云科技往来的客户和供应商有近千家，关系错综复杂。当初审计的时候，这些已经把项目组里所有审计师搞得晕头转向。这还不算，公司开的银行账户有几百个，资金在这些账户里来回穿梭，让一个不了解公司的人把这些资金往来的脉络理清楚，简直就是做梦。除非有人告诉你这些资金流向背后的事情究竟是什么，否则在短短几个月里就这么盲查，没有任何可能性能查得出来。而现在吴乐手里的链接资料反而成了唯一能够真正有效解开四云科技是否财务造假的证据了。怎么办？

给蓝迅霆打电话。

吴乐知道现在蓝迅霆恐怕已经睡了，也知道蓝迅霆不让自己碰链接的资料，但是没办法，没有犹豫的余地了，吴乐拿起电话就给蓝迅霆打了过去。

"喂？"蓝迅霆睡眼蒙眬地回复到。

"师傅，我呀。"吴乐有些焦急地说。

"你神经病呀，这么晚了打什么电话。"蓝迅霆显然是已经没有白天黑夜的概念了，房门一关、窗帘一拉，什么时间都可以是深夜。

"师傅，我只能找你了，你一定要帮帮我，就差最后这一点点了。"吴乐萌萌的语气倒是让蓝迅霆混沌的神志慢慢清醒了过来。

"说吧。"

"师傅，这是我现在唯一最快的办法了。还是那个链接的资料……"

"不是不让你碰嘛，你有几条命，能让你这么胡闹。"蓝迅霆不等吴乐说完就暴怒起来。

"不是，师傅，你先别急着骂我，先听我说完。"吴乐赶忙解释，"我公司里的备份文件不见了，我记得当时把四云科技所有的全年交易明细都拷贝回来了，而且是我亲自放到了公司的备份空间里，结果我回去找却怎么也找不到了,我怀疑真的有事。"吴乐停了一下还以为蓝迅霆又要阻止自己,但这次蓝迅霆没有说话,于是吴乐继续说,"所以,我如果不用这个神秘人给我的资料,我就彻底没有机会了。不过,我的确有发现。我把两套数据做了完整的匹配比对,发现金额不一致的有几千笔记录,我目测除了金额不一致,其他都完全一样,所以,我不知道究竟谁是对的,谁是错的。我也害怕自己真的成了沽空公司的一杆枪,帮着他人把沽空这件事给做实了。"

"金额差了多少?"蓝迅霆问道。

"这一个月的数据我匡算了一下,大概不到 5000 万元。"

"这么多。一个月 5000 万元,一年就是 6 亿元。"

"是呀,这个线索太重要了,虽然看起来跟沽空报告里提到的金额还有差距,但这是目前唯一的突破口,如果这个线索能确定下来,那么我们就可以想办法把其他的问题也揪出来。"

"那还犹豫什么,继续查呀。"蓝迅霆仿佛一下子也来了劲头。

"怎么查呀,我也不知道究竟哪个数据是真实的。没准是神秘人给我了一份沽空公司篡改过的数据,那我就真的成了一杆枪了。"吴乐无奈地说。

"这么说来,只要能证明哪个数据是真实的,另外一个数据必然是被篡改的。"

"对,我就是这个意思,可关键是怎么证明呢?"

"你说你都完整地匹配了,对吗?"

"对。"

"是所有字段?"

"对。"

"你的数据是所有明细账,还是数据库全字段记录?"

"什么叫全字段?"

"就是从数据库里直接导出来的,不是明细账,明细账里只不过是很少的几列数据，数据库里的字段数量往往要比明细账多出好多倍。"

"师傅您稍微等等，我看一下。"吴乐重新打开自己的两个数据库，把隐藏的数据列内容全部都打开查看，"我手里的是分录明细，里面有很多字段，只是这些字段都是空的，没有任何记录。"

"你再看看链接给你的数据什么样。"

"这看起来可能是数据库的东西，首行都是英文的，我匹配的时候也是半读半猜地找到了对应的列。"

"这就好办了。吴乐，你听好了。"蓝迅霆突然有些郑重地对吴乐说，"没准这还真是突破口。你这样，把你的分录明细里每一个列都去跟链接数据库找到对应的列，一个都不能少。如果真的是数据库，那么分录明细数据百分百是从数据库里来的，不可能匹配不上。"

"好的，我试试。"

"不行，不能试试，必须要找到。然后你把所有的数据全部做匹配，一个单元格一个单元格地匹配，一个都不能漏掉，匹配完了以后你再看看有哪些匹配不上的，告诉我。"

"好的师傅，我马上做，你别挂电话。"

"没那么快，估计你做完也要一两个小时，千万要仔细，慢慢来，这个时候，慢就是快。"

挂上电话，吴乐就开始了蓝迅霆交给他的任务。链接数据首行里的英文代码，应该就是这个字段的英文简写，以吴乐的英文水平识别这个并不难。只是有些不是英文而是拼音的简写，这个数据库开发者肯定是中国人，老外怎么会理解拼音呢？吴乐费了好大劲才把所有字段列匹配上，跟蓝迅霆估计的差不多，这个工作就让吴乐耗费了一个多小时。接下来就是逐一匹配每个单元格了，也就是不管有数没数全部都匹配一遍。吴乐做好公式，全文一拉，天啊，电脑立刻开始卡顿。数据量实在太大了，几百万个单元格在同时运算。好在，电脑不是真的死机，而是一直在运算。

1%

3%

5%

6%

……

心急如焚的吴乐恨不得把自己的脑子也放到电脑上一起帮着算，可惜自己现在什么也做不了，就只能这么等着。放在平时谁会做这种测试呀，说变态都不为过。要是审计期间搞这样的测试，那什么活都别干了。想着想着，吴乐慢慢闭上已经困倦不已的眼睛。

"铃，铃……"一阵电话声吵醒了吴乐，吴乐一个激灵坐了起来，一看电话是蓝迅霆打来的。

"喂，师傅。"吴乐不由自主地打了一个哈欠。

"一猜你就是睡过去了，做了没有，这都几个小时了。"

"哎，太困了。我看看。"吴乐滑动了一下鼠标让电脑屏幕重新亮起来，发现数据已经匹配完了。

"你把所有没有匹配上的都索引出来，对了，等等。"蓝迅霆想起了什么，赶忙说，"你先把自动运算的开关关掉，否则你每次索引的时候可能所有公式都会重新算一遍，又要等半天。"

"好的，我知道，稍等。"吴乐听到万一又要重新算一遍，再等上几个小时，自己真是要崩溃了。他赶忙关闭了自动运算，然后开始筛选所有没有匹配上的记录。

"师傅，列出来了。除了金额以外，奇怪，有一个'自定义4'列里的单元格明明什么都没有，却也提示了没有匹配上。"吴乐不解地说道。

"什么都没有？是空的？"

"对，什么也没有，是空的。"

"空的为什么没有匹配上？"蓝迅霆想了一下，继续问道，"你看看这些没有匹配上的，是不是也恰好是金额没有匹配上的？"

"我看看，"吴乐把'自定义4'这列都标注了红色，然后把索引全部打开，"天哪，师傅，你怎么知道的，这些恰好都是金额不一致的。"吴乐兴奋得几乎要跳起来。

"看来我猜对了。"蓝迅霆沉稳地说道，"你再看看，这两边的'自定义4'没有匹配上的单元格里，哪一个里多出一个空格来。"

"空格？"

"对，空格。"

"我看看，"吴乐有些不知所措，"怎么看呀，空格怎么看得到。"

"你笨得也真是可以了。你不会双击打开单元格，然后用鼠标点住拉一下看看有没有反向的显示呀。"

"对对对。"吴乐傻笑了一下，感觉自己哪是笨呀，明明是蠢好嘛。

"师傅，师傅，你怎么知道的，果然有空格。"吴乐再次被震惊到了。

"是分录明细的表里有空格？"蓝迅霆追问道。

"对呀，没错，师傅，你真神了，你怎么知道的？"

"这就合理了。"

"师傅，你的意思是，这是他们留下来的标识？"

"没错。乐儿，有门了。"

"师傅，快说快说，您是怎么想到的？"

"乐儿，财务人的职业病，就是一定要在所有能做成会计分录的业务上都留下记录，我不用说你也能体会到，就跟你审计要留下底稿、留下审计痕迹一样，会计做的所有记录都是留下业务痕迹的动作。正常业务记录有，非正常业务更要有。否则会计会疯掉的，如果真的随意篡改记录的话，那么真实记录就永远都还原不回去了，这还了得。会计恨不得每一次修改都留下操作记录，都留下备份。所以，如果怀疑有数据造假，就必定有一个没有造假的备份，以及在造假数据里留下隐藏的痕迹，便于自己还能还原回去。

　　以前的会计水平没有那么高，其实包括现在也没多高，留下痕迹最多就是在摘要里加个横线、星号、圈 a 等特殊字符，要么就是加上一个奇怪的词，让自己一看到就知道这一笔记录是有特殊性的。但是你想想，你能看到审计同样也能看到呀，你以为审计都傻呀。刚毕业的审计肯定不懂，但只要做过几年会计又去做审计的人，稍微想一想就能琢磨出来，这根本没法逃过审计的眼睛。但是不加痕迹又没法说服自己，怎么办？就从数据库里找那些永远都用不到的那些字段做文章。要知道，所有开发数据库的设计师，都会留下一些不用的字段，以防数据库架构都搭建完毕以后突然又要增加什么内容，索性在第一次开发的时候就把库建得大大的，预留出一堆空字段，就是所谓的'自定义字段'。这些字段从软件界面上是看不到的，谁没事列出来一些空字段给人看呢？所以你从财务软件里的任何一个界面下都看不到。在界面能看到的位置做标识想要骗过审计是不太容易的。但你会想，审计师里有几个真懂数据库的？所以在这些看不到的位置留痕迹是最保险的，相当于在四云科技的系统里永远留着两套几乎一模一样的数据库，一个是给自己看的，一个是给审计人员看的。也算是运气，这个留痕迹的人如果再隐藏得深一点，恐怕咱们就算是找来数据库专家也未必能找到。"

　　"专家都找不到吗？"

　　"难度很大。那些专业技术咱们都不懂，其实也没必要懂那么多，你们事务所里就有法务审计，那些人很多都是电脑专家，他们的手法就挺厉害，我猜四云科技要想自证清白也肯定会请法务审计来调查，除非他们承认了造假，否则美国证券管理委员会不会就此罢休的，美国的集体诉讼律师也不会罢休。对你来说，现在能发现线索就已经是最大突破了，这样就证明四云科技果然是造假了，而且这很有可能也仅仅是冰山一角。"

"难道还有其他的造假呀？"

"链接给你的信息，很可能是他们在四云科技里安插了商业间谍，否则这样的文件是很难拿到的，或者是黑客攻破了他们的服务器，都不好说。现在看这些数据的真实性很强，你要做的，就是赶紧跟公司汇报，但是，"蓝迅霆故意停顿了一下说道，"但是，你的资料来源，一个字都不要提，你们事务所毛病多，如果听说你是因为获得了非法渠道提供的资料，那么你的所有结论都可能不被采纳。也别说找过我帮忙，尽管你没有给我看任何底稿，但是，谁信呢？你就说是自己查出来的，巧了，就是被你发现了破绽，管他信不信的。"

"好的，师傅。我就这么跟老板说，所里肯定会讨论后续怎么办，没准还真的会去跟四云科技追加审计。出了这么大的事，估计四云科技不可能换审计，否则市场肯定就会更加怀疑公司造假，所以今年的审计肯定还是我们所来做，那么我们就可以增加审计程序。您发现的这些线索，也可以作为事务所跟四云科技谈判的砝码。"

"是你发现的。"

"对，对，是我发现的。"

时间很快来到星期一，美国周日的晚上，孙解放这两天也是十分焦躁，不断有各个部门的领导、朋友以及银行券商给他打电话询问究竟是怎么回事，当地好不容易出来这么一家上市公司，还是在美国的上市公司，没想到闹出这么大的风波来，来一个电话就要从头解释一遍。还有好几家银行的行长，这些都是四云科技贷款的银行，券商、律所、也包括吴乐所在的会计师事务所全部都打来电话。尽管他们已经跟钱晓东沟通了一轮，但还是要再跟孙解放确认一遍。孙解放的说法自然是跟钱晓东一模一样，这也是钱晓东教给孙解放的话术。尽管如此,孙解放还是被烦的开始暴躁起来,见谁都发脾气。但唯独对钱晓东他不会,或者说不敢,钱晓东知道一切。

钱晓东自然也是很有分寸,不管自己的老板怎么畏惧自己,自己有多么瞧不起这个暴发户,还是要在老板面前显示出谦卑谨慎的样子,这也算是给孙解放留足了面子,大家才能相安无事。钱晓东已经写好了澄清公告,本来这些文字应当是由董秘来张罗,但钱晓东信不过别人,自己写的每个字都有重要含义,况且钱晓东的英文也很好,公告还是要美国人看的,不能出现任何一点点的歧义。

"孙总,您看看这份公告,没问题的话我就赶紧发出去了。"钱晓东在孙解放的办公室里把公告的中英文递给孙解放。

"晓东,你定就行。"孙解放并没有动文件,而是起身绕过硕大的老板桌说道,"来,过来坐。"

两人面对面坐到了老板桌前面的红木沙发上,孙解放亲自摆弄着茶几上的茶具,烧水、冲杯、洗茶、沏茶,整个过程已经十分熟练。

"晓东,你就发吧,你懂这些。接下来会怎么样呢,股价还能再回来吗?"孙解放说着递给钱晓东一杯茶。

"孙总,很难讲。"钱晓东伸出手指敲了两下桌子,并没有端起茶杯,"咱们这事,其实就只有你知我知,其他几位就知道有这么个事儿做了,却不清楚具体是怎么做的。现在也只能死扛,说什么也不能承认。说句到家的话,哪怕证据都摆在眼前了,也不能承认。"

"就这么简单?"

"不是简单,是死里求生。现在是股价跌了,说句不负责任的话,公司没什么直接损失,损失的是股东,咱们的IPO(首次公开募股)该拿的钱都已经拿到了,至少现在还没有跌破当初的发行价,也算是暂时还有喘息之机。可是咱们还有不少贷款,要是银行给咱们断贷了,恐怕发工资都是问题，更别说那些供应商了，它们要是一起来公司堵门要债，咱们就什么都不用干了。"

钱晓东这一席话，虽然说的不紧不慢，但每字每句都像扎在孙解放的肉上一样。这么多年辛辛苦苦打下来的江山，难道就这么轻易地毁于一旦？

"晓东呀，最严重的后果你都想到了，你自然是有对策了，资本市场真是琢磨不透呀，还是你行，这么多年你从来都没有让我失望过，这次肯定也不例外。"

钱晓东怎么会听不出来孙解放话里有话，他心想，"当初财务造假不是你孙解放授意的呀，现在开始在这卖乖了。怎么，要撇清自己呀？你放心，谁都能撇清关系，唯独你是门都没有。"

"孙总，看您说的，要不是您把这么好的平台打造出来，我们哪里有机会跟着您一起赚美国人的钱呀。"钱晓东顿了顿，"这次的情况的确很棘手，一旦戳中了美国投资者的命门，就跟你没完没了，没得商量。他们最在意的就是诚信，而沽空公司也知道这一点，所以就主打咱们不诚信的牌。如果美国人相信了咱们不诚信，那么造不造假已经不重要了，美国人就不会买咱们的股票，股价自然就会一落千丈，没准咱们就真的要做好私有化的准备。"

钱晓东的手里其实还有两张牌，一是如果股价跌下来没有影响公司主业，那么这个时候正好是股权激励的最佳时机，骨干员工获得与原先计划相同数量的股份时，公司付出的代价则比高股价时低得多。二是如果股价跌破发行价甚至跌破面值了，那时候正好是公司私有化最佳时机，咱们就不跟美国人玩了，回国内来其实也可以再上市的，只要一口咬定了就是没有造假，就是一家良心企业，那么一切都有机会。不过，前提也必须是公司还能活下去，如果公司都活不下去了，股票价格再便宜也只不过是废纸一张，一切的机会都无从谈起了。

公告一个字都没有改，全部都是钱晓东斟酌后发出的，大体意思是公司一向秉持诚信从商，绝对没有任何财务造假，沽空报告中的信息全部是一派胡言，所谓的证据也都是无稽之谈，公司不予理睬，如若再次骚扰，公司将保留在美国诉讼的权力。而且公司还针对沽空公司所提出来的每一条疑点都找到了极为有效的证据予以反驳。公告发布当天，公司也选择了停牌，避免在没有消除恐慌的情况下股票价格持续下跌，这样也给了四云科技一个喘息之机。可是孙晓东没有想到的是，公司股票在一周后重新恢复交易的当天开盘不到两个小时，沽空公司突然又发出了针对四云科技的另外一份沽空报告，尽管这其中有对第一份报告的重复，却还是提供了更多的证据来证明四云科技的财务造假。沽空公司很聪明，一直坚持说是自己聘请了公开的调查公司从合法途径获得的数据，自己加以分析后得出的结论，这第二份报告依然也还是在中国的半夜、美国当地时间中午发布的，再次打的钱晓东措手不及，股票价格应声下跌并且一发不可收拾。沽空公司趁机又发布了第三份、第四份报告，如此这般连番轰炸，公司已经没有了反驳之力。与此同时，公司陆续接到了美国州法院发来的集体诉讼传票。

04

两个月后的一天下午,吴乐把蓝迅霆约到了他们经常一起吃饭的日料店。吴乐早早地坐在了他们常坐的那张桌子旁,点好了菜也温好了酒,等着蓝迅霆。

"乐儿,这咋啦,你涨工资了还是把老板炒了?"蓝迅霆一进来就乐呵呵地跟吴乐打趣。

"师傅,快坐快坐。"吴乐把蓝迅霆请到了座位上,倒了一杯热茶递到蓝迅霆的面前,"师傅,还真让您猜着了,嘿嘿。"

"你被炒鱿鱼啦?"

"我升职了。"

"哎哟,行呀,不错,挺长脸。"蓝迅霆呷了一口茶,"我看四云科技摊牌了,这么长时间都扛下来了,怎么这么轻易就放弃了呢?"

"师傅您消息挺灵通呀,这事还没公布。"吴乐有些诧异,没想到蓝迅霆这么快得到消息。"这事还在保密阶段,您不可能知道的呀?"

"我什么不知道,你还跟我玩神秘。"

"您是怎么知道的?"

"你叫我来就是为了质问我是怎么知道的呀。"

"不是不是,本来我是想,"吴乐有些不好意思地说,"我亲口告诉您这个消息。"

吴乐给蓝迅霆倒满一杯酒,自己也倒满酒杯端起来,"师傅,我是想要好好谢谢您的,我敬您一杯。"

"哈哈，出息了呀你。"俩人碰杯一饮而尽，四目对视哈哈大笑起来。

"行了，说说吧，你们是怎么把四云科技这块硬骨头给啃下来的？"

"师傅，还真是多亏了您给我的线索，我们合伙人当时就直接取消了度假赶回办公室，还对我挺不高兴的，没少数落我，埋怨我审的不认真。"

"你们合伙人呀，就知道出了事往自己下属身上推，没劲。"

"我命不好呗，我们办公室其他合伙人对属下都可好了，就她成天对我们凶巴巴的。哎，不说她。我们就给大合伙人汇报了，我就把您教给我的那招说了，也算是白纸黑字的证据了。我们又顺着这个线索继续挖出来了几亿元的收入造假，这家伙隐藏得实在太深了，不仅是在咱们看到的那个字段，其他字段里也有痕迹。其实直到今天我们都不敢说都给它挖干净了。"

"不错呀，你们就去找四云科技谈判了是吧？"

"对，没错。我们大合伙人亲自带队去跟四云科技的老板和 CFO 一起开会，第一次去的时候他们已经发布了澄清公告，我们提出的质疑，人家可是全盘否定的。其实不瞒您说，我们合伙人那可是真心希望沽空报告都是瞎编乱造的，毕竟我们签字盖章出的审计报告，尽管就算是真造假了，我们也不一定能担什么责任，但谁想沾上麻烦事呀。不过，"吴乐端起酒杯呷了一口，"当我提到我发现了痕迹，他们那财务老大的眼珠子差点没瞪出来，整个人都不好了，哈哈哈。"

"他们 CFO 是钱……？"

"钱晓东。其实他不是 CFO，我今天才明白，他才是真正的幕后高手，公告里的 CFO 是他的属下，这家伙可真是厉害，能想得出这些隐蔽的招。对了师傅，这个钱总跟您认识吧，我有一次开会说漏了嘴，提到了您的名字，他一直追问我是怎么认识您的。"

"就因为你说了你发现的痕迹，就这么招了？"

"哪有那么简单呀，这帮家伙嘴可硬了。哪怕我都把查出来的那些条目一条条地给他们看，他们都无动于衷，就是死活不承认。"

"那他们怎么解释有的单元格里有空格，有的单元格里没空格呢？"

"他们说得很简单，这是系统自己设定的，他们都不懂技术，没人知道这是怎么回事。你瞧瞧这帮家伙，这证据都写脸上了，还死不承认。"

"那后来你们怎么办的？"

"这不也是来来回回开了好几次会，我们提出来要让法务审计进场进行彻底审查，他们也的确需要给美国证券管理委员会一个第三方报告，否则，不仅是美国证券管理委员会要处罚，美国那帮集体诉讼律师才是落井下石的高手，没有这份报告，他们会被这帮律师告死的。而且，今年他们不可能换审计，肯定还是用我们，我们也明确表示，今年的审计将会更有目标性，都这个时候了，他们如果再想删掉那些痕迹，估计比做进去更难。这一大堆事积攒到一起，我猜他们自己也绷不住了，才坦白的。"

"哎，真是可惜。"

"可惜什么，他们自己做的孽自己受，难道不应该吗？"

"不是这些。乐儿，我可惜的是这么好的一家公司，这么有前途的一家公司，就这么完了。"蓝迅霆自己端起酒杯一饮而尽，"你想想，乐儿，如果咱们没有发现破绽，这公司死扛，没准还真的扛过去了。扛过去有什么后果呢？"

"早晚要爆雷的呀。"

"爆雷？如果没有其他问题，只有公司没现金的时候才会爆雷。只要这家公司还有现金，那么他们就可以一直这么做下去，如果有一天公司的业绩真的实现了他们现在造假的场景，而且持续很长一段时间，慢慢把历史上所有的坑都一点一点填上，这就真的是一家伟大的公司了，这家公司曾经的造假，你还认为重要吗？"

"师傅，难道公司造假还有理了呀。"吴乐有些愤慨。

"不是有理,咱们只说现象好吗,别跟我上纲上线的。你想想,你脑子里能想到的那些大公司,难道就没有这种可能性吗?既然有这种可能性,那么今天人家已经把历史的坑都填上了,难道这不算是付出代价了吗?今天这些公司也没少造福社会呀,难道还能说这些公司没有价值吗?"

"师傅,您这是给造假公司找借口了。造假就是造假,没有什么坑不坑的,造假了就是要付出惨痛的代价,就是要公之于众接受市场的批判。"

蓝迅霆嘴角微微上扬了一下,吴乐的心中还在愤慨他那股子劲没地儿发泄。俩人都不说话了,就这么沉默了足足5分钟。

"师傅,我不是说没有这个现象,我只是想说这样不对。"还是吴乐首先打破的沉默,但吴乐很快就转移了话题,"师傅,其实我是想,我也想成为您这样的高手。"

"你现在已经是高手了。"

"哪里呀!"吴乐嘿嘿傻乐,知道这个时候除了哄蓝迅霆开心也没有别的话能讲了,"看舞弊您可是博士的水平,我才是幼儿园大班。"

吴乐赶紧端起酒杯敬蓝迅霆,"师傅,徒弟敬您一杯。"

"我不是说你,成天师傅徒弟的,我是唐僧呀还是你是猴子。"蓝迅霆也没想真跟吴乐置气,他知道吴乐还年轻,有着一股子正气劲,年轻人就应该鼓励,他们还需要自己慢慢去体会那些他们现在看不到的事实。

"嘿嘿师傅,您再教我几招我就能保您去西天了。"

"你这是要送我上西天呀。"

"哈哈哈哈……"俩人又哈哈大笑起来。

"乐儿,我该教的都教了,这个世界上所有的财务造假无非就是想赚钱。上市公司就想赚股价增值带来的钱,没上市的公司就想赚少交税、少交社保公积金那点钱,如果不是这些利益驱使,造假有什么意义呢?还有一种造假意愿,就是公司高管们是真的搞不定公司的内部管理了,一塌糊涂,财务做财务的账业务干业务的事，要什么资料都提供不出来，这审计还不得疯了呀，资料提供不全审计很可能就撤场，等你资料准备齐了再来审。这不也就证明公司根本就不具备公众公司的管理能力嘛，谁想让自己难堪，咋办？造假呗。

所以，你首先要知道这公司是想赚哪一类不该赚的钱，或者是不是有管不住的地方了。你们审的都是上市公司，那基本上它们想赚的都是股价增值的钱，或者真的是有那些业务财务一塌糊涂的公司。了解了公司的真实目的和意图就好办了。

不过话说回来，股民充其量就只能看到财务报表，中国这么多股民里能真正看懂财务报表的有几个人，这也难怪上市公司敢肆无忌惮地造假，只要能过了审计就一路绿灯了。更让人没法接受的是，有的上市公司年报里的财务报表那是给人看的吗？一张资产负债表分好几页，不用说他人看不懂，就咱们这种专业人士看这种报表也难受。"

"师傅，您说的是您自己事务所的报告吧！"吴乐听到这也笑了，"我们出的报告可规整多了，一张报表就是一页纸，绝不跨页。"

"瞧你那忘乎所以的样子，"蓝迅霆一脸鄙视，"你们的报告的确好一些，样式好看又怎么样，股民就真的因为格式清晰去看公司报表了吗？咱们学财务的，研究审计、研究财报十几二十年才敢说对财报有点感觉，都不一定敢说你从报表上能看出什么线索猫腻来，你指望股民看你们那些格式漂亮的报表就能看出问题来，怎么可能？"

"所以才需要我们审计。"吴乐正了正身子，仿佛这正义的大旗已然扛在了自己的肩上。"可是，事务所毕竟也是服务机构，是一个靠着审计赚钱活着的公司。人家被审单位把假的东西给出来，而且把所有逻辑都全部考虑通了，甚至比我们还更懂审计逻辑，对，就像钱晓东这种高手搞出来的东西，我们真就是一点招都没有。"

"怎么，这就认怂了。的确，一个人藏东西，十个人找不着，但至少有审计，这些人藏得也会走心一些不是吗？否则那不更加为所欲为了。"

"只是可惜了这么好的数据没人看。师傅，你知道吗，我发现很多大的基金投资人都不懂财务，更别提股民了。难道财务数据就只是给财务人自己准备的吗？"

"哈哈乐儿，你还真就是说到点上了。这就是现状，买股票的人不懂公司，懂财务的人不敢买股票，买股票的人被懂财务的人遮蔽，懂财务的人受制于懂公司的人。"

"我们可没有遮蔽买股票的人啊，更加没有受制于公司。"

"乐儿，你是审计，也是会被公司提供的材料所限制的，不是吗？既然会受到这种限制，你又怎么说你没有遮蔽买股票的人呢？"

"师傅，您这也太绝对了，难道您不是审计吗？难道您就能把自己说的一无是处吗？"吴乐真的急了。

"好了好了，不逗你了。"蓝迅霆见吴乐脸色都变了，知道徒弟还真生气了。算了，不逗他玩了，"我跟你说，普通股民并不是没有渠道利用财务数据的，尽管他们看起来好像完全不懂。"

"怎么用？"

"多多少少还是要费些功夫吧，至少公司'三总三净'要熟悉吧。"

"您这'三总三净'是？"

"总资产、总负债、总收入、净利润、净现金流、经营性净现金流，就是三总三净。先不说别的，你把一家公司的这六个数连续看五年，每个季度都看，你是不是就对这家公司有些第一印象了。"

"这也太简单了吧，数据也太粗糙了，这能看出什么来。"

蓝迅霆笑了笑，"这是第一步，但就这一步，乐儿，我猜90%的股民是不会看的，不是他们不懂，而是根本不想看。这些数能有多难？一点都不难。用公司过去几年的'三总三净'贯穿出对这家公司的第一印象,不仅仅是看年度的数,必须要看季度的,每个季度都要看。至少,你要买的股票,公司具体是干什么的,业绩、规模如何,你总要有自己的认识吧。"

"股民不都是交易员式的买卖股票吗,看公司业绩有什么用,不用说一个季度了,一个星期股民们都已经换了好几家的股票了,哪有可能花这么多时间看公司业绩?"吴乐不是不同意蓝迅霆说的,只是觉得这太不切实际了。

"所以你就容易被市场信息蒙蔽呀!"蓝迅霆不紧不慢地端起茶杯呷了一口,"财务数据能代表公司的历史和现状,或许这些不能够让你知道这家公司的股票什么时候涨,但至少你多少会了解一些这家公司在市场上的定位。如果你了解了这家公司的财务数据,建立起自己对这家公司的认知,只要财务数据本身没有太大问题,那么至少你能够知道这家公司最差也不会差到哪去,除非爆雷。"

"对呀,就是爆雷,股民怎么可能看得出来呢?不用说股民了,我们也看不出来啊!"

"非财务因素的爆雷,的确是财务数据里没线索的。但是财务因素的爆雷,无非就是公司资不抵债、入不敷出,说白了,不就是因为没钱了还不上债才会爆雷的吗?我以前不是教过你财报十大危机信号吗?怎么,都还给我了呀。"

"没有没有,只是,"吴乐有些不好意思地说,"只是,我觉得没什么用。"

"哈哈哈哈,没什么用?我问你,爆雷的源头是什么?"

"是没钱了,银行的钱还不上、供应商的钱给不出、员工的工资发不了,无非就这些了吧。"

"对呀,那么你针对这些信息,每个季度都关注这家公司有没有这样的信号,难道没有用吗?"

"师傅,您说的这些都是价值投资的方法,以交易员式的投资为主的人们都不看这些,今天买了明天卖,还没等财务数据公布,人家早就换股票了。"

"这不就是赌吗?"蓝迅霆不屑地说。

"投资难道不是赌未来吗?"

"你错了乐儿,投资虽然也有很多不确定性,但是投资绝对不是投机,就连你都不能理解投资与投机之间的关系,那你还怎么能以投资人眼光来审计呢?"蓝迅霆好像终于知道为什么吴乐始终都只在意审计流程而丢掉了最重要的视角。"投机根本就不是咱们需要讨论的,数学高手能从21点赌博中找到数学规律下赌注,咱们财务可距离人家十万八千里,你看看有几个财务公式超出了小学数学的范畴了?我敢说90%的财务公式小学生都明白,就这么简单的数据却能体现出许多的经营状况,这难道不算是神奇的事情吗?"

"可是,就这'三总三净'也的确是太简单了。"

"如果你把'三总三净'互相之间的比例关系列出来,然后把同行业所有的公司都列出来,摆在你的面前,而且一摆就是五年十年,你是不是就能掌握了这个行业的规律呢?你既然掌握了这个行业的状况,那么从里面挑出几个看起来还不错的公司,总不是什么难事吧。"

"也对,用相对值把一个行业所有公司都看过去,这个办法挺好。任何数据异常马上能看得出来。我明白了,师傅,有异常看异常,没有异常要看这家公司稳定的来源是如何支撑的。"

"这还像我徒弟的样子,你要是再那么木讷不开窍,我就将你逐出师门。"

"哈哈哈哈。"两人不约而同地大笑。

"师傅，我好像一下子明白了好多，如果能做一个模型，将我的被审计公司所有跟日常经营有关的数据全部都罗列出来，不仅仅是'三总三净'，还要跟它的历史同期比较、跟同行业的标杆公司比较、跟它的竞争对手比较，这就是不比不知道，一比全知道。而且，这些数据任何一个普通股民也是能看得到的，只要把数据收集起来简单一分析就可以看到好多信息了。这才是一个公司值不值得被投资的最底层逻辑。而且，个别公司财务造假很难避免，你说要是全行业所有的上市公司都去造假，那不就是说整个资本市场都是假的了吗？这肯定是荒唐的，绝大多数上市公司还是会老老实实做生意的，那么它们的数据就一定是值得参考的。更何况，还有我们这些审计，我们又不是吃素的，还能把我们自己的大好前程都给葬送了不成。"

"还是回到那句话，从已经审计过的公告出来的上市公司财务报表中，不可能发现任何能立马定性的问题，而是会发现一个一个的线索。我不是跟你说过好多次了，就如同福尔摩斯进入案发现场能发现许多普通警察难以察觉的线索，你可以根据这些线索做所有的推理推断，也可以顺着这些线索继续深挖，但不太可能在现场就直接认定凶手。作为审计，咱们的责任重大自是不必说的，咱们更加要睿智，要有独到的视角，正所谓魔高一尺道高一丈，咱们永远都要保持清醒的头脑去面对所有的利益驱动力，以及这些驱动力背后的真实目的。

作为普通股民，也别只是看 K 线图、只听那些大师们的预测，市场上影响股价的因素每天都有上万个，你听了这个就失去了那个，听了那个就忽略了这个，而人家不用对自己的推荐负责，股市有风险，谁买谁知道。对于普通股民来说，就好像你要预测彩票随机摇号的号码是多少就要拼命研究历史上每个数字出现的概率，这不就是荒唐的毫无任何数学逻辑的猜吗？概率只对大数据有价值，对于具体一个数字的出现是没有什么绝对依据的，说白了，还是在赌。而财务数据则不同，了解一些财务数据的历史发展，这对以后还是相当有参考价值的。就算是你自己开一个小卖店,你过去几年每天的交易额跟明天预测的交易额不会相差很大的。你说了解历史交易数据,会不会对你的未来有参考价值呢?"

"那必须有。哈哈哈。师傅,您说的太棒了,我经历了这么一件大事,也算是千载难逢的体验了。虽然我知道不可能只有这一家公司在造假,但我也相信不可能每一家公司都造假,真正的企业家还是会把精力放在为社会发展、为更多人谋求福报上的。"

"你记得乐儿,永远不要被表象所迷惑,始终保持独立思考,并且有能力去独立思考。"

又是一次愉快的彻夜长谈,像这样的交流,蓝迅霆和吴乐已经记不清有多少次了,而且每次开始都是在黑夜降临之际,结束都是在曙光微现之时。

第 2 章 审计

危机四伏厦将倾,拨开迷雾见曙光

公司及人物介绍：（人物根据出场顺序介绍）

红色金粉公司：一家在中国 A 股上市的主营化妆品制造、销售的公司。

赵梓杰：红色金粉公司财务总监。

侯东佑：红色金粉公司财务经理，赵梓杰的手下。

神秘女士：财务造假的幕后主导人物。

蓝迅霆：某内资会计师事务所高级合伙人，审计高手，发现造假线索。

方嫣然：审计经理，红色金粉审计团队负责人。

金凤娟：资深审计师，红色金粉审计团队成员。

郑铭：红色金粉公司物流部经理。

王英树：大学毕业不久的审计助理，红色金粉审计团队成员。

部分名词简要解释

VBA：内嵌在 Excel 中的编程语言。

结转成本：指利润表中的营业成本依据营业收入的增加而配比增加，若是销售具体产品，则营业成本的数据来源应当是减少资产负债表中的"存货"。若呈现出营业成本偏小而存货偏大，那么就可能存在故意不将存货结转到营业成本而人为操控使利润加大的情况。

穿行测试：追踪财务交易在企业内部流转的全过程。审计师往往使用这样的方法还原当时的交易场景来测试数据是否正确有依据。

审计报告类型：（摘编自《中国注册会计师审计准则》）

（1）标准无保留意见审计报告：如果认为财务报表在所有重大方面按照适用的财务报告编制基础的规定编制并实现公允反映，注册会计师应当发表无保留意见。

（2）带强调事项段或其他事项段无保留意见审计报告：强调事项段，是指审计报告中含有的一个段落,该段落提及已在财务报表中恰当列报的事项,且根据注册会计师的职业判断,该事项对财务报表使用者理解财务报表至关重要。其他事项段,是指审计报告中含有的一个段落,该段落提及未在财务报表中列报的事项,且根据注册会计师的职业判断,该事项与财务报表使用者理解审计工作、注册会计师的责任或审计报告相关。

(3)**保留意见审计报告**:如果未发现的错报(如存在)可能对财务报表产生的影响重大,但不具有广泛性,注册会计师应当发表保留意见。

(4)**否定意见审计报告**:在获取充分、适当的审计证据后,如果认为错报单独或汇总起来对财务报表的影响重大且具有广泛性,注册会计师应当发表否定意见。

(5)**无法表示意见审计报告**:如果无法获取充分、适当的审计证据以作为形成审计意见的基础,但认为未发现的错报(如存在)对财务报表可能产生的影响重大且具有广泛性,注册会计师应当发表无法表示意见。如果未发现的错报(如存在)可能对财务报表产生的影响重大且具有广泛性,以至于发表保留意见不足以反映情况的严重性,注册会计师应当在可行时解除业务约定(除非法律法规禁止);如果在出具审计报告之前解除业务约定被禁止或不可行,应当发表无法表示意见。

本章造假脉络图

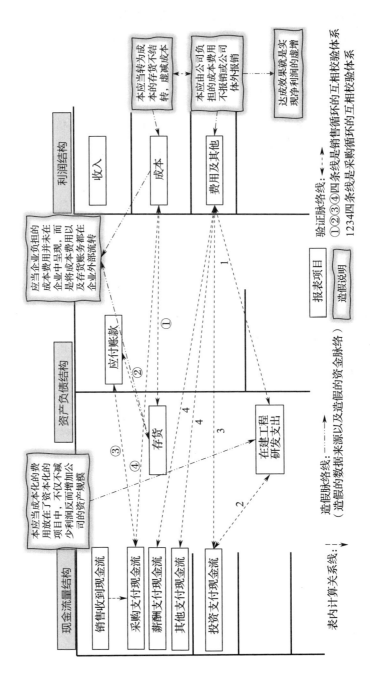

01_

凌晨时分，红色金粉公司4楼顶头的会议室依然还是灯火通明、人头攒动，从楼下看上去整个办公楼只有这一层的房间亮着灯。财务总监赵梓杰正在指挥所有财务人员整理公司的账目，会议室里的每个人都行色匆匆，有的人在照着清单一张一张地将相关信息录入公司财务系统当中，有的人在将刚刚录入的会计信息打印出会计凭证，有的人把原先已经封装的会计凭证拆开来，有的人则将新打印出来的会计凭证与拆下来的原始凭证重新装订，整理好之后被送到对面的会议室里。桌子上摆着一大堆红章，送来的文件按照不同的公司被分别放在了不同的红章前面。整个办公室显得井然有序，好像进入了一个完全自动化的工作环境当中。

赵梓杰的手中拿着一张布满表格的工作清单在逐一排查，此时有人在喊，"3月份已经装订完毕"。几乎是在同时，另外一个方向传来，"9月份录入完毕"。过了没多久，又有人喊到，"5月份已经打印完毕"。随着喊声赵梓杰对他手里的密密麻麻的清单上一个一个地打钩，然后重新计算了一下全部完成的时间，"应该可以从原计划的凌晨5:00提前到4:30"，赵梓杰默默想着，坐在会议室的老板椅上稍稍舒了一口气。此时他好像突然想起了什么，他把清单夹递给隔壁椅子上的财务经理侯东佑并交代了几句，说完快速起身走出会议室，穿过走廊走回自己的办公室。赵梓杰并没有径直走进去，而是敲了一下门。"嗯"一个女士的声音传出来，赵梓杰轻轻推开门走进去，随手又把门关上，好像生怕被别人知道房间里还有别人。办公室并没有开灯，透过窗外的月光能隐隐看到办公室的墙上挂着几幅世界名画的仿制品，油画下面的办公桌前坐着一位身材纤瘦的女士，尽管看不到脸，但还是能感觉到一副神秘且干练的样子。

"赵总辛苦了，进度怎么样？"这时女士先开口问起来，声音轻柔却透着一股傲气。

"都准备好了，应该能提前，这次多亏了……"赵梓杰轻声地回答，但话还没有说完就被打断了。

"行了，后面就看你们自己的了。"女士说完便起身，随手拿起自己的挎包准备离开。

"您不再看看了？"赵梓杰有些心里没底地问道。

"不用了，赵总安排得这么妥当，已经尽力了。"女士说着径直走到门口，"对了，记得把刚刚装订的凭证用电风扇吹干胶水，把暖风也开足了多烘一烘，别明天审计来了看到凭证还是湿的，那就不好了。"

"好的好的，都已经准备好了，10多台电风扇和6台电暖气已经放在会议室里。"赵梓杰说着上前一步要给女士开门。

"行，我就先回去了。剩下的事情就有劳赵总了。"女士说道。

"多谢领导关心，这次幸亏有您在，您的团队实在是太干练了，这么快就能搞定，要不然我真不知道应该怎么去应对这些事情。"赵梓杰一脸的感激之情。

"您客气了，回头有事再联络。"女士走出办公室，赵梓杰又赶忙走到女士前面的电梯间按下电梯按钮。

"对了，我明天会重新换一个电话号码，到时候我给你发短信，你明天也去换一个新的号码。咱们还是保持单线电话联系。再跟你说一次，不要发微信。"女士冷冷地说。

"好的好的，上次是我不好……"

"行了，不用说了。"

第 2 章 审计
危机四伏厦将倾，拨开迷雾见曙光

此时电梯门打开，女士径直走进电梯关上了门。赵梓杰在空荡荡的走廊里站着，又一次轻轻地舒了一口气。

凌晨六点的会议室里已空无一人，十几台电风扇围成圈对着会议桌上一大排新装订的凭证呜呜地吹着，四周几台大功率电热器让整个房间在寒冷的冬夜里格外温暖。

此时赵梓杰疲惫的眼神中流露出了一丝欣慰，他跟身边的经理侯东佑轻声了说一句，"去计保安把监控打开吧"。

从昨天晚上 8 点开始，赵梓杰就把全公司所有的监控全部关闭，给公司人员也提前发了一个通知，说是监控系统升级维护，当天晚上停运，各部门需加强安保、关好门窗。

早上 8 点半，蓝迅霆带着他的审计经理方嫣然以及另外 5 名审计人员已经在红色金粉公司楼下的大厅里聚到了一起。赵梓杰从刚刚打开的电梯门里走出来，迎着蓝迅霆就走了过来。

"蓝总，感谢感谢。辛苦了。"赵梓杰紧走两步满脸堆笑，双手握住蓝迅霆的右手。

"赵总您客气，这段时间就打扰您了。"蓝迅霆也微笑着上下晃动了一下被赵梓杰握着的手。

"哪里话，你们来是帮助我们的，我们要好好向您学习呀。"赵梓杰说着就把蓝迅霆和审计人员领进电梯。随着电梯在 4 层停下，赵梓杰第一个走出电梯间，带着审计团队径直走到了 4 层顶头的大会议室里。

此时的会议室里干净整洁，空调温度舒适，空气中飘着刚刚喷洒过的空气清新剂的淡淡清香，会议桌上摆满了会计凭证和各类账簿、报表、文件夹。

蓝迅霆一进门就被这满满一大桌子的资料给镇住了，半开玩笑地说，"赵总准备的可够充分的。"

赵梓杰赶忙回答道："我们每年都是这样做的，已经成了惯例，会计们每年都在审计进场之前就早早地把账都做好了。我们知道各位非常辛苦,所以尽可能把能做到的全部都提前准备好,也是怕耽误审计老师的时间呀。

对了,这是我们公司的财务经理侯东佑,这次小侯全程配合老师们的审计工作。"

一直跟在赵梓杰身后的侯东佑此时走到了会议桌前,向着蓝迅霆和审计团队点了一下头。

"蓝总好,方经理好。各位辛苦了。我来跟各位介绍一下。这是公司去年一整年的凭证、账簿、报表以及相关的台账一应俱全。我们已经让所有财务部同事都做好准备随时待命,各位在审计过程中遇到任何问题,都可以随时告诉我,我也会全力以赴去解决。因为公司今年的业务量开始上涨,所以凭证账簿比较多。"侯东佑抬手指向会议桌上摆放着的上百本凭证,以及几摞文件夹和账簿。

"侯经理,我上周发给您的清单,资料都在这里吧?"方嫣然问道。

"都在这里,我们也是按照你的清单要求逐一进行了排查。您再有什么需要随时通知我。"侯东佑赶忙说,"对了,赵总特地一早让行政部给各位准备了一点水果。"

"谢谢呀赵总。"方嫣然转身向赵总表达谢意,然后又面向侯东佑说道,"那咱们今天下午就开始访谈吧,还有各类资产的盘点时间表您再看一下,没问题的话咱们就按时间表来进行。"

这时赵梓杰回头跟蓝迅霆说道:"蓝总,我就不打扰你们了,有事您随时招呼我。我就在4楼电梯间旁边的办公室,侯经理的办公室在5楼,我们就先出去了。"

"好的,赵总您忙。"蓝迅霆再次跟赵总握了一下手,赵梓杰和侯东佑转身离开了会议室。

关上门以后,蓝迅霆并没有着急坐下,而是围着整个会议室转了一圈,他发现会议室角落里几个电源插排凌乱地堆在一个搁物架的下面,电源插排下面的地毯上还有一些白色的粉尘。蓝迅霆俯身下去伸手捏起来一撮粉末仔细看了一下,是细碎的纸屑。会议室很明显是刚刚打扫的,会议桌上毫无灰尘,地毯也非常干净,显然是刚清洗的,看来打扫卫生的人并没有清洗这一块摆放着电源插排的搁物架。

"小方,来,把这些插排拿过去。"蓝迅霆招呼方嫣然把插排拿到会议桌边上给大家的电脑供电。

所有人开始找到座位坐下来,打开自己的电脑。"嫣然姐,这家看起来不错呀,准备东西挺快。咱们这次应该不用加太多班了吧。"金凤娟试探性地跟方嫣然聊天。

"你这有点太乐观了吧,小心点没坏处。"方嫣然随口回答着,然后抬起头对大家说,"那咱们就按照计划表和工作清单开始吧,今天上午先多看看资料,下午开始访谈。"

蓝迅霆并没有过问方嫣然的工作安排,一个人埋在椅子里盯着这一桌子摆放整齐的会计凭证。他随手拿起了一本凭证胡乱翻看着,然后放回原处,又拿起一本胡乱翻了翻,再次放回原处。就这样翻看了好几本,一句话也没说。

下午访谈的进度很顺利,几个重要的财务岗位的人员已经访谈完毕,随后就开始业务部门的访谈。蓝迅霆并未参与询问,而是整场都在一旁随意地翻看着报表和凭证,用自己随身携带的小本子随手记录着,"存货""差旅""其他往来""开发""在建",并在"存货"两个字上画了两个大大的圆。

物流部经理推门进来问道,"请问哪位是方经理?"

"我是方嫣然,您是物流部郑铭经理吧,快请坐。"方嫣然赶忙起身上前迎接,"我们这一次审计访谈也是例行程序,需要跟各个部门的负责人做个简单的交流。我先前让财务发给您的清单已经收到了吧?"

"收到了。"

"好的，那我们就开始了。先麻烦您描述一下公司整个物流体系的工作流程。"

郑铭经理从工作服上衣口袋里拿出了一张 A4 纸打开来摊放在桌面上，"这就是我们公司整个的物流工作流程，我想这个流程可能你们手里也有。我们公司主要是做化妆品，品种非常多，有自己生产的，有采购其他品牌的，也有委托加工生产的，所以物流体系还是比较复杂的……"方嫣然和金凤娟一边听一边做着记录。

蓝迅霆在一旁继续翻看着会计凭证，时不时地用手摸摸凭证里面缝制粘贴的位置，还时不时地拎起凭证抖动几下，然后又继续快速地一张一张打开折叠的原始凭证，又原封不动折叠回去。

郑铭已经描述完了流程，也解答完了方嫣然的问题。方嫣然满意地点了一下头，刚想要结束，蓝迅霆突然问了一句："每次到货你都马上录入电脑 ERP 里的入库单吗？"

"啊，啊？……当然，当然……"郑铭被这突如其来的问话吓得一惊。

"你们仓库有几个人？"

"有两个保管员。"

"你每天入库量这么大，这样来来回回验货入库，能忙过来吗？"

"有时也忙不过来，就是……我也会攒着一起录入系统。"

"我看到每张入库单的录入时间间隔都是 1 分 30 秒，你的时间观念很强呀。"

"啊，是呀是呀，职业习惯，要不然每天根本干不完活呀。"郑铭有些紧张，右手食指不自然地在眼眶边摸了两下。

"如果货物质量有问题，怎么来解决呢？"

"那是质管部门的事，我们只管等他们签完字后才入库。"

"每天这么多的出入库量,你们怎么清点?"

"都是供应商清点好了才给我们的……"郑铭感觉好像自己说的不妥当,又赶紧补上了一句,"当然我们也会抽查的。数量实在是太多,库管只有两个人,还两班倒,又管入库,又管出库,根本没时间个个都清点。当然如果有问题,我们还是可以找到供应商,一般也会及时给我补回来的。"

蓝迅霆继续逼问:"如果供应商给的货物超出了你的订单数量,你们有核查吗?"

"这不可能,我们下了多少订单,供应商就送多少订单。"

蓝迅霆紧接着问:"那么你们是根据订单来给供应商结算,还是根据入库记录给供应商结算?"

"当然是入库订单。"

"那么如果订单下了 1000 件,供应商给你送了 1500 件,你入库的时候是按 1000 件来收,还是按 1500 件来收?"

"当然是有多少就收多少。"郑铭不假思索地说。

"超出订单的部分你们怎么来解决?"

"供应商自己去找采购部加订单,我们就不管了。"郑铭好像又意识到自己说错了什么话,赶忙又补充说,"采购流程我不清楚,你最好也去问问采购部。"

蓝迅霆微微一笑,说道,"好的,谢谢。"

方嫣然有一些诧异,看着蓝迅霆和郑铭好半天,见两人已经不再说话,方嫣然略显尴尬地说:"好的,郑经理,我们没有什么问题了,随后也请您帮忙安排时间,我们去库房进行一个例行盘点。"

"好的,都安排好了,没问题。"郑铭边回答边站起身来,"那要是没什么事我就先回去了。"

"好的,郑经理,谢谢您了。"方嫣然起身把郑铭送到会议室门外。

蓝迅霆看着郑铭离开会议室以后，起身放下手里的凭证走向会议室的大门，一边走一边问，"小方，物流部在几楼？"

方嫣然略微想了一下，"好像不在这个楼，是在隔壁配楼上，我记得应该是在2楼。"

蓝迅霆并没有立刻推开会议室的门，直到他听到走廊里传来隐约的敲门声，便立刻推门出去径直向着卫生间的方向走去，眼角余光扫到郑铭走进了赵梓杰的办公室。蓝迅霆走到洗手间洗了一下手，转身快速走回会议室关上门以后，对方嫣然说："安排几个审查重点。第一存货，第二应付（应付账款），第三在建（在建工程）。这些需要重点审查。"

方嫣然接下任务后在自己的电脑上调整了一下审计重点，迅速将安排通知了审计成员们。

蓝迅霆起身收拾好自己的公文包，说道："我还有个会要参加，各位就辛苦了。"刚走到门口，蓝迅霆转身对方嫣然说："小方，你来一下。"

蓝迅霆和方嫣然一同下楼走出办公大楼外，蓝迅霆停住了脚步，转身对方嫣然说："你怎么看？"

方嫣然稍加思索："今天的访谈很顺利，目前看来公司资料准备得也很充分，财务人员和其他几个部门配合的也都不错，您是觉得有什么问题吗？"

蓝迅霆说："别被表象蒙蔽。我觉得这家公司不会这么简单。我让你查的那几个科目，你亲自带人去审，有什么情况就直接给我打电话。对了，你把客户现在的报表和续时账发给我，有几年发几年。还有，安排好盘点日期提前告诉我，我有空就过来一起看看。"

"好的，明白。"方嫣然回答道。

说完，蓝迅霆径直走向停车场。

02_

方嫣然回到会议室后,明显比刚才蓝迅霆在的时候轻松了许多。

"领导,蓝总一直都这么凶呀?"方嫣然刚坐下,刚入职不到一年的王英树就问了方嫣然一句。

"这不叫凶,这叫严肃好嘛。"不等方嫣然开口,金凤娟抢先一步回答王英树,"你以后就知道了,蓝总可是咱们所的神人,什么公司到他手里总能查出来个一二三来,我要是有他那样的水平,我比他还凶呢。"说完两人哈哈大笑起来。

方嫣然也知道蓝迅霆的确有独到的眼光,而且他的视角总是会非常立体,这让自己总觉得差了他好几个档次。自己也曾经跟蓝迅霆表达过想要跟他好好学学,可是蓝迅霆并没有真的教过自己,这让方嫣然一直有些郁闷。

"哎,你知道吗?其实蓝总很性情的。"金凤娟突然神秘地故意压低声音跟王英树说,"我听说,他要是能再老道一点呀,现在主任合伙人肯定非他莫属。他就是太实诚,被人黑了还给人数钱的那种人。我觉得他看账一流,这看人嘛……"

"好了好了,你俩别贫了。娟子,咱们俩一起做采购和在建。"方嫣然对金凤娟说。

"就知道你会拉我下水。"金凤娟好像早有准备,"你和老板下楼的那个空档,我都已经把数据对出来了。"说着金凤娟抱了一大摞存货明细台账的打印文件放在方嫣然旁边,然后把自己的电脑也从隔壁的几个座位处挪了过来放在方嫣然的旁边，翻开存货明细台账最后一页，指着电脑屏幕给方嫣然看，"你看，存货涉及的科目有8个，原材料、半成品、产成品、外购商品、制造费用、生产成本、在途物资、发出商品。总账明细账跟报表完全相符。这个存货台账里的原材料、半成品、产成品、外购商品和发出商品，跟明细账也都是一致的。这家公司的基础资料很扎实呀，没准咱们这次真可以少加点班了呢。"金凤娟一边汇报着，一边还时不时地探着方嫣然的口风。

"哎哟，行呀，有进步呀，这聊天也没耽误了正事。行，存货就交给你了。"方嫣然半调侃地说。

"别别别，领导，您别挖坑让我跳呀，我可扛不住这大旗。"金凤娟赶忙回答，"不过话说回来，嫣然姐，你看他们这也有这牌子的口红和面霜，我的最爱呀，您抽空也跟赵总套套，咱们能不能买个进价的。店里的太贵了，网上又担心买到假的。"

"先说正事，大家先把手头的事儿放一下，我说两句。"方嫣然并没有理睬金凤娟，合上笔记本对大家说道，"这个户咱们是第一年审，你们也都听说了，前任事务所是自己主动退出的，这肯定不正常。前期领导们投标的时候，管理层也表示过以前的确存在些问题，也承诺了限期全面整改。今天看来，客户的确是已经做出来正面反馈，目前看资料准备得很充分。不过咱们也别放松了，该走的审计程序一个都不能少，该审的环节一个都别漏掉，而且一定要做好底稿记录。别被表象蒙蔽了。"

蓝迅霆回到办公室，其实他并没有什么会议要参加，只是不想在现场给他的手下们太多压力。他知道自己不爱表达，其实并不是严肃，更不是耍酷，只是自己不爱跟人交流，总是觉得没话可说，即便是老同学见面聚会的时候，他也是基本上独自一人坐在角落里，谁来找他的时候他就随声附和一下，别人觉得尴尬的时候就会找个理由离开，他反倒是觉得没人在边上的时候最自在。不过如果一旦谈到财务，别人基本上就没有什么说话的机会了，他会滔滔不绝地讲一些绝大多数人都听不懂的财务专有名词，总之基本上最后的结论都会落到"这个公司可能有财务造假"。也有人挑战过他，"你这么能耐，怎么也没看出哪家公司真的造假了呢？"他每次也都很从容地回答，"福尔摩斯之所以比普通警察厉害，并不是一进案发现场就知道凶手是谁，而是会在现场比别人发现更多的作案线索。这些现场的线索并不会有任何一条能够明确谁是凶手，但是通过这些线索进一步追查到真凶的概率会更大一些。从财报里看造假也是这个道理。"蓝迅霆就是他口中的财报福尔摩斯，能够通过财务报表很快发现大量线索。对于红色金粉公司，蓝迅霆在没到审计现场之前就已经看到了这家公司的财务报表，因为是上市公司，所以历年的财报任何人都是可以看得到的。再加上公司会在审计进场之前就提前把当年的会计报表发给会计师事务所，蓝迅霆就会做一些数据分析并做出一些预判。

蓝迅霆的办公室不大，除了自己的办公桌办公椅之外，桌子对面摆放了两把小椅子是为了方便别人进来能够坐着谈工作的，人少的时候可直接到他办公室来开会，人多了就去会议室。办公室里还有两个柜子，柜子里放了各种书籍和文件夹。尽管蓝迅霆已经是多年的注册会计师了，但他的柜子里总会放着每年最新的注册会计师考试用书，以及最新的会计准则和审计准则。他也不止一次地跟同事们说过，注册会计师考试虽然跟现实工作有不少差异，但毕竟是一帮会计高手对最新政策的解析，是很不错的学习材料，再加上每年都可能会更新会计准则和审计准则，蓝迅霆没事就打开来翻一翻，所以他对准则的理解很到位。不仅如此，他最大的优势其实是具有将准则要求与现实公司财务会计结合起来分析的能力，不少专家型的财务高手缺乏企业经验，而具有企业经验的财务高手又对新准则、新政策掌握得不到位，蓝迅霆的这个优势就显现出来了。而且蓝迅霆还有一个业余爱好，就是分析上市公司财报。之所以说是"业余爱好"，是因为他分析的公司五花八门，什么行业都看，尽管有些行业在他的审计生涯里从来都没有碰到过，但他似乎是爱上了这个"游戏"，中国总共4000多家A股上市公司，他分析过的公司数量超过一半，别说是财务专业人士，就算是财务顶尖高手，如果没有真的一家一家地分析过来，那也是"一处不到一处迷"，尽管大原则下财报全部都采用一样的底层逻辑编制，但公司的真实情况千差万别，只有亲自看过，才能真正想明白是怎么回事。

蓝迅霆打开电脑，找到他编制的红色金粉历年财报数据分析文件，审计当年的数据还有一些没有放进去，蓝迅霆用一个小工具操作了几下，新的数据就全部传输到了他的分析工具里。蓝迅霆自己做的分析工具非常小巧，不需要联网也不需要编程，只是用了微软Excel里的一些VBA语言写了几十行代码就实现了。而且他的工具最大的特点就是绝不孤立地去分析，是3张报表里的关键数据一同对照着看。蓝迅霆打开第一张图，这是一张折线与柱状图相结合的分析图，里面有"收入与成本费用线"和"经营性现金流入与经营性现金流出线"以及"期末货币资金存量柱"的综合图。图上显示，公司的收入增长情况非常好，从有数据的年份开始到现在，绝大多数年份的增长率都超过了50%，最近这几年更加是成倍的增长，难怪资本市场这么喜欢这家公司，这增长速度没有人会不喜欢。但该公司的成本费用线在常年保持低于收入的30%左右的位置下浮动，此前一年的成本费用突然跟收入十分接近，这表明公司虽然收入增长迅猛，但成本费用增加得更快。

"为什么常年稳定的成本费用，却在这一年突然增幅这么大？"蓝迅霆边思考着边打开审计报告来看，"尽管出具的还是'标准无保留意见'的审计报告，但前一年出具审计报告的这家会计师事务所却主动请辞了，这又是为什么？难道前几年的数据都有问题不成？"蓝迅霆在心里反复琢磨着。他又打开了另外一个图来查看，"公司这几年的库存一直在增加，按理说，销量大了库存增加也是难免的，毕竟为了及时满足客户需求就必须要常备库存，若是按照收入增长相同的比例涨上来也算是说得过去，可是，库存增幅远超收入的增长幅度。难道，难道是该结转的成本没结转？"

这些信息虽然看财务报表也能解读出来，但蓝迅霆还是更喜欢先看看他自己常用的分析图，毕竟看图比看数字直观得多。财务报表中的许多数字都是静态的，想要动态地去看几个年度的数据，就要翻来覆去找不同的表格，还不一定能找准位置，特别耽误时间。但做成图就不同了，公司历年的各个财报数据都可以按自己头脑里想象的那些样式呈现出来，很多潜藏的问题就能够迎刃而解。就拿蓝迅霆正在看的这张图为例，一张图里同时呈现了资产负债表里的应收账款、应付账款、存货；利润表里的营业收入、营业成本、四项费用、净利润；以及现金流量表里的经营性流入、经营性流出、经营性净现金流。资产负债表因为是时点数据，所以都做成了柱状图；利润表和现金流量表因为是时期数，所以就都做成了折线图，这样对照起来看会更加直观。特别是应收账款、应付账款、存货这三个柱形，其中存货跟应付账款的关联度是极大的，公司绝大多数应付账款都跟存货的采购有关，所以存货越多，理论上公司要支付的现金就越多，如果公司的应付账款没有存货多，那么就表示存货里已经有不少给供应商支付现金了。如此一来，相当于公司长期占用了大量资金购买了存货却还没有卖出去，这些资金的使用效率就会大大下降。如果公司的应付账款远高于存货，问题就更大了，这表示公司产品卖出去很长时间，都没有给供应商付款，那供应商还不急了呀。为什么不给供应商付款呢？很简单，就是没钱。为什么没钱？如果不是公司乱投资什么的，那基本上就是客户的钱没有足额收回，这样来说，就会是应收账款金额巨大。若图表里恰好也是应收账款很大的话，那解释就合理了，客户不给我钱，我就不给供应商钱，否则我的资金链就会断裂了。如果公司有大量应付账款却有很少的应收账款，那就有问题了，钱都去哪了呢？

蓝迅霆看到的图表，恰好就是公司的应收账款极少，却有很高的应付账款,"公司有很大比例的零售,回款自然是非常及时,可是钱回来以后又去哪里呢?买固定资产了?"翻开财务报表看,该公司也没增加多少固定资产。"放其他应收款里了吗?"报表上的其他应收款的确增加了一些,"对,其他应收款也是审计重点。还有在建工程,公司常年在建工程的金额都很大,什么东西建了这么久还建不完,居然还在不断地增加资金。看来把在建工程设为审计重点肯定是没错的。"

蓝迅霆扫了一眼现金流量表,发现投资性现金流的流出有一笔8000万元的投资支出,翻开了资产负债表看了半天,没看到这笔钱是投哪去了,蓝迅霆在自己笔记本上又记录下来"投资性现金流出8000万元?"

蓝迅霆习惯用业务流和资金流同时去看三大财务报表而不是孤立地看某一张表。财务报表本来就是反映业务的,若不按照这个脉络察看就没法真正发现问题。在公司里有些钱是无论如何都要支付现金的,例如工资、税金、房租等。工资只要有一个月不发放,那员工就会心里没底,两个月不发放,那员工基本上就没有工作热情了,要是三个月不发放,那员工生活就会遇到严重问题,毕竟员工们都要生活,有些还要还贷款,谁扛得住几个月不发工资。所以,公司使用现金支付工资是最及时的。税也不能晚,有的企业按月度缴税,有的企业按季度缴税,总之如果你缴晚了,税务就会有滞纳金、罚款,企业又是上市公司,哪能违反国家税收政策呢。房租就更不用提了,一般房东都会先收几个月租金作为押金,一旦房租不能及时足额交付,那么房东就会扣下押金并赶走租户,所以绝大多数租户是不敢拖延房租的。供应商的钱虽然有账期,但一旦到期你没法给供应商付款,供应商也要给自己的员工发工资,他们没钱就会来上门讨债,更加影响公司的市场销售,所以公司对供应商的钱也不敢太过拖延。反而是兴建厂房设备应该不会是特别紧急的事项,即便是停工也不会太过影响当下的正常生产经营。而红色金粉公司恰恰是在供应商的付款上不积极,反而是对在建工程的付款很积极,而在建工

第 2 章 审计
危机四伏厦将倾，拨开迷雾见曙光

程却始终不能完工，这就太不正常了。

审计现场的进展很顺利，时不时地就听到有人在跟方嫣然汇报。

"固定资产明细跟总账相符，台账也能核对一致。"

"存货明细跟总账相符，应付账款明细跟总账相符。"

"收入明细跟总账相符，应收账款明细跟总账相符。"

"管理费用跟总账相符。"

"净利润与未分配利润相符。"

"现金流量表跟货币资金相符。"

金凤娟一边看着电脑做概率随机指定的抽平编码，一边跟旁边的方嫣然聊着天："真不容易，难得有这么个明白的公司，你说前任审计为什么不再等等，到今天都整改完了不就都好了吗。"

还没等方嫣然回答，王英树有些疑问地说道，"难道这不应该相符吗？"

金凤娟作为资深审计师，还是会时不时地在新人面前显露一下老人的经验之谈，"你看，'理想'了不是？课本上讲的都是'应该'怎样怎样，以后你审的户多了就知道了，能有几个会计是明白的。那账做的，我都懒得吐槽了。有的会计记账随意，有的会计记账随性，有的会计记账呀……"金凤娟故意停顿了一下，"是随便！"

"金姐，咱们这审的可是上市公司呀！"

"上市公司怎么了，上次我们审的一家，也是上市公司，那账乱的，简直了。利润表和资产负债表怎么也不平，人家会计还很老到的跟我说，他们从来就没平过。"

王英树似懂非懂，犹豫了一会还是问了出来，"金姐，利润表和资产负债表平是什么意思？"

金凤娟故意瞪大眼睛慢慢地转头看向身边的王英树："哇，老师怎么教的你？"

"行了行了，别说些有的没的，你以为你做新人教练，数落数落人家就行了呀，最基础的往往是最容易被忽略的。说人话。"方嫣然没好气地打断两人的说话。

"得嘞。"金凤娟不失时机地用诙谐的口吻来表达自己对上司的绝对服从，"英树，资产负债表的未分配利润的数从哪来的？"

"净利润吧。"

"对。那么利润表其实就是资产负债表里的未分配利润的一张明细表，这两张表就产生了勾稽关系，就是这两张表是有紧密的核对关系的。"

"金姐，可是上市公司里好像很少有这两个数核对上的呀。"

"因为有分配呀，有以前年度损益调整之类的，涉及的因素很多，但都是能找到确切原因的。咱们怕的不是这些，而是表面上看不到明显异常的两表不平。"金凤娟见王英树两眼发直，就知道他没理解，于是放慢了速度接着解释道，"损益类科目是看发生额对吧，所以损益类科目是非常在意借贷方向的，如果本该计入借方的费用却计入了贷方，是不是利润表里的数字就会错了呀？但是因为资产负债表是看余额，所以无论损益类科目发生额是否记错，余额肯定都是正确的，所以资产负债表怎样都能平，但利润表的净利润跟资产负债表的未分配利润一核对就会发现这些问题。为了避免利润表本身出错，所以必须要做这个核对，明白了吧？"

"噢，噢，让我再消化消化。"王英树似懂非懂地回答。

"娟子，盘点定了哪天？"方嫣然随口问道。

"后天，后天下午，跟物流部的郑经理约好了，侯经理也会派人配合咱们。"

赵梓杰从自己的办公桌最底层抽屉里拿出一部老年手机，按照自己手机里刚刚收到的一个短信里面的电话号码拨了过去，"喂，领导，这个号码我新开通的……那个……审计可能盯上我们库存了，我们应该怎么办？……

"对，对……好的好的……这，这能行吗……太感谢了领导。"赵梓杰挂断电话，麻利地将刚刚的通话记录删除掉，然后立即将这部老年机关机，并重新放进了最底层的抽屉里，用几份零散的文件盖上，关上抽屉并立即用钥匙锁好。赵梓杰坐在自己的椅子上深深吸了一口气，慢慢地呼出来，定了定神，起身走出办公室，径直走到审计所在的会议室。

赵梓杰敲了一下门，听到方嫣然喊了句"请进"就直接推开了会议室的大门。

"方经理，辛苦了辛苦了，怎么样，还顺利吗？"赵梓杰进门后直接走向方嫣然满脸堆笑地说。

"是赵总呀，快请坐，不辛苦不辛苦，您这准备得很充分呀，侯经理也很配合，目前都还是按照进度来进行的。"方嫣然赶忙起身将赵梓杰让到会议桌顶头的老板椅。

"不坐了，我就是来看看有什么需要配合的，遇到什么困难就直接跟侯经理说，要是侯经理解决不了的，就直接来找我。"

"好的赵总，没问题，谢谢您。"

赵梓杰环视了一下会议室里所有审计工作的情况，又看了一眼那一堆几乎没怎么动过的大摞凭证，不露声色地转身打算离开。

"对了赵总，后天我们安排的库存盘点，因为库存量有点大，我这儿人手可能不太足，您是否能帮忙协调几位同事来配合一下。"

"没问题呀，你直接找侯经理就行，我一会儿也跟他说一下，全力配合。我后天要去市里开个会，就不陪你们一起盘点了，我让侯经理全程跟着。对了，董事长早上还在问我咱们审计的进度怎么样，今年我们公告的日子定的比较早，出了审计报告还要走不少手续，您这儿也给我们多留出点时间呀。"

"赵总，我们都是按照计划表里的时间推进工作的，公司的配合度这么好，资料准备得也充分，我觉得应该问题不大。"

"那太好了，同志们都辛苦了，下午办公室会再添一些水果，有什么需要随时说。"

"好的，谢谢赵总。"

把赵总送出会议室，方嫣然收到一条微信，是蓝迅霆发来的。

"进展怎样，下午方便的话回所里来说说。"

"好的蓝总，我安排好就回所，可能会稍晚一点。"

"好。"

03_

　　蓝迅霆的会计师事务所大开间的办公区，在工作的人并不多，大量工位都是空着的，只有零星几个人在自己的办公桌前忙碌。年初是各大会计师事务所的审计旺季，留在办公室工作的人也大都是结束了现场审计工作以后回来出报告的。事务所里只有合伙人有自己的独立办公室，此刻大多数合伙人也都不在办公室，审计旺季时合伙人总是穿梭在各个项目现场指导审计工作以及与客户做细节的沟通。蓝迅霆的办公室大门敞开着，他只要在办公室就很少关门，但从外面瞥进去只能看到一张办公桌和一个大大的电脑显示器背面，全包的办公桌和大显示器完整地把蓝迅霆挡在办公区同事的视线之外，但只要蓝迅霆稍一歪头就能将整个办公区一览无余。

　　蓝迅霆的办公室里最引人注目的并不是办公桌上他跟妻子去夏威夷度假时的照片，反而是墙上挂着的一幅世界名画《卢卡·帕乔利绘像》的照片画，这是雅各布·迪·巴尔巴里于1500年的绘画作品。一个蒙头教士模样的中年人正在教课，身后站着一位贵族模样的酷帅男子。画里的主角就是历史上赫赫有名的被称为"会计之父"的帕乔利，是人类历史上第一个将复式记账法写入书籍的人。这幅画在一间简洁的现代办公室里显得并不是很协调，将本来明亮的办公室抹上了一笔浓浓的阴沉，每每有客户来到蓝迅霆的办公室看到这幅画，总是会问及其来历，蓝迅霆也总是一笑了之。

　　蓝迅霆今天并没有去项目审计现场，而是在自己的办公室里听取远程汇报和查阅审计过程资料。刚结束一个远程会议，蓝迅霆摘下耳机，随手拿起了自己的小本子翻看着。尽管现在电脑手机、移动互联网已经十分发达，蓝迅霆还是放不下这种用实物本子记录资料的习惯，他并不是不接受现代事物，恰恰相反，蓝迅霆对新事物的接受程度很高，还经常会给事务所里的同事分享他发现的好用的共享办公软件。只是这种手写笔记本能让蓝迅霆不用等待开机关机的时间，随手即可翻开查阅，效率很高。类似这样的本子，在蓝迅霆的办公桌边已经放了十几本，这些本子的外观样式几乎完全一样，每过一段时间蓝迅霆就会把手写笔记本里的资料抄写到他的共享笔记软件中，然后在手写笔记本的这一页上画一个大大的叉，表示这一页可以不用再关注了。蓝迅霆翻看着从红色金粉公司审计现场记录下来的那几段文字"存货高？应付增幅？现金走向？成本结转？在建工程？"这些很有可能都是这家公司账务有问题的地方，或者说现在下这个结论为时过早，但是审计的重点线索应在这几个环节。另外，任何一家公司的收入来源都必不可少地成为公司的审计重点，这些已经成为固有的思维嵌入蓝迅霆的脑海中。

方嫣然背着自己的黑色大双肩包走进事务所，回到工位后放下书包并拿出自己的笔记本电脑放在办公桌上，拿起桌上的半瓶矿泉水喝了两口，抬头看了一眼蓝迅霆的办公室。此时蓝迅霆也看到了方嫣然，抬手向方嫣然示意了一下，方嫣然便放下矿泉水瓶夹上笔记本电脑就走向了蓝迅霆的办公室。

"坐，"蓝迅霆合上自己的小本子招呼方嫣然坐在自己的对面，"怎么样，进展如何？"

"蓝总，基本上还算顺利。"方嫣然边说着边打开了自己的笔记本电脑，"基础的审计流程都在有序进行，截至目前，所有数据都比对一致，这可跟我上次去见前任签字会计师的说法完全不一样呀！"

"呵呵，这说明公司的确是已经整改了。"

"对，可是，一家公司能这么快有翻天覆地的变化，这本身就有点不太容易让人相信。"

"说说看。"

"前任会计师跟我说的是,他们连续审计了两年,每年进场的时候资料都是现场准备,要什么没什么,今天要的清单跟昨天要的同样的清单出来的数字都不一样,这些状况上次我也跟您汇报过。可是这次完全不一样,被审单位这边好像完全了解我们要什么,不仅数据吻合度极高,就连提供的资料……"方嫣然停了一下,"就连提供资料的格式,甚至都可以直接做成标准格式的工作底稿了。这当然对咱们的审计工作相当有利,但你不觉得这太反常了吗?"

"呵呵,人家整改好了,你反倒怀疑人家不安好心了,那它继续乱下去你们就舒服了呀。"

蓝迅霆有点调侃的口吻跟属下说话的方式,大家也都习惯了,方嫣然放松了本来有些僵硬的肩膀,向后靠了一下,说道:"那倒不是。蓝总您见的企业多,您以前有遇到过那种常年管理无序、账目混乱的企业一夜之间痛改前非完全回到正轨上来,而且账目变得井井有条毫无瑕疵的吗?"

"你这说的也有些夸张了。"蓝迅霆笑了笑继续说道,"不过你的思路没错,财务账没有一样是财务人员自己创造出来的,全部都是财务部外面的业务部门创造的数据源给到财务做记录,所以,财务是能真实反映一家公司业务和管理水平的。如果业务本身没法规范,那么账务想要规范记录也很难。如果财务基础太薄弱,那么历史上的错账烂账也会导致当下的账务难以真正规范起来,这都是相辅相成的。好吧,说说具体的情况吧。"

"好的蓝总,您上次跟我说的几个审计重点,我和小金一起审的,明细账总账和报表一致,存货明细的清单也跟总账一致,不过因为存货数量太大,记录里有十几万条,没法逐一查看,只能挑一些大金额的看看,目前还没有发现什么异常。他们的库存品类实在太多,每一个单价都不高,所以也真有些难以入手。这一年下来的所有出入库记录加起来超过 100 万条，这么大的量我电脑都运行不了。其实我也有点担心明天盘点的时候，该怎么安排人手去盘这么细碎的库存。"

蓝迅霆在他的小本上记录着，并没有抬头，也没有回话。方嫣然看蓝迅霆没有说话的意思，便继续说道："当然我们的出发点也不是做'有罪假设'，如果没问题就是没问题。盘点结束以后我们也会重新核对一次应付账款，这家公司的供应商有几百家，除了一两家供货金额较大的，其他供应商都挺平均的，所以，我需要加大一点发询证函的范围。"

"供应商的联系方式都给你了吗？"蓝迅霆突然发问。

"还没有，不过我们已经要过了，侯经理说这几天就给我们。"方嫣然回答道。蓝迅霆又陷入沉默当中，方嫣然继续说道："这家公司的销售几乎都通过线上渠道，渠道方也都是一些国内较大的平台，我们也做了一些调查，比对了平台反馈的数据跟公司 ERP 的数据，除了公司自己承认的在"618""双 11""双 12"这些热销季里有一些刷单的操作，当然我们也都一一摘除出来并做了收入调减，这些金额也都不是太大的，对整体的审计结果没有什么影响。"

蓝迅霆放下手中的签字笔，抬起头来对方嫣然说："收入在任何一家公司的审计里肯定都是重点，尽管销售对象都是第一梯队的大平台，但也不能不做足够的穿行测试，我建议这部分还是要加大一些抽样率。"蓝迅霆拿起手里的本子向前翻了几页，继续说道："这家公司，我觉得他们的内部管理和工作流程可能是个问题。这家公司发展得实在太快，市场接受其产品与品牌就意味着公司销售不愁，可是它们也不是一个多么暴利的行业，毕竟公司自己的品牌产品销量很小，大多数都是外部采购的大品牌。大品牌能够给销售渠道留下来的利润不会高到惊人的地步。所以，这家公司如果管理不善就很有可能造成不低的成本费用。如果真是这样，很可能不仅仅是利润减少的问题，而是更加可能出现巨额亏损。"

方嫣然听到这心里不由得一惊，睁大了眼睛盯着蓝迅霆。蓝迅霆并没有在意方嫣然的反应，将自己的笔记本电脑屏幕转了一下对着方嫣然的方向，继续说道："你们在现场估计也做了一些同行的对比吧，这个行业的上市公司绝大多数的净利率都不到10%，毛利也大多在40%左右。而红色金粉公司的毛利却高达60%，净利率则达到了40%，而且还是逐渐增长起来的。先不说这些数据是否有依据，单就这个业绩表现就足以让股价持续升高了。这家公司的原始股东限售期应该也快到了，如果他们打算离场，那么股价最高的时候肯定是收益最大的机会。资本市场基本上也不管利润到底有多少水分，只要事务所敢出报告，资本市场就敢接受，股价增长就是一个水到渠成的事情。万一以后出了问题，哪个事务所审的，哪个事务所就有一身麻烦。"

"这锅咱们怎么能背呀？"

"所以要做好工作底稿嘛，不过必要的分析咱们还是必须要做的。你回去落实三件事。

第一，在库存里找那些频繁出入库的产品，和出入库不多但量比较大的产品做穿行测试，需要逐笔测算，而不是按所谓的重要性原则抽样，要全都测。

第二，公司的出入库不是量大吗？那就按月做测试。把数据分成12个文件存储，一个月一个文件，每个文件就变成十几万条记录，Excel 是能处理的了的。"

"可是……"方嫣然正想说什么，被蓝迅霆打断了。

"可是十几万的数据也没法看，对吗？"

方嫣然点了一下头，有些无奈地蔫了下来。方嫣然知道自己从来没有碰过这么大的数据量，以前的审计绝大多数都把看财务账、看凭证放在重要的工作事项上，她自己的师傅也没教她用什么办法看这么多数据，而且这些数据一没发票、二没记账凭证，这怎么审计呀？

"你这脑袋怎么还不如我这老家伙呀，这都什么年代了，大数据时代呀！我跟你说的这第三点，就是给你解决这事的。"蓝迅霆终于看到方嫣然的眼里冒出一点点希望的亮光了，"这第三，你团队里的王英树是学信息工程专业的，当初是我面试的他。虽然他的学习成绩一般，也不怎么懂审计，但他懂一些编程代码，而且我发现他的数据思维还不错。你只要告诉他想要怎么分析，一般情况下他都能给你鼓捣出来结果，我以前找他做过一些数据分析，还不错，你可以试试。"

"王英树？蓝总，坦白地说，他在团队里有些不太懂事，做事情很不积极，成天吊儿郎当的。原本我想这个项目不会太麻烦才答应带他进项目的，算是给年轻人锻炼的机会。可是他根本就不珍惜这个机会，还天天迟到，让我们在客户面前都不好意思。您这把个项目分析得越来越复杂，我怎么能把这么重要的工作交给一个这么没责任心的人呢？"

"别太早下结论，年轻人的责任心跟你我这一辈的表现方式不一样的。你听我的，回去试试看。"

第二天中午，蓝迅霆跟审计团队的同事一起在审计现场的会议室里吃盒饭，本来公司安排每天都请审计团队去饭店吃饭，可是没几天方嫣然就发现，中午早早地坐车去饭店，点餐、寒暄、一碟一碟地上菜，再坐车回来折腾半天，太耗费时间了，方嫣然进场没几天就坚持要求在会议室里吃盒饭，这样团队还能沟通一下上午各个小组审计的情况，也不必担心客户在旁边有什么话不方便说。

"蓝总，您等我一下，我去问问赵总他们配合盘点的人安排得怎么样了。"方嫣然一边将吃完了的饭盒放进桌子边上的一个大塑料袋里，一边跟蓝迅霆说。

"别着急，吃完饭休息一下。"这句本来是关切的话，蓝迅霆用冷冷的语气说出总让人感觉怪怪的。

"别了，蓝总，这几天客户这边的配合度都有点跌破眼镜了，不催个十次八次基本就没啥动静呀。"方嫣然说着走出了会议室。

没一会儿方嫣然就回来了，"蓝总，恐怕还要等等，赵总不在，侯经理给我留言说他还要再协调协调，只能等着了。"

"没事小方，也让大家休息一下，你知道仓库在哪吗？带我先去看看，也散散步消化消化。"蓝迅霆说完就起身和方嫣然一起走出了会议室。

蓝迅霆和方嫣然走到仓库门口，门边上挂着一个"仓库重地，闲人免进"大牌子。看到仓库的门是虚掩着的，库管员并没在门口的工位上。蓝迅霆顺手推开了门但并没有走进去，只是站在门外向里面看去。仓库里一排一排的货架摆得整整齐齐，每个货架一端的顶头上都会挂着货品类别的大牌子，货架上摆放着大大小小的箱子，应该是每个箱子里都有数件相同的货品，因为每个单品的体积比较小，而线上客户的订单也都只要一件两件的，所以就必须将大整箱拆开来取出单品，一些尚未有订单的零散货物就会堆放在整箱旁边。仓库门口的货架上堆放着已经打好包的货物等待着快递公司定时来取货。工位电脑旁边凌乱地混放了一堆出入库单，电脑屏幕上显示着公司 ERP 系统的订单模块，旁边的针式打印机还在"哗哗"地一行一行打印着发货订单。从仓库后面走过来一个仓库保管员，一手拿着一摞单子，另外一手拎着一个袋子，一边走一边看着手里的单子找货，找到一个就放进袋子一个，找齐了就把手里的单子塞到袋子里然后封口，动作很熟练。蓝迅霆这才发现，仓库里不止一个人，偌大的仓库里隐约有几个人在做着同样的事情。蓝迅霆看到仓库四周的架子上虽然也堆满货物，但看起来好像已经有很久没动过了。尽管有些距离，但蓝迅霆远远看去都能明显地看到货物上落了一层厚厚的灰尘。仓库保管员看了一眼蓝迅霆和方嫣然并没有理睬，依然在自忙自地找货。此时一个快递小哥冲进仓库同时喊了一句："齐了吗？"

"等等，还有几件。"

"你给我，我帮你一起找。"快递小哥从仓库保管员手里接过几张单据，随手抄起几个袋子一头扎进了仓库里。不一会，仓库保管员和快递小哥就回到了仓库门口，把已经装好的袋子一股脑扔进了快递小哥的箱子里。把手里的单据往桌子上一扔，抬着箱子就走出了仓库大门。桌子上的单子更加的多、更加的乱。仓库保管员从打印机上撕下刚刚打印出来的一摞单据，重新又消失在了仓库里。

蓝迅霆对方嫣然说道："下午盘点的时候关注一下四周的那些架子上都是什么货，是不是需要考虑减值。关注一下每个品类的摆放是否明确区分了界线，从审计日到今天，这期间货物的进进出出肯定少不了，桌子上那一大堆单据如果没录入系统，那么数据肯定准不了，盘点的时候先看看还有多少单据没有录入 ERP 系统，要特别关注一下有没有长期未录入系统的单据。"

方嫣然都一一记下了蓝迅霆的要求。

"还有，明明是'仓库重地闲人免进'，却变成了'仓库重地生人免进'，只要跟库管员熟的人，不管是不是公司内部的，进到里面都没任何障碍，看起来公司上下都已经习以为常了，这样的流程漏洞在公司其他的业务环节肯定也少不了，多去了解一下其他的业务流程里核心环节都是怎么管控的，咱们的内控审计虽然没发现什么问题，但我猜真正的问题恐怕是被表面的文件和数据给掩盖了。"

蓝迅霆和方嫣然回到会议室刚坐下没一会，侯东佑走进了会议室。

"蓝总，您来了，怎么也不说一声呀，赵总今天去市里开会，您看，这太不巧了。"侯东佑一进门就跟蓝迅霆客气地说。

"没事，侯经理，我不找赵总，下午盘点的工作量可能会比较大，我也是来看看有什么能帮得上的。"蓝迅霆坐在椅子欠了欠身，冷静地说道。

"哎呀蓝总，身先士卒呀，敬佩敬佩。我这边从办公室协调了几个同事来一起帮忙，人手应该够，您多指导工作。"蓝迅霆对于这种奉承话从来都是以平常心对待。

此时审计团队的同事也都吃完午饭休息一会儿了，各自收拾好自己的盘点表，起身做好去盘点的准备。蓝迅霆也站起身来对方嫣然说，"方经理，下午你来全权安排……"

"那什么，蓝总……"侯东佑打断了蓝迅霆的话，"刚刚跟仓库协调了，说这几天订单实在太多，现在一直都还忙着发货，实在没时间盘点，只能等到下午把最后一批货发走以后才能开始了。蓝总，您看要不要您先忙别的，等我这协调好了再盘，怎么样？"

方嫣然一听就急了："侯经理，您怎么才说呀，我们都准备好了，我还从所里其他项目上协调了两个人过来帮忙……"

"方经理，实在抱歉，我也是刚刚知道的，这也是没办法的事呀。"侯东佑一脸委屈的样子。

"行了，侯经理，几点能开始，今天必须要完成，哪怕通宵也要盘。"蓝迅霆不打算给侯东佑留下任何改日子的机会。

"好的好的，蓝总，我去协调，今天肯定能，肯定能。"

盘点时间果然还是推到了晚饭后，侯东佑带来几个年轻人一起到了会议室，"蓝总，方经理，我协调好了，咱们随时都可以开始，我还协调了几个同事一起来听方经理调遣。"

侯东佑带着审计团队和他协调来的几个同事一起进入了仓库，此时仓库里已经有几个人在等着了，桌子上的单据已经不见了，看样子是已经全部录入到了系统里。整个仓库感觉比白天整洁了不少，没有了进出库的嘈杂，货架上的商品也整齐了许多。物流部经理郑铭把一大摞盘点表分发给了现场的同事，盘点分了七个组，每个组负责几个品类，每个品类都在一个固定区域里，每个组两名同事，审计人员作为监盘人进入到盘点组中。郑铭交代了几句以后，盘点即刻正式开始。

由于每一个商品的体积都很小，包装形状也各不相同，货品摆放空间耗用非常大，整个仓库一眼看过去尤为壮观。时间快速消逝着，各组盘点表里布满的红色对号中穿插着不少的问号和更新数字，问号表示这个货品没有在仓库找到，数字就表示实物数量与账面数量不一致。看样子管理这么一个庞大的仓库果真还是相当的有难度。凌晨 4:30 的时候，盘点表陆陆续续汇总到了郑铭手里，蓝迅霆明显感觉到郑铭的尴尬，作为一名物流经理，这么大量的盘点差异，怎么说也是管理失职的表现。

蓝迅霆拿过几张盘点表翻看了一下，"这么大的库存量，东西又那么小，想要做到一点不差是不可能的。"蓝迅霆自言自语地说道，其实也是说给郑铭听的。

"哎，真的，实在难度不小呀。跟公司说了多少次了，这么大量的货物就应该换一套系统，现在这效率太差了，员工也都很努力了，我也真是力不从心。"郑铭的声音里夹杂着些许熬夜带来的干哑，"咱们这盘完了，晚上的订单货还要赶紧找出来，否则明天要是不能发货客户就会疯狂地投诉，平台就会给我们处罚。哎，这简直就是坐在了一个永不停止的飞轮上。"

"郑经理辛苦了。我听说咱们不是每月都盘点吗，每个月也都是这么多的差异吗？"蓝迅霆不失时机地问道。

"多多少少是会有些差异的，差异太大的时候就先不盘了……"郑铭说了一半，侯东佑立即打断了他，"噢，也没那么夸张的，呵呵，其实每个月都是盘的，我们内部的管理流程还是会严格执行的。"

蓝迅霆立刻就知道了日常管理究竟是怎么回事。他并没有理睬侯东佑，而是继续跟郑铭说道："咱们这盘点结果什么时候能录入到系统里呢？或者我安排一个审计人员配合你的同事一起，如果有什么需要帮忙的你就安排他一起干。"

很明显，蓝迅霆已经不再相信侯东佑的话，也不相信郑铭的人能准确地将盘点结果录入到系统中，所以他必须要安排一个审计人员全程盯着一个不落地把准确数据录入 ERP。

"对了，郑经理，您仓库周围那几个货架里也有不少货品，目测也有几十个货架，摆放的也都挺满的，怎么这次盘点里一点都没有涉及呢？"蓝迅霆突然发问。

"那个，那些不是我们的货，都是因为我们的仓库比较大，我们有些供应商货物生产完了以后，我们并没有下订单，他们就租借了我们的仓库来存放。"

"那你们也没有把自己的货和别人的货分开来放吗？中间也没个隔断？"

"这确实是我们的管理问题，回头就跟公司申请增加一个隔断。"

"你们这些货架是借给供应商的还是租给供应商？"

"租的。"侯东佑道。

"借的。"郑铭道。

几乎是在同时，两个人喊出来完全不一样的答案。蓝迅霆一愣，侯东佑赶忙补充道，"是租的，有租金的，物流部不知道，这些合同没经过物流部，是办公室直接签的。"

"这样呀，涉及几家供应商呢？"

"合同都在办公室，具体有多少我也不太清楚。"

"回头麻烦侯经理把合同都提供给方经理，还有收款记录。"

"好像不是直接收款的，是跟供应商互抵货款的。"

"那有互开发票吗？"

"这我就不太清楚了，我回头查一查。"

蓝迅霆有些诧异地看了一眼侯东佑，心里想，"你是财务经理吗？这种既特殊又反常的业务你都不清楚，那你到底都管了什么？还是根本就是编出来的，你们自己的口风没串通好在这露馅了？"

"那落实完了就直接给方经理吧。"蓝迅霆不露声色依然平静地回答侯东佑，转头又对方嫣然淡淡地说，"方经理，你跟进一下。"

"好的蓝总。"方嫣然回答道。

第 2 章 审计
危机四伏厦将倾，拨开迷雾见曙光

04_

第二天下午，方嫣然和几个同事陆续走进了会议室。昨天盘点结束离开公司的时候已经是凌晨 5 点多，审计们回去补了一点觉就再次来到了审计现场。方嫣然推开会议室的门，看到王英树已经在电脑旁干着活了。方嫣然很是吃惊，平时早上上班王英树很少不迟到，怎么今天反而最早一个到。

"吆，怎么今天来这么早呀？"

"我没回去。"

"啊，你没睡觉呀？"

"没事，我不困。方姐有空吗？我做了一些数据分析，你看看能不能用。"王英树说着便把自己的笔记本电脑向着方嫣然略微转了一下，方嫣然看着屏幕就坐在了王英树的旁边，随手拿过桌子上的蓝牙鼠标滚动了几下。方嫣然有些没看懂，电脑屏幕上的数据字体特别小，满屏幕都是密密麻麻的数字和表格。"这是什么？"方嫣然不解地问。

"这是红色金粉公司一整年的库存进销存数据，量太大了，我想了好几天怎么做，刚刚有点眉目。"

"这是？你干什么要分析这个？"

"我不是跟着金姐审库存吗，咱们的审计流程都走完了但觉得空落落的，就是觉得始终没碰到真实的业务。我就琢磨着做做大数据分析。我在学校的时候帮导师做过一家天猫连锁店的数据分析，我觉得差不多，就写了几行代码分析了一下咱们自己的数据。"

"没想到你这么牛呀，"方嫣然惊讶地看了一眼王英树，"你知道吗，蓝总前几天让我做这个分析,我还没来得及跟你说呢,你这就做出来了。"

"嘿嘿,也不知道能不能用。"王英树摸了摸后脑勺,有些羞怯地说道。

"能呀,太能了。你说说,都怎么做的,有没有发现什么?"方嫣然好像又想起来什么,"等等,等咱们人都来齐来你再说,让大家都听听。你先发给我,我消化消化。"

"好的方姐,文件有些大,电脑可能会比较卡。"

不一会儿审计的同事就陆陆续续地到了会议室。方嫣然招呼大家先不着急开工,让王英树将他的笔记本电脑投影到会议室的大屏幕上。见大家都坐好了,方嫣然示意王英树可以开始,王英树打开他电脑里的文件开始了讲解。

"我把这家公司过去3年的所有交易记录都做了一下分析,当时客户给我们的记录只有一年的,后来我又问他们的系统管理员要来过去两年的记录,当时赵总也跟所有同事说了要全力配合审计工作,所以我猜他也没多想就发给我了。

数据量真的很大,一年100多万条记录,前两年也是每年80万、90万条的量,仅仅从系统里往外导就花了两天的时间,正好这两天我也琢磨了一下怎么处理这些数据,一股脑放进 Excel 肯定是不行,这么多数据用函数公式肯定会卡死,于是我就把一年的数据分开成12个月,每个月一个文件单独处理,一个表格十几万条数据还是能处理的。

我逐条分析了每一笔的商品进货、销售和毛利差,因为公司的数据是割裂的,也就是采购跟出库的数据表是分开的,所以就必须做逐一的匹配,好在公司的货品编码可以做唯一识别,我先把这3年出现过的商品全部重做成了一个基础资料数据库,然后匹配出系统里其余的商品没出现过交易的清单。这一步还挺有收获。我盘点的时候发现仓库边上那几十个货架上的商品,很多都是这个匹配筛选出去的那些。"

"这么说，那些架子上的货也可能都是公司自己的？"金凤娟不由自主地说了一句。

　　"这不好说呀，这些货只是出现在了这个清单里，也不能证明供应商没有再买回去。或者这些货根本就是仅仅有一个品名和编码，从来都没有采购过，也是有可能的。"王英树回答道。大家没有再说话，只是有些急切地等待着王英树说出最终的结论。王英树熟练地切换着电脑屏幕里的表格，从密密麻麻的数字中放大聚焦到了几个商品上。"这其实不是分析的关键，我匹配了这3年所有的同一商品的进销差价的变化，还真发现了点什么。我把结果做了一个排序，这个排序的规则是3年里的同一个商品毛利变化从高到低的排列，我发现公司毛利提升多的前500个商品中，绝大多数的市场售价都降低了，因为是平台回传的数据，我猜这个数据应该不会有问题，那么就是采购的价格理论上是下降了。于是我又查了这些供应商的采购订单，从抽样的纸质订单上，我并没有看到单品价格的下降，就有点不知道怎么办了。"

　　"等等，你的意思是，售价下降、毛利提升？"方嫣然问道。

　　"对，这个列表里的数据绝大多数都呈现出这个现象。"王英树回答道。

　　"并且，采购价格并没有大幅下降？"方嫣然继续追问道。

　　"我是没有找到采购下降的数据依据。但是系统里的成本价的确是降低了不少，会不会是公司跟供应商口头约定了降价，但合同和订单都没改呢？"王英树自己也没有想通，也是在给这个现象寻找着合理的理由。

　　金凤娟突然插话说道："或者是供应商跟公司承诺了返点，销量达到多少以后就大幅度的降价？或者直接返佣？"

　　"不是没可能，如果是这样的话，那这种账务处理显然是有问题的。"方嫣然仿佛抓到了真正的线索，于是继续问道，"英树，还发现了什么？继续。"

　　"我对这3年的同一商品的毛利变化还做了几个测算，前两年的变化比例其实是不大的，基本上可以说是没有变化。但第 3 年，也就是咱们审计的这一年，毛利的变动区间几乎是整体上全部都提升了 15%，但如果你一个一个地看，每一笔交易的毛利其实都不一样。比如看这个商品，一个月里交易了大概有 6000 多笔，单独一个拿出来跟去年比较，有高有低的，没什么规律，但是如果将这 6000 多笔当作一个整体再去比对，就会发现每一笔都最终指向了同一个 15%。当然这是'事后诸葛亮'，用结论当作原因，这看起来好像也没什么不正常。但是，我又做了一个测算，如果真的被我猜中的话，这个数据我怀疑是被巧妙地处理过。"

"处理过？怎么处理的，你这不也是没有发现什么规律吗？"金凤娟迫不及待地问道。

"表面上看的确是毫无规律，但如果稍微放大一点范围，我发现这个数据很有可能是用了一个小范围内的'随机函数'做了一下处理。"

"随机函数？什么意思？"

"Excel 里的函数有很多，其中一个函数的功能是可以在一定范围内产生一个谁都不知道具体是多少的数字，例如 1~100 之间，这个函数每运行一次就会出现一个 1~100 之间的任意数。如果把这个区间缩小到 0.1~0.2 之间，那么最终的大数据结论就很有可能趋于 15%。"

"这你都能想得到呀。"金凤娟惊讶无比，"这么大量的数据，你怎么能处理的了呀。"

"其实也没什么，"王英树淡淡地回答，"数据量越大其实越容易发现规律，我以前给导师做的数据处理量也不小，开始我也不太明白，后来想通了，其实都一样。"

"英树，按照你分析的结论，是不是可以这样推断，"方嫣然有些激动，刻意让自己平静了一下，"如果我们抓住供应商跟公司签的合同，还有真实成交的金额，发现其中有大的出入，就证明这个数据是有问题的？"

"可以这么说吧。"王英树依然淡淡地回答。

方嫣然明显感觉到，王英树的淡然并非老江湖那样的成熟，而是真的没有意识到他的这个发现究竟意味着什么。此刻方嫣然突然明白了蓝迅霆当时跟她说的那一席话，也明白了王英树真正的价值，尽管他可以说是对审计还一窍不通，但经过这个分析，王英树的价值显然已经完全超出了自己对他的定位。

"还有吗？"方嫣然继续问道。

"其他的我还没来得及做，每次计算电脑太卡了，做一次分析就有几分钟不能用电脑，我只能分析一次就把结果存为文本格式，去掉公式，这样分析没法太快。我这只是分析了1000笔上下的品类，距离全部分析完还需要不少时间……"

"你这样，前几天蓝总跟我说了，让你做一些分析，"方嫣然快速拎起放在地上的电脑背包，从里面掏出来她的小本子，迅速地打开来翻了几页，"蓝总让你做几个分析，第一，逐笔测算频繁出入库的产品，找出来交易特点和规律；第二，逐笔测算出入库不多但量比较大的，包括频繁出入库的商品在内，做穿行测试，从采购到入库，从出库到销售，也包括收款和付款，不用每笔都做，挑一些重点的；第三，将大数据分开来放进12个……"方嫣然停了一下，她意识到这一步王英树已经做了，看来还真是英雄所见略同呀。"这一步你已经做了，就不说了。没有第三了，你就把刚刚那两个数据做一下分析。你的电脑是以前离职的同事留下来的，配置不高，回头我跟蓝总申请一台高配置的笔记本，你把电脑配置的要求告诉我，就是能确保你运行这些计算不卡的那种配置。"

"好的方姐，其实我以前用数据库和写脚本就不会这么卡，Excel 毕竟还不是数据库。不过我好长时间不用，代码都忘了怎么用了，想要拾起来还得花点时间，就先用这个笨办法算了。"

"你的代码以后慢慢想,现在没时间等你去回忆那些代码怎么写,就用你的笨办法。我让你分析的这些,你估计需要多长时间能出来结果?"

王英树微微低了一下头,若有所思地看着笔记本键盘,手指快速地拨动着。"我估计可能要两天的时间吧。哦,对了,我还发现了有几笔交易额比较大的,可能不是平台返回的数据,成本那是空的,也就是只有收入没有成本,我在文件里做了标注,你索引一下就能看到。"王英树说着,两眼有些呆滞的使劲眨了几下眼睛,"我那个,今天我稍早点走可以吗?这阵子困劲上来了,脑子有些不转了。"

"哈哈哈,当然当然,你也别早走了,你现在就回去,赶紧睡觉,一切等明天再开始,养足了精神再开工。"方嫣然禁不住大笑了起来,心里一阵一阵的感激之情溢于言表。

审计已经接近了尾声,赵梓杰似乎已经知道了审计将要跟他谈的事情,他独自一人在办公室里坐立不安。他使劲让自己平静下来,定了定神,拉开了办公室底层的抽屉,翻出那部老年手机,然后拨通了那个秘密号码。

对方没有开机。于是,赵梓杰拿起手机在自己的微信朋友圈发了一张世界名画,达利的《记忆的永恒》。赵梓杰身边的人都知道他十分喜欢油画,对于那些世界顶级的名画总是侃侃而谈,所以他也经常在自己的朋友圈里晒他最近欣赏的名家大作。不过,这也是赵梓杰跟神秘人的一个约定暗号,达利的画是赵梓杰的最爱,就是因为他的画很多都是梦境里的,是达利将自己梦中的场景画下来的,让人看后有无限的遐想空间,令人着魔。赵梓杰与神秘人约定,如果他的朋友圈里发了达利的画,那么就是有紧急的事情需要联络,神秘人自然就会给赵梓杰的秘密号码回电话。

临近下班的时间,老年手机终于震动了,赵梓杰赶紧接起电话来。一位女士的声音响起:"赵总,我听说了,你不找我我也会找你的。早就让你们跟供应商都提前打好招呼,将该准备的资料都准备齐了。现在可好,功亏一箦。"

"领导，不是呀，我这已经紧赶慢赶地跟这些供应商谈了好几次呀，的确量太大了，你又不让我找别人去谈，就我一个人我也分身乏术呀。"

"这一点当初你也是答应过我的，我也提醒过你，咱们这次付出这么大的代价，就别在阴沟里翻船。你看看你公司里面这些破事，财务跟其他部门的说法都不统一，你就是神仙也没办法了。"

"那现在怎么办呀？审计这不依不饶的，一直抓着存货和应付款不放，我担心底下人顶不住就给说漏了呀。"

"真要那样也没办法，这就是你们的水平，管好企业不容易，把管不好的企业粉饰好更不容易。你们尽量吧，我再琢磨琢磨。"

"好的,好的,领导,让您费心了。"

就在打电话的同时，赵梓杰的微信来了好几条信息提醒，挂掉电话好一会，赵梓杰才习惯性地删除通话记录，关机，再次将老年机放在了最下层抽屉的文件下面，锁上以后深深地舒了一口气。赵梓杰拿起自己的手机翻看起微信的记录，方嫣然发了一条微信在约赵梓杰的时间，审计团队已经基本完成了现场工作，需要跟赵梓杰做一个沟通汇报。方嫣然特地在微信里多说了一句："赵总，目前看有不少问题，报告类型恐怕……或者您是否方便跟蓝总先沟通一次。"赵梓杰已经明白了方嫣然的意思，审计工作前后巨大差异的最终结果，轻则是出具"保留意见"审计报告，重则"无法表示意见"甚至是"否定意见"，这事情可就大了。赵梓杰老早就跟董事会汇报了这样的情况，而前来帮忙的神秘人也是管理层私下推荐的，赵梓杰更加清楚的是，如果这次审计出现差池，那么承担责任的一定是自己，也只能是自己。

赵梓杰陷入了沉思，细节的沟通他已经跟方嫣然有过多次了，尽管自己表达了各种理由，但其实他也明白在前后不一的证据面前，自己的解释有多么苍白。赵梓杰也曾试图跟蓝迅霆暗示过，只要能够让公司过审，出具标准无保留意见的审计报告，公司这边也会有"重大表示"的，其实就是想看看能不能收买蓝迅霆。这也是神秘人给的最后的建议，不过神秘人自己也说过这种希望非常渺茫。果然，蓝迅霆根本就没有接茬，当是完全没听出来赵梓杰的暗示。一方面公司董事会希望看到依然高速增长的公司能有更加不俗的利润表现，另一方面公司历史上积累下来的错账乱账已经到了崩溃的边缘。作为财务负责人的赵梓杰，是跟着老板一起创业起家的，当初刚成立公司的时候赵梓杰就是老板的会计，那个时候公司没有什么管理，就是全凭良心做事，很长一段时间里赵梓杰又管钱又管账，尽管这已经不符合会计管理规范了，但赵梓杰的忠心耿耿还是打动了老板。后来公司不断地发展壮大，赵梓杰也跟着公司的发展而升职，公司的财务账始终都是赵梓杰独揽大权。赵梓杰对老板的要求唯命是从，哪怕是违反原则也在所不惜。表面上看老板的要求每次都毫无障碍地被执行到位了，但实际上企业内部管理中留下的许多漏洞和错误，在财务账上也都留下了永远无法消除的痕迹。

公司这个样子都能上市，也是赵梓杰万万没想到的。原本自己也想借着上市的机会好好把公司的烂账整理清楚，但无奈的是上市进度不允许公司有丝毫的怠慢，而且当时审计的要求也相当严格，前前后后审计进场了好几次又离场了好几次，原因就是公司的账实在是没法审，今天提供的去年的数据跟昨天提供的去年数据都没法一致，这不仅让审计抓狂，也让赵梓杰抓狂。就在审计几乎要决定放弃这家公司的时候，公司高管介绍的神秘人出现了，她带着一个团队只花费了两个月的时间就把公司的 3 年一期的财务账统统整理得十分清晰，审计再次进场的时候状况就完全不一样了，审计工作的进度十分顺利，没多久就出具了标准无保留意见的审计报告。这让赵梓杰大为惊讶，原本还有些半信半疑的他，现在彻底被神秘人的能力折服了。赵梓杰没有其他公司的工作经验，自己就是一个小会计出身，也没见过好的财务账是怎样的，所以自己也很想好好学一学真正高手的财务管理。赵梓杰就提出要

第 2 章 审计
危机四伏厦将倾，拨开迷雾见曙光

请神秘人给自己一些指导，但赵梓杰同时也有些忌惮，毕竟神秘人的服务很贵，不是一般的贵。而且神秘人的思路十分敏捷，往往有时她给出来的建议赵梓杰都理解不了，神秘人就会失去耐心不再跟自己沟通，而是直接给大老板打电话，于是每次老板也都会不留任何情面地把自己痛骂一顿，这让赵梓杰心里多少有些惧怕这个帮了自己大忙的"恩人"。

不出赵梓杰的预料，没过几个小时，老板果然给自己打来电话了，尽管自己是老板绝对的亲信，但老板每次对自己的不客气还是让赵梓杰惧怕接老板的电话。出乎意料的是，这次老板的口气很平静，只是叫他去办公室。

走进老板办公室，赵梓杰看到几个老总都已经在里面了，很显然，几个老总已经通过气了，而且还已经决定了什么。赵梓杰刚坐下，老板就对他说："梓杰，我都已经知道了，我刚刚也跟几个股东沟通了一下，大家也都理解你的难处。不过，难处归难处，事儿总要有个交代。你跟着我这么多年，向来都是兢兢业业恪尽职守，这些我们几个也都看在眼里。公司这几年发展的的确太快，一些历史包袱始终让公司苦不堪言，再这么下去，恐怕会出大问题呀。"

老板说到这，不说话了，赵梓杰不知道自己该不该接话回复，关键是赵梓杰也不知道该说点什么。老板这么一反常态地跟自己说话，不会是有什么锅让自己背吧。赵梓杰不敢继续想下去。

"不是，我说了你多少回，我这么一大摊子都交给你，你这水平怎么就没见有长进呢？我是不给你权了，还是不给你钱了？你给我整的财务怎么能乱成这样？"说着说着，老板又恢复了习惯性的数落。赵梓杰反倒有些踏实了，老板这样跟他说话才是常态，轻声细语的反而让他浑身不舒服。

老板停了一下，看了一眼赵梓杰没什么反应，又扫视了几个在场的高管们，于是清了一下嗓子继续说道："梓杰，你也跟了我这么多年了，咱们有福同享有难同当。今年的审计报告，你还需要再努努力。你女儿在美国读书还有两年毕业吧，我跟你嫂子商量了，后面这两年的学费我和你嫂子给出了。"

"老板，这，这……"赵梓杰听到这，一时不知道该说什么好。

"唉，你别多想，这纯粹是我个人的决定，跟公司无关。"

"可是老板，这次审计查的实在是太细了，实在是太难……"

"梓杰，你先别急，我也问了几个内部朋友，我跟几个高管也商量了一下，要不然，咱们把历史包袱清一清，索性……"老板没有说出口，但赵梓杰立刻明白了，这是要把所有历史上隐藏的亏损都在这一年全部爆发出来呀，这搞不好真的会山崩地裂。赵梓杰瞪大了眼睛，不敢相信自己听到的。

"只是如果一旦……"老板再次停下来扫视了一下在场的高管，继续说道"一旦决定了，那后续的事情还是非常多的，并且恐怕也得有人得承担起来。"

赵梓杰立刻明白了，全明白了，而且他也知道了这个主意肯定也是神秘人给老板出的，这是要让自己背锅呀。哎，这锅也该自己背，跟了老板这么多年，自己净想着怎么满足老板需要了，却放弃了在专业上的学习。想想当年在学校的时候，自己也曾经是学霸，也愿意学习，也能学会，可是走到社会上以后，反而是所谓的"忠诚度"让自己在获得升迁机会的同时，也完全失去了学习的机会。赵梓杰恨不得狠狠地抽自己两个大嘴巴子，当年的学霸怎么能混到这般田地。

"老板，是我不好，我应该承担一切后果，不会连累其他任何人。但我觉得，想要让审计出标准无保留意见的报告基本上是不可能的了，我明天就跟审计摊牌，把他们提出来的那些疑问都提供完整证据，我会尽可能地跟审计沟通不要出具'无法表示意见'的报告，公司应该就不会崩。等处理完以后，我就辞职。"

所有高管都松了一下身子，老板也终于放了心，赶忙说："别别，梓杰，不会真让你离开的，最多就是暂时先离开财务负责人的岗位，公司给你留着一个副总的位置，咱们内部工作一切照旧，不会有任何变化，只是对外公告的流程还是要走的。"

离开了老板办公室，赵梓杰出奇的平静，担心了这么多年的各种雷，仿佛已经都爆完了一样，虽然自己已经被炸的千疮百孔，内心却终于可以消停一下了。接下来需要做的事情非常多，但是赵梓杰第一个想到的，反倒是要找蓝迅霆，是朋友式的请教，如果还有这个可能性的话。也是，也该学习学习了。他们究竟是怎么发现公司埋了这么多年都没人发现的问题？赵梓杰思考的，已经不是为了公司能挽回什么，而是自己放下多年的学习意愿应该被重新点燃起来。

走出电梯的赵梓杰看到了整个走廊里审计的那间会议室里灯火通明，他知道审计团队正在为明天的沟通汇报会做准备。赵梓杰回到自己的办公室，他并没有开灯，而是关上门后径直走到办公桌后坐下来，拿起手机找到了蓝迅霆的微信。

"蓝总抱歉，明天的汇报会不能如约举行了。"

过了没多久，蓝迅霆回复道："为什么？"

"方便见面聊吗？"

"现在？"

"对。"

"去哪？"

"上次去过的那家茶楼，半小时到。"

05

蓝迅霆不知道赵梓杰葫芦里卖的是什么药，本不想大半夜的再跑出来见面。可如果明天的汇报沟通会不能如期举行，就意味着他们还不能结束现场的工作，那么也就不能够按期出报告，后续一系列的问题都会出现。蓝迅霆不想工作进度受到影响，但他也清醒地认识到这家公司一定存在严重的财务问题。这几天方嫣然已经连续发现了不少问题，蓝迅霆也已经跟事务所主任合伙人做了深度汇报，客户如果再不积极提供这些疑问的支持文件，恐怕就要出具"无法表示意见"的审计报告了。在这个当口，赵梓杰突然来这么一出，难道是想做自己的工作甚至是贿赂自己改报告？这绝对不行。蓝迅霆思前想后，还是决定去会一会这位上市公司的财务负责人。

蓝迅霆走进茶楼，看到还有零星的几个客人在聊天。服务员把蓝迅霆带到了一个十分幽静的单间，赵梓杰已经在房间里，见蓝迅霆来了，赶忙起身上前迎接。

"蓝总，抱歉抱歉，这么晚还打扰您，快请坐，快请坐。"

"赵总您客气了。"蓝迅霆没好气地回答道。

桌上已经摆了茶壶和杯子。没等蓝迅霆发问，赵梓杰就直截了当地开口了。

"蓝总，我先跟您说声对不起，不是因为今晚的冒昧打扰，而是方经理现场审计的资料，我们没有很充分地提供，有些数据也有不少出入，这些方经理已经提出了质疑，明天我会把那些资料全部重新提供给方经理。"蓝迅霆从赵梓杰的话里听出一些不对劲的地方。平时赵梓杰跟自己说话，那是非常典型的"极其客气"的虚情假意，一看就是商场上油头滑脑的人，是蓝迅霆极其厌恶的那种人。可是今天这一开场，蓝迅霆感觉到了赵梓杰从未有过的真诚，蓝迅霆一时间更加摸不着头脑了。

赵梓杰自然也看出了蓝迅霆的质疑，尽管蓝迅霆没说一句话，赵梓杰也知道自己并不是蓝迅霆能够交心的那种人，更加不太可能与其成为朋友。但此刻赵梓杰已经顾不上那么多了。

"蓝总，我今晚找您出来，也没什么事，就是想聊聊，当然也是很真诚地向您请教请教，您和您的团队实在是很厉害，想必您也看出来了我们这套账的水分。不过这已经不重要了，明天资料更新以后这些就都翻篇儿了。"赵梓杰深深地舒了一口气，端起茶杯一饮而尽，继续说道："其实这也不是我的本意，实在是无奈之举呀！"

蓝迅霆疑惑地盯着赵梓杰说道："赵总，您今天这是……"

赵梓杰将自己的茶杯填满，"想一想还真是有些可悲。我以前在学校里可是学霸级别的，中学的时候我想学画画，被我爸揍了一顿，自此就彻底打消了这个念头。本来高考的时候还想考个跟艺术沾点边的专业，结果我的专业还是我爸给选的。还好，我是我们县的高考状元，我爸摆了几十桌酒席，又舞狮子又放鞭炮的。等我上了大学，我身边的同学个个都是学霸，而且都是大城市里长大的，他们玩的东西我连见都没见过，就只能拼命地学习。等到毕业的时候，我的成绩是最优秀的。可惜呀，我那些成天吊儿郎当的同学个个都找到了好工作，有进银行的、进外企的、去四大会计师事务所的，我这个全班第一名居然找不到一个像样的公司。为了能赚钱养活自己，刚毕业那会儿，我就去了代理记账公司，一个人记几十家公司的账。我才发现学校学的东西跟实际工作真是一点边都不沾，师傅让怎么做就怎么做，一天到晚处理垃圾账。我那个时候都崩溃了，暗无天日地这么过了一年呀！"

蓝迅霆不知道从赵梓杰说的哪句话开始，自己也端起茶杯呷了一口。

"那是毕业第二年,我实在受不了在代账公司那么干下去了,什么都学不到,做的账也是千篇一律,毫无技术含量。刚好我的一家客户被税务稽查了,老板紧张得不得了。我多多少少了解税务实务,我就把这事摆平了。客户很感谢我,老板亲自跑我那儿请我吃饭。我聊了我的大学,聊了我的成绩,老板一听立马邀请我去他的公司管会计。对,就是我现在的老板,那个时候他还是一个卖化妆品的二道贩子,哈哈哈哈。

不过说实话,我那时候特别感激他,不仅让我脱离了单调乏味的苦海,工资还给我翻了两倍,两倍呀。那时对我来说简直是一笔巨款。我暗下决心,一定对老板衷心,哪怕赴汤蹈火也在所不惜。我的老板没几年就把公司给做大了,今天也是上市公司的董事长了。

蓝总,想必你也听出来了,我呀,没什么本事,根本没有经验,都是这几年左学点右学点拼凑起来的会计知识体系。我那个注册会计师证,考完了都不知道跟我公司的会计有什么关系,是不是太笨了,哈哈哈哈。"

"赵总,别这么说,能考出注册会计师证的人都不是怂人呀,我当年的证书也是考了3年过的,我才是真的笨人一个。"两人四目相对,都忍不住哈哈大笑起来。

"蓝总,你不一样,你见的企业多,什么样的财务都见过。反正今天我已经知道我会在发布年报之后引咎辞职,公司所有的错账乱账我都一人扛下来,为了老板,我认了。"

蓝迅霆对赵梓杰说道:"赵总,我本不该对您的工作评头论足,今天借着您的香茶,我就冒昧问您一个问题。"

"蓝总何必客气,事到如今,我还有什么不能说的。我知道,你是想问我们那账是怎么做出来的,对吗?"

蓝迅霆知道赵梓杰今天晚上是彻底"放飞"自己了,先前蓝迅霆很是担忧在这即将出审计报告的时候,而且还是极差的审计结论的报告,自己这么

第 2 章 审计

危机四伏厦将倾，拨开迷雾见曙光

无底线地跟被审计单位财务负责人聊如此私密的话题，万一被什么人知道了，甚至如果赵梓杰是做了一个局让自己往里钻，自己会死得很难看的。

"不瞒你说，明天那些账就已经是历史了，不会再出现了。不过，我不得不说，这家伙还是相当牛的。具体是谁我没法跟您说，一方面这的确是超越了我的权限，另一方面，我还真就不知道她是什么人，巾帼豪杰呀！"

"还是个女的？"

"呸呸呸，我这嘴，全当我没说，您千万别往这条线上捋，这人道行太深。我也看出来了，您也是正经八百的普通人，这浑水要是蹚不好，湿了身还不说，搞不好会要命的。"赵梓杰神秘兮兮地说到这，蓝迅霆感觉到后背冒出一丝凉意，听得出，赵梓杰并不是故弄玄虚。

"赵总，其实，我告诉您，您恐怕也没想到，您现在给我看到的账绝大多数内容反而是更加符合客观实际的。我们去了解过您之前的审计团队，当时的阻力和压力不用我说了吧。我的观察，并不是您公司的阻挠，而是您的账……"蓝迅霆话中有话，说到这，他担心会让赵梓杰下不来台。

"哈哈哈，蓝总，没事，我清楚，是我水平太差，没法应对审计这么复杂的要求，就连当年公司首次公开募股的时候也是请的……"赵梓杰同样也是说到一半意识到了自己说多了，以蓝迅霆的聪明劲，不可能想不到以前的财务是怎么做的。他赶忙补充道："哎，真是喝茶都能说出醉话来，说话也不过脑子了。我的意思是，我一直都想向高手请教，特别是您，蓝总，您是我认识的人里财务水平最高的一个。我这几十年都荒废了，包括上学期间在内。我心里苦闷呀，明明自己有学习能力却偏偏走上了这么一条没有技术含量的路。"

"赵总您也别这么说，您在企业里深耕这么多年，对业务的了解程度远比我们这些中介机构深入呀。既然您说到这个份儿上了，我也就不跟您客气了，咱们就一起聊聊看有没有什么火花能碰撞出来。您就想想，咱们财务有什么数据'不是'别人给咱们的？什么数据'是'咱财务自己创造出来的？"蓝迅霆故意把这个"不是"和"是"加重了语气，"只要这数据不是别人给你而是自己创造出来的，那一定是有问题的，对吧？财务本来就是为业务服务的，就是记录业务交易实质的，如果业务本身混乱而财务又没有足够的承载力，你想想，财务怎么可能应对的了呀？我问你，在你们最初发展的过程中，是不是三天两头换交易模式？"

"那必须的，老板一句话，整个架构都换个底朝天。我刚把财务账套建好没两天，业务部门就改了，而且不是改名字，是把人员全部打乱了重新安置。前面的项目还没结束，人员又被安排进新的项目，你想我这财务怎么核算呀！没办法，就只能这么胡子眉毛一把抓了。"

"没错，公司发展初期这些现象很常见，没有哪家公司能迈过去。但是，如果公司已经发展到规模这么大了，却还这么随性，你想想，财务怎么可能不疯？"

"蓝总，我好奇的是，这次我们已经准备得如此充分了，您怎么还能发现问题呢？您是怎么发现的？"

"这个……"

"蓝总，您别担心，我给您看看我今天测算的。"说着赵梓杰拿起自己的手机翻出照片，把手机递给蓝迅霆，"这是我来之前测算的，方经理查到的那些点的确都是我的问题，按照这个测算，原先账面上还能盈利3000万元，但重新核算之后，估计会亏损17亿元。"

蓝迅霆瞪大了眼睛盯着赵梓杰，尽管自己脑子里已经做好了公司调整账务的亏损额，但也没超过8亿元。蓝迅霆迅速在脑子里测算着所有可能存在造假的数据都涉及哪些科目以及大约的金额是多少，疑惑怎么会多出来这么多。

"这个金额我已经跟管理层汇报过了，我们的确是要为历史的问题买单呀。公告的文件以及给证监会的文件已经在起草了,同时,我们不会牵扯到事务所,其实说白了,这也是你们审计的功劳。不过蓝总,这个事目前还在保密期,您也一定不要对任何人讲。我都已经把所有的底全盘托给您了,我只是想跟您长长经验,您是怎么看出来的这些?"

"怎么,赵总学会了,明年好继续对付我们事务所呀?"

"哈哈哈,我的确想过,但是这几年我也的确是累了,很累很累。不想再这么像地沟里的老鼠一样终日不见阳光,我也想能有点时间好好欣赏欣赏那些名画,我自己的画板放了几十年始终都不舍得丢掉,也幻想着有一天能够有时间静下心来画一幅我自己的画。

虽然引咎辞职,但在公司内部我还是老板离不开的人,这么长的相处关系怎么可能说剪断就剪断。我是真心想把财务做好,是真的做好而不是像现在这样。所以,我是真心想要向您请教。"

蓝迅霆听到这,端起茶杯举向赵梓杰,赵梓杰也赶忙端起自己的茶杯,蓝迅霆向前欠了一下身,将自己的茶杯碰在了赵梓杰的茶杯上,然后一饮而尽。放下茶杯,蓝迅霆抬起头对赵梓杰说道:"赵总,我本不该在这个时候跟您说太多。不过,您今天这一席话还真是打动我了。我会和事务所汇报今天咱们谈到的所有细节,我没必要隐瞒,我也很清楚因为今天和您的谈话很有可能会受处罚,但是我不能看着一个个会计人躺在刀尖上无法自救。谁让我这好为人师的劲上来了。"

"蓝总,我是真心实意想要改变,我已经在谷底躺着了,也没什么能翻盘的了,您放心。"

"好,赵总,你们招标的时候我已经有疑问了,前任会计师事务所的主动请辞就已经算是重大信号,现在事务所也不好干,都在到处找客户,它们倒好,还主动送出去客户,怎么可能呢?但的确前几年的审计报告都是标准无保留意见。因为我们要投标,所以我们就研究了您公司过去几年的审计报告和所有公告，我们发现你们的存货和应付账款的数值始终非常大，当然你们的年报里也解释了，为了能拿到更好的价格，所以你们采取的是全部买断的方式，这也恰好解释了你们成本率低、毛利率高的原因。只不过你们大量的存货已经在同行业里非常反常了，要么就是你们有钱买断稀缺商品并能够高价卖出，要么就是你们买来商品以后发现没有想象中那么好卖，就变成了积压品。如果是积压，那一定会有不少的减值准备，但我发现你们的存货减值非常小，那也就表示你们的存货绝大多数都是一年内采购进来的。可是根据你们的采购量和销售量对比来看，你们的存货几乎要接近你们一年的销量了，这就好比说，你们今年采购的东西一点都没卖，而是全在消化去年的库存。这怎么可能呢？所以你们的存货一定有问题，甚至我那个时候就已经在怀疑你们并没有真正地按照销售数据来一对一结转库存，也就是说，你们虚增了存货和虚减了销售成本。

我们最终中标了，却是以最高价中标。原本我们看到对手的报价已经不抱什么希望了，你们反倒是选了我们。我猜，在唱标会上我们的发言恐怕是触动了你们，因为我们发现了你们真实的情况。当然也不排除你们认为我们这家事务所没准是唯利是图的。你们自己拼命想要隐瞒的东西被我们发现线索，却又让我们中标？而且还是最高价？我当时的第一感觉就是这个报告到最后环节很可能会非常令人纠结。但没想到的是我们会以这样的方式在这样的时间坐在一起畅所欲言。但是，坦白地说，赵总，审计期间您不止一次的暗示我，我不是不知道，只是我的确很失望，既然公司想要继续掩盖，那还请我们来干什么？

您历年的报表其实已经透露出不少异常线索。您的销售收入虽然连年增长，销售成本率连年下降，这看起来再正常不过，但是您收取的现金却还没有收入金额高，要知道，收入是不含13%的增值税的，而收取的现金是含增值税的，你们又是以平台零售为主，选取平台也都是头部平台，不太可能会长期拖欠货款，本应该收款非常及时。那么没有收回应有的货款就是一个问题线索，当然这一点我们在审计期间也做了详细的调查，并没有发现什么严重问题，我们对平台给您付款的时间估计过于乐观。但是成本就是一个重大线索，前面说了您的存货很有可能有问题，这百分百涉及销售成本。您经营这么多年而且销售量相当大，按理说成本不会过分低的，但实际上您的销售成本比竞争对手低了 30% 之多，这怎么可能呢，您的客户就真的忠诚到分辨不出来质量好坏？难道公司卖的是假货？这都不太可能，我让同事去买过公司的产品，即便是打折到离谱的商品但也都是货真价实的，这也符合你们老板对外宣传的绝不卖假货的口号。那么问题来了，您的供应商就只给您全球最低价吗？这怎么可能呢？那么很显然您的销售成本有问题。我也看了你们股票论坛里有人说，您公司的成本低是因为公司有自营品，这样化妆品厂家的利润就被你们获取了。但是，因为你们公司自己生产的产品数量实在太少了，根本无法改变整体成本率失衡的现状。所以，你们的存货和销售成本一定是我们的审计重点。

但我们进场以后，看到你们的存货资料非常充分，一度还让我的同事们认为你们真的是整改到位了。一家规模如此硕大的公司怎么可能说改善就改善好了？你们的会计凭证是重新装的，对吧？你们可以说是整改的必然结果，这对外行人来说的确可以蒙混过关，甚至对内行人也都说得过去。可是你们忘记了纸质凭证跟数据的关联关系，以及数据跟纸质凭证的关联关系。"

"这怎么讲？"

"先不说这些了，这些都是纯内部的审查，对于外部人士是绝对没可能发现的。我先说你们的外部报表，成本和存货是一个线索，还有你们的费用资本化。"

"费用资本化？"

"对。我发现你们的在建工程是几年前兴建的研发基地，当时说一年就可以建成投产，可是至今账面上依然挂着在建状态，不仅时间拖期了好几年，就连造价也是一再突破预算，你们的解释是因为国际钢材市场涨价、钢材价格回落以后又是水泥涨价，还有建筑工人薪水涨价等各种理由。但我告诉您，只要稍微上点心的人去你给的地址看看就会一目了然。您的这个研发基地除了打好地基、盖好大厦框架以外，几乎已经是停工状态，政府的整改要求发了不止一份吧。这种状态下还在不断增加资金，那这些资金若不是日常费用又是从哪来的呢？当然以外部视角不可能对此定性，咱们没有沽空机制，否则这些一定会被沽空公司抓住小辫子，一把就拉你进地狱。

话说回来，这还是有一些技术含量的，有些'擦边球'事件的确不好定性，好多账务处理都能解释过去。以外部视角就是会发现各种线索，但却不能有任何真正的定性。不仅是在建工程，你们的研发费用也不少，你们几乎算是一家贸易公司，主营业务几乎是从外部采购的商品，尽管你们对外宣传是自主研发的科技企业，但只要看看你们的销售收入分配比例就不难发现，你们自主研发的产品几乎没有任何市场。那么你们每年那么大量的开发支出又是从哪来的呢？你可以说，研发失败并不代表没有投入对吧？也对，这也是说得通的，只是我们审计只要到你的研发部走两圈就知道你的研发投入到底能有多大了。"

"高，实在是高，佩服呀！"

"您才是高呢，我们进场以后查阅凭证，发现你们几乎快要把资产科目都用遍了，除了现金，其他的科目中都多多少少藏着一些费用，这些可都是理所应当在利润表里的费用而减少利润的。我不知道你说的亏损17亿元中有没有包含我说的这些。"

"这17亿元里有您说的这些，我以为您不会看这么细。说实话，我哪有这些本事，的确有高人指点，不过我看出来了，您的眼力可比我说的高人还高呢。"

"赵总也别这么捧我。我还没说完,您怎么不问我们是怎么发现的?我刚刚说的这些资本化的费用,从现金流量上定性应当是投资性的,也就是现金流量表里的第二大类。可是你们却没有这么记录,我猜,这些原先肯定是费用,在你们改账的时候只改了会计科目,却忘记了改现金流科目,所以费用大幅减少,但经营性现金流出却没有改,反而导致经营性现金流很可能出现负数。如果你们再把这些都改到位,恐怕我们也很难发现,只是这个再次返工的工作量实在太大了,新凭证都已经打印出来了,我们也即将要进场了,你们没时间再去加工了。于是,你们就做了一笔大额的投资性现金流,是一笔投资款,但我查阅了资产负债表,公司这一年里根本就没有真正对外投资,虽然总数上看不出来这个数据问题,但只要打开明细账看看就一目了然了。不用审计来查,但凡仔细一点都是能发现的,你们的做法非常不明智。所有的财务造假就好像毛衣上的那个毛线头,虽然整体上看起来完好无损,但只要找到这个毛线头,开始往外拉拽,那么后面一系列的问题就都会暴露出来。"

"蓝总真的是神仙眼呀,这都能猜得到。"

"咱们再说回你们内部,我相信财务是反映公司真实经营状况的,无论你的财务水平如何,你的账都能够客观反映你的整体管理水平。当然这对于外部视角来说,已经无法触及到了,说实话无论外部视角多么犀利,也没法真正对任何财务造假行为定性,所以才需要我们这些审计。但是,审计也不是天才,更加不是侦探,审计的专业度是利器,同样也是限制。如果你们真的做到天衣无缝,我们就算是再怎么怀疑也没用。只不过想要做到天衣无缝的可能性太小,只要审计能多一个心眼、多一点工具,那么很多问题就又能暴露出来。你们仓库里那些落满灰尘的商品根本不是供应商的,就是你们在几年前买断的几批货,那个时候你们已经打算上市,拿了几笔融资,所以买东西十分豪爽，但后来证明你们买来的都是几乎要被淘汰的产品，而且价格也都不便宜。根据你们人力资源部门的记录，那一年也是你们换采购总监的时间吧。那么一大笔钱的货要是全都低价卖出，利润一定保不住。如果一直放在账面上，就一定要计提减值准备，你们怎么办？我们发现公司有几家供应商其实是你们顶层股东的实质关联方，只是名义上一点关联关系都没有。于是你们就将这批货做了退货，退给这些从来没有交易过的供应商。每年都是这样做，审计的时候就退货，审计结束了再采购回来，这种反复操作被埋在你们巨大的交易量，使审计很难发现。

还好我同事里有做过大数据分析的小朋友，把这些问题全部都给挖出来了。不仅如此，他还挖出来了更多的意外。你说的那位高手也的确是高手，居然能想到用随机函数来编排成本率，这一点的确出乎我的意料，实在是聪明。不过这一招在大数据分析下就显得苍白了许多。还有，你们在数据库里直接删除成本的这个动作实在不明智，别以为一年100多万条的记录我们就没法分析，我们可以一条一条记录地去检索，任何超出正常范围的全部都会提示，所以除了数据量大、电脑卡耽误了一些时间以外，发现这些问题还不是特别的难。"

说到这，蓝迅霆深深地呼了一口气，一方面觉得自己说的已经够多的了，另一方面也庆幸自己团队里有这么一个数据思维超强的小朋友，要不是有他，即便是自己再有思路，也没法真正分析出来这么多有效的结果。

"蓝总，你说谁不想做一个踏踏实实的好人呀！哎，难道公司就没救了吗？"

"这17亿元的亏损一旦曝光，公司的确会相当难受，您也会相当难受。不过，我猜这也是你们的一计。如果今年的审计还是轻松过关，那么你们依然还是资本市场上的翘楚。但只要是雷，就总有炸的时候，已经到了积重难返的地步，索性就彻底把这几年所有隐藏的亏损全部释放出来。尽管这在资

第 2 章 审计
危机四伏厦将倾,拨开迷雾见曙光

本市场上会使你的公司产生剧烈的震动,股价还会大跌,但是仅仅从股市本身来说,也只是一个年度的亏损,也不会戴 ST(上市公司连续两年亏损或亏损一年,但净资产跌破面值、公司经营过程中出现重大违法情况等,交易所会给该公司股票名称前冠以"ST"字样。)帽子,对不对?我看到你们公司还在做股权激励,如果这时股价下来了,你们的股权激励计划也省了不少钱呀,你们的员工既获得了公司股票,公司付出的代价还不大,真是一举两得。不仅如此,如果公司以后再遇到解决不了的问题,你们也会打算赚一年赔一年这么玩下去,只要不被抓到造假问题,说白了,谁都拿你们没办法。"

"你这说的也太露骨了,管理层不会这么干的,至少我是肯定不想这么干的。再说了,那都是公司的事,现在我也想开了,自己再这么愚忠下去不仅对我自己不好,对公司也没什么好处。不如向你学习,用真正对的方法来管理公司。您给我一些建议吧,我真的想好好把企业管理好。您也看到了,其实我们这几年做的产品和销售模式非常不错,我们公司自己就有一批带货网红,个个都是千万级的销量,我们跟各大平台常年的合作已经非常深入,更加重要的是,我们的产品的确是市场上非常热销的,每一次大的采购节我们都会引领市场。刚才您说我们的研发问题,现在我们的投入的确没有那么大,我们自己的产品也的确销量不高。可是您知道吗,我们自主研发的新产品不仅成本更低,而且小范围的市场反馈非常好,口红的持久度、显色度、滋润度都比对手强很多,后续还会推出面霜、晚霜等产品。因为我们已经有了自己的销售渠道,培育了自己的网红团队,我们可以卖自己的品牌,公司未来的发展会相当有前景。可是,市场始终都不会停滞,财务能力必须要跟上市场的发展,这太难了。"

"真的,您的公司其实是一家非常有前途的公司,只要这个坎能扛过去,哪怕是让你的老板再拿出几亿元的资金备着以防不时之需,把可能出现的问题都提前预判并逐一找到解决方案，尽早实施这些方案，那么这次你们应该不会那么轻易地死掉。其实您真的要好好琢磨一下怎么改善工作了。"

"来帮帮我吧，怎样，蓝总？不不，不是来帮我，是来帮老板，我知道您的水平来管理公司的财务肯定是没问题的，如果您能来的话，我立即离开财务线，让你去放开手脚怎么干都行。我是真心实意想要让老板的企业发展壮大，成为真正的百年老店呀。"

"赵总您太抬举我了，谢谢您的好意，我这人没什么雄才大略，只想好好过我自己的小日子。不过我可以给您一些建议，在不违反独立性原则的情况下，知无不言，言无不尽。

说到您公司未来的财务，我给您5条建议。"说着，蓝迅霆掏出自己的小笔记本，快速在上面写了几行字：

1. 睁开眼睛

2. 打通任督

3. 蛇打七寸

4. 壮士断腕

5. 即时仪表

然后把本子递给赵梓杰，赵梓杰接过本子看了半天，不解地问道："蓝总，这是什么意思？"

蓝迅霆笑了笑，继续说道："这5条，我慢慢给您讲，您看看能否解决公司现在的财务问题。

第1条'睁开眼睛'，是说您现在就是在两眼一抹黑地干活呀，为什么？因为公司的系统太老了，ERP系统必须要换，不换也必须要升级了。这种规模的公司，换一套系统少说也要几百万元，那些规模宏大的公司都是花几亿元买的系统，上端接着平台数据，下端接着财务自动记账系统。再看看你们的系统，只有孤零零一个进销存，公司当年买系统估计没超过10万元吧，这都用多少年了，你应该比我清楚。平台回传的数据你的 ERP 系统根本就没法对接，所以发货其实很难处理。每天的单据需要花时间手工录入系统中，有的订单也就一两件商品，仓库电脑后面的桌子缝里掉了多少张出库单你知道吗？这些单据不录入系统，库存怎么可能准确？关键是，如果你的人不将单子录入，谁会发现呢？只要是发现不了这些漏洞，库存差异就会越来越大，你就只能重新'做'数据。看起来你'做'的数据更接近真实盘点的数据，岂不知中间已经丢掉多少东西。你的商品又是直接可零售的，谁拿出去都不愁卖，你又怎能知道有多少东西已经被什么人给偷走了？

当然，上了新系统也不代表公司的管理一下子就全正常了。这不太可能，但是至少数据会录入及时了，你就真的能看到即时信息，也就敢真的拿数据说话了。其实不仅是 ERP 系统，销售系统、客户管理系统、财务系统、HR 系统，内部所有系统都必须要互联互通。这就是我要跟你说的第 2 条，'打通任督'，业务数据必须在公司内部全线打通。从市场需求开始，包括采购需求、货比三家、采购订单、到货入库、应付清单、仓储位置、生产物料清单、生产成本核算、成品半成品管理、市场订单、商品出库、平台对接、应收账款、货款回收、财务全线记录等。这些数据依靠手工录入，你想想数据怎么可能是准确的。公司销量这么大，员工怨声载道，他们能踏踏实实给你录入数据吗？恐怕连你都不知道，你们采购部各个采购员手里都有自己的小清单，是真正欠供应商多少钱的清单，而财务账上的清单与采购员手里的清单上的数据那可是大相径庭呀！你肯定说不可能。对，我也跟我审计同事说这不可能，这么大一家公司的采购环节居然被一个个采购员给掌控了，你在公司高管位置上还真就看不见基层人员的招式。为什么？就是因为数据割裂了，越是割裂的数据就越是容易"招苍蝇"，你们这么大的公司养几只蛀虫太轻松了。最后你们公司的高管大笔一挥，既往不咎，让你把锅都背了，你底下这些"小蛀虫"们可开心了，没准这些人已经算不上是'小蛀虫'了，恐怕他们的收益是相当可观。如果数据能够互联互通，不仅公司内部数据变得高效真实了，财务的工作也会轻松许多，你把所有能够产生分录的业务数据全都设计出分录组，让系统自动记账。你想想，会计的规则多么清晰呀，发票识别、单据OCR、自动认证验伪的应用在市面上已经很普遍了，想要实现智能记账根本不是难事，现在大企业应用自动记账的多了去了。这么做财务人员至少要减少一半的工作量。你肯定又会问，'难道要裁员吗？财务部门的这些人都是我亲自面试进来的人啊。'我告诉你，不需要裁员，后面我会告诉你这些人的价值会更大。

第3条'蛇打七寸'就是说公司必须要加强管控了。你们所谓的硅谷文化，根本就不适合企业的发展，人家硅谷文化是什么根基？高毛利、高现金，而且还可以一直保持，是因为人家资金充裕。但你们企业没有那么多资金，所以就不能学那些豪爽的做法，而要踏踏实实地好好做企业。当然这些还不是最关键的，最关键的是公司管理流程里的核心节点，只要涉及钱、权力、责任、资产管理，绝对是管控的重中之重，你必须要找到这些核心节点并设置监管。管控可不是仅仅依靠人盯人，这么大的企业靠人盯人是盯不住的，需要结合数字化系统把核心节点都甄选出来加以数字核实管控，用数据跟人一起管控，而且每个管控环节都必须要设置检查清单，这个清单可以从简单到复杂，但不能没有，而且每次要严格按照清单来检查，这看起来虽有些原始，但你的数字化管控还没有到位的时候就必须这么做。公司已经这么大了，如果还没有进行如此的管控，那么公司会越来越千疮百孔。当然你说依靠每个人的良心、每个人的职业度、每个人的忠诚度，行不行？当然行。企业文化会起到作用，只是如果你少了奖惩里面的惩戒，想犯错误的人就敢不断测试你的底线，直至犯罪。别说我耸人听闻，那些贪污公款的，哪个不是发生在大公司里的？哪个大公司里没有制度、没有内控？有制度为什么还会出现恶劣事件？你自己琢磨。出现一个漏洞还好，两个漏洞也行，三个漏洞使使劲也能补上，但如果船舱里到处都是漏洞，你这船开得越快，沉的速度也就越快。

第4条'壮士断腕'也是最为艰难、最为令人痛苦的一条，就是要把历史上的问题全部都解决，至少不要影响公司未来的发展，要尽可能地甩掉包袱。

很多企业到这一步往往都会畏难，会望而却步，而且会说'我如果能解决还会等到今天吗'。说的没错，可是总要想办法解决，不能就这么拖着不走吧！像你们现在的做法，也是一种方案。不过咱们话说回来，你们是积攒了太多亏损，早晚有一天会爆雷，这也仅是时间问题。我说的历史遗留问题是在过去存留下来的一直无法找到解决方案的那些事。就比如说库存盘点问题，你的库管员说，公司从来没有一次真的盘点无误过，甚至你们的ERP系统就从来没有做过月结。只要不做系统月结，就表示数据没法锁定。只要不锁定数据，那么系统的数据任何人都能任意更改，尽管有操作痕迹，但如果改的数据多了，谁还能知道改这些数据有没有依据呢？是真的需要改还是人为乱改呢？这也解释了为什么以前公司审计的时候，今天提供的数据和昨天提供的同期数据不同，就是因为有人在系统里改数据了，而你作为公司的数据管理者又没有察觉，这自然就变成公司常年无法解决的大问题了。怎么办？即便是不换系统，这个问题也必须要解决，可是历史已经积累那么多错误了，想要全部找出来并不容易。那么你就要先保证此后每一天的数据不会错。当然前提就是必须要在系统里做月结，也就是把历史数据锁定。数据锁定以后，你需要每天做一个验证，历史的差额就先搁置。例如历史上差了1234567元，没关系，如果第二天还差了1234567元，那么就证明你这一天的数据没问题了。这样坚持一个月，到月底还差了1234567元，你猜你这个月的工作会不会有成效？如果这样坚持一年呢？你的数据还会错乱吗？之所以错乱的数据会不断扩大，就是因为你把今天的错与昨天的错、与历史的错每天都搅和在一起，一旦把水搅浑了，谁都没办法补救。

当然历史错误不能永远搁置下去，总要去面对，要找出造成错误的原因，再制定政策和流程。正所谓'发现一个问题解决一个问题，解决一个问题制定一个政策，制定一个政策解决一系列问题'。你知道吗，你们的仓库之所以总是出现大金额的差异，还有一个很重要的原因就是你们的外协生产商。你们自己采购原料直接发货给外协厂生产，生产完直接发给客户，你的单据没有给仓库，表面上你的仓库盘点没什么问题，但实际上你的ERP系统里既缺少采购入库数据，又缺少加工出库数据；既缺少成品入库数据，又缺少销售出库数据。你看看你缺多少数据，你的ERP系统怎么可能准确呢？但是没关系，今天发现了这个差错，我们就针对这个问题找出历史上所有类似的行为并还原数据，然后再制定政策严格执行。类似的问题就会越来越少，公司的财务数据就会越来越真实。

最后一条'即时仪表'，其实就是要做更多的数据分析，建立更多的可视化管理仪表盘。还记得我第2条让你做的，打通数据以后许多财务账都由系统自动完成了，财务人员估计会省出不少时间，这些人就可以花更多的时间去做数据分析。财务本来就应该是公司这架大飞机的仪表盘，应当即时反馈所有关键数据，而不是月底结完账等到下个月的10号、20号才能出来财务报表，这怎么能支撑业务、支撑管理呢？"

"蓝总蓝总，我这就要打断你了，财务部门怎么可能每天出数据呢，那些月度的折旧、工资什么的，怎么可能每天出来数据呢？"

"赵总，财务部门之所以总是被老板们诟病，一方面是因为老板们太不了解财务，但更为重要的一个原因就是财务数据太不及时，等财务报表出来，业务早结束了，谁还需要你的事后诸葛亮？我告诉你，财务部门不仅可以每天出报表，更可以每小时出报表，甚至每分钟出报表。你说的折旧，我既然能算月度的，那怎么就不能算小时的呢？你说的工资，可能没那么准确，但可以用上个月的数据参考然后换算到小时，月底还可以再调整到正确的数呀。甚至你还可以分部门、分岗位地出数据，就自然形成了'阿米巴'模式了。中国企业应用的'阿米巴'模式之所以极少有真正成功的案例，就是因为采集不到数据。这跟财务核算有关系，也跟系统能力有关系，更跟财务规划能力有关系。当然，你在不能实现数据即时的时候，数据分析是不能放松的，特别是各个业务系统之间的数据匹配核对。我建议公司增加一个岗位叫作'数据会计'，这个岗位的人可以不懂财务，可以不学会计，但要懂数据处理，可以用数据库做分析。这个岗位未来一定会成为财务部里必不可少的，而且一定是让财务能力大放异彩的岗位。

就这5条，只要你都做到了，我准保公司的财务水平上一个大台阶。我再总结一下这5条：

1. 睁开眼睛——换系统
2. 打通任督——接业财
3. 蛇打七寸——强管控
4. 壮士断腕——甩包袱
5. 即时仪表——重分析

我也知道，想要做到这些绝对不轻松，肯定要付出不少代价，但这也是唯一最有效的解决方案了。如果不这样做，公司基本上是没法真正改变现状的，最终还是会顷刻间灰飞烟灭，所有的泡沫都会一个一个地破裂，这么好的公司也会伴随着破灭的泡沫一起消逝在历史长河中。难道，这就是你老板的期望？难道这就是你辅佐老板的结果？"

走出茶楼，天边已经微微放光，又是一个不眠夜，但这个不眠夜让蓝迅霆感觉到的不是疲惫，而是畅快。无论对方听到自己说的这些话会产生怎样的结果，他都已经尽到了作为一个监督者和商业帮助者该有的责任。蓝迅霆拿出手机给方嫣然留言：今天的汇报沟通会延后，被审公司可能会有重大变化,审计期也可能会进一步延长,让团队做好充分准备。其实这一次的彻夜长谈,无论蓝迅霆说了什么,他都清醒地认识到对当下的结果不会有任何影响,尽管这一夜畅谈将团队的所有审计手段一览无遗地暴露了出来,也很可能会让被审计单位有所防范,甚至对方会立马就改头换面反击事务所并且不再承认一切造假,也可能在以后的工作中处处对自己的团队阻挠打压。蓝迅霆其实并不担心,自己既然敢全盘托出,自然知道最差的后果出现时有什么办法应对,也知道这位上市公司财务负责人背后的股东们以及神秘人可能会有怎样的反应,哪怕是对方挑战事务所、挑战整个资本市场,蓝迅霆也知道如何破解。

商业世界里的借贷记账法天然具有自我验证的功能,说出一个谎言必须要有一系列的行为来支撑,而这一系列的行为也都是造假。这样的财务造假一定会在某个环节留下重大疑点,顺着这些疑点追查下去,总会查到问题核心。其实造假并不是蓝迅霆担心的,最让他放不下的其实是市场上缺乏真正有能力的财务队伍,上到首席财务官下到会计出纳,能真正通读会计准则的人都少之又少,能够深入研究会计准则还能在一线职场工作实战的就更加凤毛麟角。或许,自己将来不干审计了,会去大学里讲讲课,也去效仿一下耐克的创始人菲尔·奈特,当然自己从来不妄想能达到奈特的功成名就,而是真的想把自己多年积累的经验结合会计教材讲给学生们听,让一代一代的会计人都能够成为商界真正的军师谋士,让整个商业环境真正回归到交易实质中去,让诚信重新占领商业制高点。

第3章 抽逃

明修栈道暗度陈仓,
资金乾坤大挪移

公司及人物介绍：（人物根据出场顺序介绍）

灰时住智公司：一家在中国 A 股上市的、主营智能制造与工程施工的公司。

高大卫：投资银行高级合伙人，灰时住智公司投资操盘人。

阮思捷：高大卫的妻子，拥有美国律师执照。

刘松：灰时住智公司董事长。

管啸天：灰时住智公司总裁。

庄磊：灰时住智公司财务总监，腾挪资金主使人。

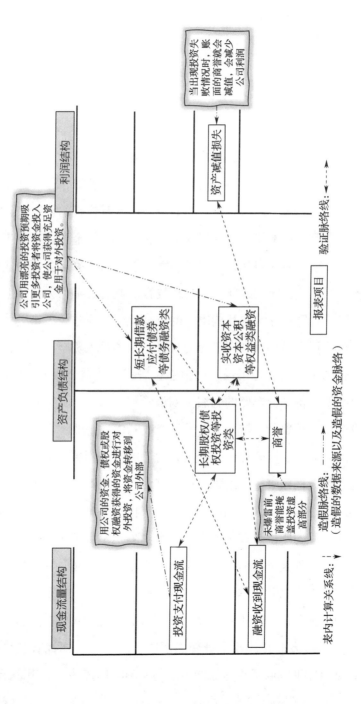

01

高大卫挽着妻子阮思捷的手一起走进了豪华的宴会厅,今晚是商会组织的慈善晚宴,市里面有头有脸的商界人物都会参加,这可是高大卫结识金主的好机会。更何况,商会会长、上市公司灰时住智的董事长刘松也会亲临现场,高大卫一直想找机会认识刘松,这可是头号金主。这几年灰时住智发展得相当不错,因为前几年并购了一家智能前卫的家居公司而成功转型,从原来的工程施工企业一跃变成了高科技智能概念的上市公司,股价也跟着翻了好几倍,这家被并购的智能家居的业绩反而变成整个上市公司的顶梁柱。对于上市公司来说这太划算了,因为自己除了投入资金,什么都不用操心,灰时住智的员工其实也不懂什么智能家居,而这家公司的创始团队相当给力,每年都能获得十分丰厚的利润。刘松尝到了甜头,这几年明显把精力从以前的投标拿工程项目,转变为对外投资收购优质企业。

高大卫是投资公司的合伙人,为了能接触到更多的金主,也算是下足了功夫,今天他跟妻子特地把自己珍藏多年的一把古董扇面拿出来拍卖。其实这是不是古董,高大卫也不知道,当年自己是花了10万块收来的。

高大卫的座位距离主席台边的主桌隔了不少桌子,尽管现场人很多,但很少有人到处走动,所以高大卫也没有主动到主桌,只是跟同桌的几个人打了招呼,递了名片。宴会厅的灯逐渐暗了下来,聚光灯打在了宴会厅侧面的大门上。激昂的音乐不断震动着所有人的心脏,关键时刻到来了。果然,只见大门向两边推开,几个身着黑西装的安保人员围拢着刘松快步走进宴会厅。宴会厅里响起了热烈的掌声,刘松不断地挥动着右手表示感谢,当走到

第 3 章 抽逃
明修栈道暗度陈仓，资金乾坤大挪移

主席台上后，刘松举起双手示意大家坐下。高大卫有些忍不住乐了，他本想形容刘松的形象是和蔼可亲，可越看越觉得是憨态可掬。刘松大脑袋、胖脸盘，光头被灯光照得闪闪发光，大大的肚子跟腰臀连成一个大椭圆，走起路来像企鹅一样左右摇摆。阮思捷也心有灵犀地瞅了一眼高大卫，俩人都忍不住笑了出来。

"感谢各位前来参加我们商会组织的公益拍卖会，我作为会长，代表商会全体会员以及我们将要赞助的孩子们向各位表示衷心的感谢。"又是一阵掌声雷动。

"大家都知道，咱们这几年的发展的确是赶上好时候了。政策好，咱们的政府也高效，再加上各位也都付出了艰苦的劳动，咱们也才取得了这一点小小的成绩。但是咱们有了收获不能忘记养育我们的父老乡亲，山区里的孩子也需要获得良好的教育，可现在的确是资源不足、资金不足，好的教师不愿去山里。说白了，还是缺钱嘛。当然咱们也没法保证今天的努力能让山区老师的待遇提高多少，但我们可以保证的是，肯定会比今天强很多。这就要依靠在座的各位了，不仅是今天咱们要付出，更加是一个长期持续的公益活动。今天咱们这里只是开始，既然是开始，就要把这个头开好了。我知道今晚有不少人都带着自己珍藏多年的宝贝来了，我们的起拍价都不高，不过我也提前表个态，我不会客气，真有我喜欢的，我肯定要出到能拿下的价。所以，今晚大家也不要客气，多带一些宝贝回去。"掌声更加热烈了。刘松说完就走下了主席台，走到主桌边落座。主桌可真是阵容豪华，不仅有商界政界的精英，还有演艺界的大腕儿、名角儿前来助兴，果然是气派。

拍卖过程相当热烈，主持人可是这个行当里的老手，很懂得把握氛围和时机，不仅能把这些拍卖品说得天花乱坠，更加不失时机地怂恿那几个经常举牌的买家。拍卖很快就到了高大卫捐出来的这把古扇。只见主持人戴上洁白的手套小心翼翼地打开黄色绸缎，轻轻地打开木质盒子，在众人关切的注

视下慢慢取出这把古扇，轻轻地展开来，开始说道："这是一把清朝年间，一位清官大老爷随身携带过的古扇。这位捐献者告诉我，这把扇子还是一段奇妙姻缘的见证物，相传，一位穷书生上京赶考途中偶遇富家小姐私订终身，这位小姐就亲笔题词写下此扇交于书生作为定情信物。后来书生考取功名被派到此地做知府，没曾想这家富户被人陷害，父母双亡，家女喊冤被打入牢中。知府大人明察秋毫，沉冤昭雪将案子平反，将小姐救了出来。这位知府大人并未忘记曾经的诺言，将小姐迎娶为妻生儿育女，这段姻缘就被世人传为佳话流芳至今。而这把扇子，知府大人总是随身携带，见扇如见人，从未离身，后来成了传家宝。经历了百年风雨竟然还能保存如此完好，大家都说这扇子有灵气，跟了谁，谁就有好运加身，没准也有一段奇妙姻缘在等待着发生呀。"

听到这个故事，我也被感动了，没想到，一把小小的扇子竟然有如此之大的能量。其实更重要的，是这把扇子真的有温度，有人心的温度，有真爱的温度。现在，请允许我隆重地介绍一下这把扇子的捐献者——投资圈赫赫有名的高大卫先生。"

高大卫心里想，这也太能聊了吧，我怎么不知道这故事，都哪编来的。

虽然故事出乎意料，但最后主持人介绍捐献者的主持词却是高大卫一手策划的，他希望在这个难得的机会里让所有人都认识自己，将来跟任何人聊起来都会多了许多谈资，而且万一有哪位大老板对自己心仪，没准还能谈成合作项目。这个难得的机会自己哪能轻易放过。

高大卫略显羞涩地站起身来，宴会厅的聚光灯打在高大卫的身上，现场响起热烈的掌声。高大卫双手正了正自己的西装，文质彬彬地向四个方向的所有人微微鞠躬表示感谢，并没有说任何话，就在掌声中重新端坐回座位上。

"好，我们现在正式开始竞拍，虽然高先生的入手价是 10 万元，但高先生非常希望能给这把扇子找到一位好主人,他不想因为高价而阻碍了喜欢它的人收藏它。所以,我们最终确定这把扇子的起拍价为1万元。现在开始出价。"

"15000元。"

"2万元。"

"25000元。"

"4万元。"

"6万元。"

……

"10万元。"

……

高大卫没想到这么一把扇子的叫价如此踊跃,不由得也跟着兴奋起来。

"50万。"突然,主持人喊出来一个不可思议的价格,全场迅速鸦雀无声,追光灯先是到处乱晃,然后很快追踪到了主持人眼睛所看的方向——刘松。而刘松在众多人的惊呼声中显得极其淡定,笑而不语中透露出令人无法企及的气场。

"50万一次,50万两次,50万三次,成交。"小锤子重重地砸向了桌子,随即全场又是一阵热烈的掌声。几乎是同一时间,刘松和高大卫从各自的座位上站起来,刘松向现场来宾表示感谢,而高大卫则远远地向刘松表示感谢。当刘松的视线扫过高大卫时,刘松向高大卫微微点头,高大卫则更加用力地鼓掌并向着刘松的方向几乎是90度的大鞠躬。高大卫心想,这也太值了,没想到自己的古扇居然到了刘松的手里,以后就有机会去跟刘松当面感谢,这一来二去就能搭上关系了,看来这扇子还真是能带来好运呀。

拍卖会第二天的下午,高大卫正在办公室看资料,突然手机响了,是一个陌生号码打来的。高大卫接起电话低沉着声音冷漠地说了一声:"哪位?"

"是高大卫高总吗？"电话中传来一个柔嫩的女子声音。

"你哪位？"高大卫几乎已经认定这是一通推销电话，只要对方一回答立刻就可以挂上电话，没必要浪费时间。

"您好高总，我是刘松总的秘书小陆，不知您现在说话方便吗？"

高大卫差一点从椅子上跳起来，本来斜躺在老板椅上一手拿着资料一手拿着电话，此刻立即绷直了身子坐了起来，资料已经散落在桌子上，电话也差一点没有拿住。

"哎哟，是刘总秘书呀，小陆小姐，您好，方便方便。"高大卫已经意识到自己前面的语气非常失礼，但现在的口气又不能差异太大，否则对方就会察觉到他的失礼，所以高大卫依然压低了嗓门说话，但语气坚定了许多，也客气了许多。

"高总，是这样，刘总让我问问您明天晚上是否有时间，刘总想请您和夫人共进晚餐。"

"有。可以的，那我们需要准备什么吗？"

"呵呵高总，不用的，我随后加一下您微信，把地址和定位发给您，您直接过来就可以的。"

"好的好的，我的手机号就是微信号。对了，不知道刘总是有什么事情吗？"

"这倒没有，刘总经常跟朋友吃饭时小叙，纯是私人场所，没事的。"

挂上电话，高大卫使劲定了定神，脑子里回想着昨天在拍卖会上的景象，在刘总的身后好像的确有一个身材苗条、长发过肩的女士，应该就是这个小陆。不一会儿，小陆就给高大卫的微信发来了好友申请，高大卫赶忙通过以后打了招呼，小陆发来了酒店的地址和定位，还有酒店经理的电话，以免高大卫万一找不到地方可以直接打给酒店经理询问。高大卫寒暄过后急忙打开小陆的朋友圈，果然，小陆就是高大卫印象里看见的那位女士。高大卫

第3章 抽逃
明修栈道暗度陈仓，资金乾坤大挪移

沉思了一会儿，看了看微信里酒店经理的电话，从电脑里搜到了这家酒店，然后按照网站上的电话打了过去。高大卫还是相当警觉的，这万一是个骗局，自己精明一世的名声可就要毁掉了。网站上查到的酒店电话不会有假，他询问过的确有这位经理，电话也没错。高大卫又直接给这位经理打了电话，全当确认一下明天晚上聚餐的位置。对方接了电话，也表示了刘总经常来这里吃饭，都是比较私密的朋友。高大卫这才放心，突然他想起要赶紧问问太太的时间，他太太也是个大忙人，而且朋友圈子里也都是些有头有脸的人物，万一时间冲突了，哪一个也得罪不起。

"老婆，忙不忙？"

"没事，你说。"

"明晚有事吗？"

"明晚，我看看……没事，怎么了？"

"那你别约事了，明晚，那个什么……"高大卫故意停顿了一下，"那个谁，刘松约咱们俩吃饭。"

"刘松？怎么可能？"

"是。刘松的秘书刚给我打的电话，约明晚跟刘总小叙。"

"真的假的，不会是骗子吧？"

"不会，我都查过了，没错的。"

"哎哟，老公，看来你是要转运了呀。"

"转什么运，这还不知道什么事呢。没准是担心昨天那扇子是假的，叫咱们俩过去验明正身吧。"

"那不能，50万元在刘松眼里，就跟咱们花了5块钱一样，怎么会放在眼里呀，没准回头就给扔垃圾桶里了。"

"你这人说话真不靠谱，明晚说话可别这么没谱。"

"好了好了，不说了，我要开会了。"

酒店大堂十分气派，窗外的夜色与屋内的金碧辉煌相得益彰。高大卫穿着他只有登台演讲才会穿的西装，显得整个人都十分精神，手里拿着一个精美的盒子，这也是自己收藏的一件古董，是他特地准备的给刘松的见面礼。太太阮思捷则是一身并不是很夸张的晚礼服，但无论从质地还是板型上都十分得体。服务员把两人带到了包间内，刘松并没有在，而是他的秘书小陆迎了上来。

"是高总吧，我是小陆，昨天咱们通过电话。"

"您好，小陆小姐，我是高大卫，幸会呀。这是我太太阮思捷。"

"您好高太太，快里面请。"说着小陆把二人让到屋里，此时屋里的沙发上已经坐着几个人，高大卫都不认识，小陆给大家互相介绍寒暄几句后，高大卫很快就明白了这是一个什么局。肯定是对面的这个人想请刘总吃饭，刘总本不想出席但碍于面子不得不参加，就干脆喊几个有一搭没一搭的人来凑局，想到这高大卫反而轻松了一点。小陆时不时地在旁边寒暄说刘总下午一直在开会脱不开身，现在路上又堵车，所以来迟了，请大家再稍微等一下。在座的人都赶忙回答没事没事，高大卫对于这几个人的表现立刻心生厌恶，这些人都是想巴结刘松的人，恨不得把刘松夸上天，无非就是想要刘松给他们些生意做而已。

落座一段时间后，酒店经理推开了房间大门，只见刘松快步走进来，边走边说道："哎呀，抱歉抱歉，实在对不住各位了，路上太堵了，快坐快坐。"

此时所有人都站起来迎着刘松走过去，刘松逐一跟在场的人握手。跟高大卫握手的时候，刘松十分亲切地问道："你是高总吧，幸会幸会。这位一定是高太太了，快请坐。"

大家落座以后，刘松的眼睛看向了高大卫。"高总，您这宝贝果然不错呀，我来之前刚签了一笔大单，这可是我跟了快一年的单子啊。"

第3章 抽逃
明修栈道暗度陈仓，资金乾坤大挪移

"刘总，是您吉星高照呀，我那东西不足挂齿。对了，我太太给您准备了一份见面礼，不成敬意。"高大卫说着站起身来从茶几上拿起古董盒子送到了刘松面前，刘松很客气地收下来并递给了走过来的小陆。

几杯酒过后，桌上的人基本上都表达了自己对刘总的敬仰之情，那谄媚到家的样子让高大卫十分瞧不起，但在这样的场合里他也不能表现出来，所以自己也都在迎合着大家的说法。

正当大家翻遍脑子搜刮赞美之词时，刘松突然对高大卫说："高总，我听说您在投资圈里还是很有名气的呀，你做了几个案子都相当有分量，什么时候高总也给我一点机会帮我看看项目呀？"

"刘总您太客气了，能给您服务是我莫大的荣耀呀！"高大卫受宠若惊地回答。

"小陆，你约约管总的时间，再问问高总什么时候方便，让管总先谈谈。"说罢又对着高大卫说，"管总是我的总经理，他也主抓公司的对外投资，你们先约个时间聊聊，看有没有什么可以做的。"

"那太感谢了，刘总。"高大卫没想到刘松这么爽快，这让旁边的几个人十分嫉妒，嘴上却还在恭喜着高大卫，并怂恿着高大卫要喝双杯。高大卫也不含糊，将酒盅里的白酒倒回分酒器里，端起来走到刘松身旁，说道："刘总，您这是瞧得起在下呀，我敬您一杯，感谢刘总的器重。"没等刘松说什么，高大卫一饮而尽，全场报以热烈的掌声。刘松笑着摆了摆手说，"哎呀高总，不用不用，咱们都自家兄弟了，不用见外。"

整场酒席刘松只有这一句话谈到了业务，其他人想尽办法想聊聊自己那点生意，刘松都笑而不答。

开车回家的路上，坐在副驾驶座位上的高大卫已经有些醉意，不停地在跟自己的妻子说，"你瞧瞧那几个，我的天，恨不得跪地下舔刘松的脚趾头，那谄媚的样。"说着高大卫做出好像一身鸡皮疙瘩的样子。

"哈哈哈，我看你也够捧场的，也没人让你喝那么多，你还在那逞能。"

"那不一样，该表现的时候不能掉链子呀。你有没有发现，刘松整晚上就只跟我是真的聊业务，只要没吩咐小陆的，那都只是寒暄而已。只有我，他给小陆安排了具体任务，这还不能说明问题吗？刚才已经定了，后天上午我去他们办公室直接跟管总谈。"高大卫不无得意地说。

"你行，你要是能把刘松拿下，就真是名副其实的投行大咖了。"阮思捷很是开心。

"哎，我就纳闷了，你圈子里那么多名人，怎么就不能介绍给我几个认识认识呀。"高大卫借着酒劲发起了牢骚。

"那些算什么名人，而且也都没啥投资的事，介绍给你也没什么用，还浪费你的时间，你可是做大事的人。"阮思捷依然优雅地说着，还时不时抬高了一下自己的老公，这让高大卫很是受用。

"灰时住智这段时间涨得非常多，早知道就买点它们的股票了。"

"你要是做了它们的生意，还不是要清理干净，否则证监会就会让你吃不了兜着走。"

"这还用你说呀，我也就是这么一说。"

02

　　来到上市公司总裁办公室，当秘书推开两扇大门的时候，高大卫顿感古典与现代融合的气息扑面而来，不愧是一家做装修工程起家的公司，现代美感与古朴典雅完美地结合在了这间办公室里。管啸天见高大卫进来，并没有起身，而是向前探了探身子，伸手指向办公桌对面的沙发，示意高大卫坐那稍等，他自己则在电脑上处理着什么。秘书端来一杯茶放在高大卫面前那张摆放着一整套工夫茶具的茶几上，便离开办公室关上大门。

　　"高总是吧，您好您好。"管啸天忙完后起身走到高大卫对面与其握手后坐下，"老板跟我说了您的情况，他对您很赏识呀。"

　　"管总您好，感激不尽呀。"高大卫赶紧寒暄几句。

　　"咱们就直截了当吧，老板这两年做的投资都很成功，现在公司股价一直都还不错，所以老板打算今明两年拿出足够的精力来扩展一下业务。我们基本上看好了十几家公司，都做了初步的接触，老板想请您的公司帮忙做做调查，这方面您就是专家了，我们不在行。老板希望今年能再投四五家优质企业，希望年底公司的业绩再创新高。"管啸天没有任何停顿地说出了公司的目的，显然聘请高大卫这件事早就是结论而不是商量，而口吻里也透露出这是给高大卫极好的商业机会。

　　"管总，感谢感谢，您和刘总给我的机会我一定保质保量地完成任务。"

　　"不仅要保质保量呀，老板常说的一句话是——要超出所思所想。"

　　"对，没错没错，我们在投资圈还做了一点业绩，我亲自操盘的……"高大卫本想把自己做过的几个项目在管啸天面前提一下，给自己再多加一些光环，以表明管啸天没看错人。

"知道，知道。"管啸天直接打断高大卫，"你那几个项目很精彩，昨天老板还说像您这样聪明的投资人太少了，却至今没有在投资的核心圈子里，肯定不是高总能力不行，只是缺少一个平台和机会，刘总愿意给您这个机会。他也说了，年底的朋友聚会没准也带您一起去。"

高大卫听到这大惊失色，赶忙说道："哎呀，刘老板对我真是知遇之恩呀，我定当效犬马之力。"

高大卫的确是激动了，他在投资圈里虽然混迹多年，也有不少业绩，但他很清楚自己的处境，自己始终是外围人士，根本无法进入核心投资圈，那些投资大咖根本不会把高大卫放在眼里，甚至都不认识高大卫是谁。但高大卫知道刘松是这个圈子里的人，如果能攀上刘松这条线，那么自己很有可能接触到那些投资大咖们，没准哪天自己也能进入这个核心圈里，那自己可就真的是投资大咖了。

恰在此时，有人敲门，管啸天喊了一声"进来"，招呼来人坐下，然后给高大卫介绍："高总，这是公司财务总监庄磊。庄总，这就是老板提到的高大卫高总。"

刚刚坐下的庄磊站起来跟高大卫握手，高大卫也赶忙起身握住庄磊的手稳重地挥动两下。

"高总，具体的拟投对象回头庄总会给您交代，后续的所有事情您直接跟庄总联系就行。对了，因为这些事情都还处于保密阶段，毕竟是上市公司，不想在事情还没有什么眉目的情况下就让外人知道。所以这些事情公司内部也都没有公布，庄总会跟您签一份保密协议，另外，也是为了保密起见，跟您的合同也不会用上市主体来签，老板手里有几家公司跟上市公司无关，也没有关联关系，并且这些投资的金额都小不了，我估摸着你的佣金也比较可观呀，所以也不会只签一份合同，用老板的几家公司跟你多签几份合同,把金额打散了比较稳妥一些。在上市公司的框架下象征性走一份合同就行,这样也就不用走集团公司的招标流程,哎,这招标慢的,我都要头痛死了。"

高大卫赶忙回答:"没问题管总,合同好说,需要怎么签就是您一句话,我这边都好说,您只管吩咐就好。"

"老天,这简直就是天上掉馅饼了。"开车回公司的路上,高大卫使劲让自己保持克制,但怎么也无法抑制内心的激动,甚至几次都听到自己笑出声来。脑子里不断翻腾着到底自己是哪里做对了才会有这样可遇不可求的千载难逢的机遇,这次一定要好好做,争取尽快在刘松面前展示出自己与众不同的操盘能力。高大卫通过车载电话给阮思捷打了过去。

"方便吗?"

"你说。"

"灰时住智谈完了,他们决定把今年的投资项目都交给我来做了。"

"老公,恭喜呀。"

"这活儿要是干成了,我看你的公司也别干了,我把你公司收了吧,你来帮我咋样。"

"你少贫,先干好再说吧,你那些破事儿我才懒得理。"

"怎么成破事儿了,是大事儿。这些项目本身或许不那么重要,重要的是刘松会把我介绍给他圈里的人。那是什么呀,妥妥的投资核心圈呀,那可就真的是咱俩后半生的大事了呀。"

"行了行了,知道你行。不过你要谨慎一点,我昨天看了它们的财报,感觉它们的主业并不像媒体上宣传的那样,你别掉里面就行。还有,这项目恐怕要用不少人,你可别掉链子。"

"它们的主业咋样跟我有什么关系?它们的资金量这么大,背后也还有更多金主都会参与进来,我只管投资,其余的一概不打听。这项目我会亲自参与，尽调这方面灰时住智也有指定的合作方，报告都是他们出。只要钱投出去了，就大功告成。这在我看来没风险，也没难度。只是我的佣金是投成了才有的，所以，我怎么可能让他投不成呢？！哈哈哈哈！"

保密协议和服务合同的签署都十分顺利，服务合同分 5 家公司签的，除了一份固定收益的服务费合同是跟上市公司签署的以外，其他都是与上市公司毫无关联关系的，但实际上都是由刘松所控制的公司签署的，这一点在公司内部并不避讳。庄磊作为公司 CFO 执掌整个集团财政大权，虽然年轻但他是绝对的实权派，也是刘松的亲信。庄磊提供的这几家跟高大卫签约的公司并没有一五一十地透漏公司跟刘松是什么关系，但庄磊抽屉里的一堆红章就说明了一切。庄磊当着高大卫的面一份一份给合同盖章签字，高大卫很清楚庄磊在这家公司里的分量，尽管他的职位不如管啸天，但很显然管啸天也会敬畏他三分。庄磊很少主动跟人打招呼，见人也总是板着脸，这让高大卫很不舒服，所以跟他打交道甚是谨慎，生怕哪句话说的深了浅了误触了庄磊的哪根筋可就难办了，庄磊才是扮猪吃老虎的狠角色。

高大卫开始了对这十几家公司的投前调查。除了一家在海外，其他的都在国内，涉及的领域方方面面，高大卫的第一印象就是投资让刘松尝到甜头以后，他就认为这是一个一本万利不需要卖苦力赚钱的营生了。刘松是包工头出身，这已经是业界无人不知的励志故事了。早期他跟几个同乡一起在工地里搬砖，后来逐渐开始带着几个人接一点装修的工程，再慢慢开始接更大的活，从跟着工程公司分包建筑活儿到自己成立工程公司，一路上也不断有贵人相助，没几年就把生意做大了，当年的那些贵人也不断将刘松引荐给更高层次的人，有些贵人已经加入了刘松的团队，开始跟着刘松赚钱了。这让刘松的事业发生了翻天覆地的巨变，不仅公司上市过程十分顺利，就连收购这家智能家居公司也颇有些"仙人"指路。原来赚钱可以不用那么辛苦地天天跑工地，而且赚的钱比干工程可多得多呀。公司上市融到的资金到现在还有不少在公司账户里趴着，如果再不想办法投出去，那么当年对公众的公告承诺就要被人拿来诟病，这肯定不是刘松想要看到的，更加不会是那些贵人们想要看到的。

高大卫想到这对自己的业务就更加有信心了，肯定能投出去，哪怕是项目有些瑕疵也无伤大雅，只是象征性地去走走，写写报告。具体想要投哪几家，庄磊已经明示过了。海外的研发基地必投，这是让这家公司保持先进技术、前沿设计的重头戏，也是给市场增加信心的举措。这是一家位于硅谷的家居设计公司，人数不多但业绩不错，在全球获过不少大奖，如果将这家公司纳入麾下，那么显然是中国公司并购海外著名企业的典范，也是让国人骄傲的。只是想要收购这家公司可不是个小数字，高大卫从资料里看到，这家硅谷公司的估值高达50亿美元，即便是要控股51%，那么灰时住智公司也要拿出来26亿美元，这可是将近200亿元的资金呀。庄磊让高大卫评估如果全额收购需要的最小资金是多少，高大卫第一个想到不是上市公司要投资多少，而是自己那按照成功投出金额比例收取的佣金是多少，这个数字让高大卫只打寒颤，不敢多想。

国内准备投的几家公司里有盈利相当不错的，自然收购价格也不会低。但是无论投资多少钱，在上市公司账面上也是一项资产而不是成本。也就是说，一旦投资成功，公司合并报表上没有投资也没有注册资本金，有的只是各项资产负债的总量提升。最为关键的是公司增加了一大块收入和一大块利润，这样的模式哪个投资人和股民不愿看到呀。更何况，上市公司用来对外投资的这些钱绝大多数都是融资来的，说白了自己没拿一分钱就把一大块肥肉收入囊中，这绝对是百利而无一害的全体共赢的模式。就算是资金不足，只要增发一些股票，抑或是找其他的金主入股，哪怕是发行债券找金融机构贷款都可以，自己的资金就又充足了。难怪刘松对投资这么青睐，高大卫当然希望所有上市公司都多去投资，这样自己的生意不就应接不暇了嘛。

还有几家看起来前景相当不错的创业公司，都是在庄磊的必投清单里的，既然是创业公司，那么就一定是有其独到之处，且需要大量资金去研发和开拓市场，两家公司刚好一个有钱一个有前景，这个结合相当完美。但话说回来了，这几家创业公司都是成立不久的，尽管概念不错，都是直指未来市场垄断地位的，但毕竟那是未来，不是现在。创业公司的风险大家都很清楚，能活下来的很少，真正能活下来成为了不起的大企业就更加少。刘松一改以往稳健的投资风格，转来投初创企业，莫非他真的不在意风险了，还是已经胸有成竹了？

这样看来刘松的投资布局还是经过一番慎重思考的，而且前期已经做了大量的市场调研，高大卫反而有些奇怪了，既然公司已经做了这么多的功课，干什么还让自己这个不相干的外人来赚公司这么一大笔钱呢？这么简单匡算一下，也有近百亿元的投资额了，自己就算是只拿1%的佣金，也有一亿元了，天啊，自己可以直接退休了。先不要高兴得太早，这种上市公司对供应商的砍价也是不留任何情面的，不过就算是再砍价，也不会太过分吧。难不成公司有什么雷让自己背？想到这高大卫不禁打了一个寒颤，如果真的是有什么雷，这么大的盘子自己怎么可能背得了呀。不过他转念一想，自己肯定是多虑了，灰时住智公司是普通公司吗？刘松是普通人吗？现在公司股价一直攀升，公司各方面发展也井井有条，刘松在商界也是有头有脸的大人物，怎么可能让一个外人扛什么雷呢？再说了，自己在投资圈混迹了这么多年，投资那点猫腻清楚得很，只有自己给别人下套的份儿，还从来没有什么人能把自己套进去过，毕竟自己更专业。想到这，高大卫心里也就踏实了。管他呢，先投了再说吧。

高大卫果然是投资老手，很快就把所有公司的调研工作完成了，结合了律所和会计师事务所的尽职调查报告，给上市公司写了一份十分完整和详细的拟投资报告，这让庄磊非常满意，毕竟这么大的投资，公告必须要很多的数据支撑，而这份报告就能够派上用场。在看过报告之后，庄磊便让高大卫做好准备给刘松直接做一次详细汇报，毕竟这次投资的额度十分巨大，并且后续需要谈判和办理的手续也会相当烦琐。没几天庄磊就约好了刘松和管啸天，因为事情并没有最终拍板，所以庄磊并没有惊动董事会。道理也很简单，毕竟还处于保密阶段，知道的人越少越好。真的在公司开始大张旗鼓讨论的时候，就已经是消息开始放出去的时候了，这种重磅消息一出，股价肯定又会是一轮大飞跃。

空旷的会议室里只有管啸天和庄磊坐在会议桌的一侧，高大卫早已经将资料投影到高清大屏幕上，只等着刘松一到场就可以开始汇报。没过一会，刘松的秘书推开了会议室大门，所有人都起身站立，刘松快步走进会议室坐到他的固定位置上，秘书端来了刘松的茶杯放在桌子上后便退出会议室关上了大门。刘松略微挥了一下右手示意可以开始，高大卫立刻整理了一下西装，习惯性地扶了一下眼镜，走到会议室的屏幕旁边开始了他准备了好几天的演讲。

"刘总好，管总庄总好。我们花费了两个多月针对这十几家拟投公司做了深入调查，并协同律师事务所和会计师事务所进行了尽职调查，完成了这份汇报材料。现在我就向各位领导做一一汇报……"

"高总，你别按顺序来，我一会还有别的会，先说说海外并购的调研。"刘松显然是对每一家的调研过程没什么兴趣，他只对大额投资的情况有了解意愿。

"好的刘总，这家位于硅谷的研发设计机构我们没有办法派人去现场，当时庄总给我们引荐了当地的调研机构，当地的律师和会计师分别给我们出具了相关报告，我已经附在了我这份报告的后面。根据当地提供的报告显示，这家机构的确获得了不少国际大奖，也有不少著名的建筑都采纳了这家公司的设计并成为当地媒体的关注点，其设计风格十分契合年轻人的喜好。不仅如此，这家公司最新研发的智能家居比国内在研发的产品理念更加有前瞻性和……"

"这些我都了解过，我就是想知道投资这家机构有什么障碍，与他们现有的股东都聊过了吗？外汇管理局还有其他政府部门的要求是否能够满足？"刘松有些不耐烦，显然高大卫并没有摸清楚刘松真正关心的问题。

"哦，股东代表已经开过几次会议，基本达成一致，原股东全部退出，其中参与经营的几位创始人会签订承诺协议，继续为公司服务不少于5年，并且愿意为以后的盈利做出承诺。不参与经营的股东将不再与公司有任何瓜葛。但是外汇管理局这边的审批的确不是件轻松的事情，目前恐怕很难在短时间内获得这么大额的对外投资的批文。"说到这，高大卫明显看出来了刘松的不悦赶忙补充道："不过也不是没有办法，就是需要绕一点圈子，以及需要付出一点点代价。"

"行了，细节不讨论了，具体你跟庄总谈就行，总之要快，市场可不等我们。"说着刘松站起身来，"后面的内容你跟管总和庄总汇报就行，他们能拍板的就直接拍，不能决定的让他们来找我。"说完就径直走出了会议室。

高大卫略显尴尬地站在那里，管啸天和庄磊明显已经习惯了刘松这样的节奏，礼节性地站起来晃了一下就又坐回了座位上，重新看着屏幕等着汇报。

高大卫迅速调整了一下自己的状态，重新恢复了汇报。"刚才说到需要付出一点代价和绕一点圈子，有几个方案可以选择。其中最可行的也是最为快捷的，是需要公司先把资金投入国内比较成熟的投资机构，这家机构在海外同样有投资业务，这种机构在国内还是有不少的，它们也有渠道在境外募集资金，让这家投资机构的海外机构做类似于内保外贷的方式，让境外机构投资给硅谷这家公司,当然理论上讲这也必须经过外汇管理局的批准,否则政府监管风险还是非常大的。"

"风险大?上市公司肯定不能冒这么大风险的,那股价还不得一泻千里呀。不行不行。"管啸天不等高大卫说完就打断了高大卫的话,"公司现在势头正好,就应该稳扎稳打,我也真是搞不懂干什么要花这么多钱投给一个什么硅谷的公司,这跟我们的股价增长有什么关系。"

"管总,这是公司的发展战略,也不能全都只看眼前,还是要为将来打算打算。再说了,刘总已经定了的事情,咱们也没什么讨论的必要了。"庄磊冷冰冰的语气虽然是说给管啸天的,但高大卫却真切地感到了一丝寒气。"高总,继续吧。咱们就别耽误时间了,后面还有很多需要汇报的拟投公司,别纠结这一个项目。"

"好的。庄总,管总,是我有些绕圈子了。总之,这个投资可行,细节我来操作,这圈子我熟,以前有过成功案例,毕竟涉及一些关系不希望被太多人知道,我也就不再赘述了。总之,需要付出点代价,但绝对安全。有一点需要提示一下,恐怕不能让上市公司直接投,毕竟有监管,最好是以刘总的名义来走这笔资金,这样后续的手续会简单很多。

我们这次调研了 15 家公司,其中除了海外一家之外都是国内项目,而经过调研最终锁定了 4 家国内拟投公司。"高大卫说到这,看了一眼庄磊,心想,这哪是我们调研的结果呀,这不都是你庄总已经确定的清单嘛。此时庄磊完全没有任何表情,好像内定这件事情从来就没有发生过。

"这 4 家公司里有两家目前的经营情况非常良好,盈利情况也很不错。以上一年的经营指标来看,这两家公司的分别盈利达到 1.5 亿元和 8000 万元,今年估计还会分别增长 30% 和 50%。这样算来,今年的盈利恐怕要达到 2 亿元和 1.2 亿元,只不过,这两家公司的估值都不低,目前的报价市盈率超过了灰时住智目前的市盈率。"

"跟这两家再谈谈，找专家去审它们的估值模型。还有，让会计师事务所再去做一次详细的财务尽调。这种非上市公司肯定会有不少违规状况，包括偷税漏税。我看了尽调报告，利润里有虚增的，至少，纳税调整这一项就恐怕要多交 1000 万元左右的所得税，等到了上市框架内，这些利润肯定要打不少折。高总，你安排人继续跟这两家公司谈，估值必须压下来，并且上市公司不会投现金，用上市公司的股份跟他们的股份交换，无论是库存股还是增发还是其他的形式，高总你就给方案吧。总之，必须压估值，必须收购成功。再说了，收购成功后股价肯定大涨，他们这些人不亏的，他们想要达到的估值，在股票价格涨上来后肯定超额实现，年轻人要有长远的眼光。"

"庄总说得太对了，没错，我们也是这样跟现有股东谈的，他们答应这几天就给我们答复，我们估计成功率很高。毕竟，被上市公司收购可是千载难逢的好机会。"高大卫不失时机地对庄磊的英明决策表示赞赏。

"还有 2 家公司是创业时间不长的，我们调研的过程都比较简单，因为公司都成立不到 2 年，没有什么历史，账务情况都很简单，两家公司都自主研发了智能家居控制系统和大数据分析系统，目前的用户量不大，但据说与几家头部基金都接触过多次了，都到了最后决策的阶段了，而且对这两家的技术都非常感兴趣。恐怕也是因为有头部基金接触吧，这两家创业公司坐地起价，估值比第一次谈的时候涨了一倍，这一点我们有些接受不了。"

"这没什么接受不了的，既然头部基金都已经打算投了，那么也就表示这两家公司是真值得投的，毕竟这些技术都是目前市场上的空白，咱们花点钱买未来。"庄磊依然用冰冷的口吻说。

"对了庄总，这两家公司都有一个现象值得商榷。就是这两家公司的控股股东都不是创业团队，而是去年投入到创业公司的两个基金，而且现在是绝对控股，这不太符合常理，通常基金公司投资都不会选择控股，他们不懂经营，也不懂技术，一般实质的经营权还是掌握在创始人手里。同时，我们也对这两家基金公司做了调查，并不是圈内知名的投资机构，甚至是毫无名气，其背后的有限合伙人也没有人知道，好像是突然冒出来的。我们尝试去接触这几个人，但都没有回复。不过其普通合伙人已经表示，如果价格合适，他们愿意退出，但不接受上市公司以股份置换等形式的收购，只接受现金。"

"这无所谓，他们是谁不重要，给钱就走人，这样我们就可以直接控股，这不是很好嘛。另外也象征性地给创始人一点上市公司的股份，让他们也体会一下做上市公司股东的感觉。"庄磊的回复总是迅速而坚定，丝毫没有任何的犹豫，也不给参会人员任何犹豫和反驳的机会。恐怕在开这个会之前他早已做出了决定，这个会议只不过是走一个过场而已。甚至，就连管啸天也只不过是一个摆设。很明显，庄磊从来都没有把管啸天放在眼里，仅限于表面上的尊重，真正到了需要决策的时候，管啸天连说一句话的机会都没有。

"其他那些公司就这样吧，不用汇报了，高总这段时间辛苦了，接下来就需要实质操作了，刚才我表达的都能明白吧？"

"明白，完全理解。"

"好的，那接下来的工作一个要快，一个要保密，不能有任何的风声走漏。后面的工作我希望尽量都是高总您亲自操作，其他工作人员越少接触越好。"说完这话，庄磊转头对着管啸天问，"管总，您看还有什么需要指示的吗？"

"我没什么，庄总说的有道理。公司发展都已经完全步入正轨，接下来就是要甩开膀子大干一场的时候了。高总需要什么配合尽管跟我提，我一定全力以赴。"恐怕管啸天自己都会觉得说的这些都是废话，庄磊都把结论说完了，别人还能说什么。只不过是碍于面子还要说上两句，毕竟是上市公司CEO（首席执行官）。

"哎呀感激不尽呀，有了管总和庄总的支持，高某定当竭尽全力完成领导交代的任务，绝不辜负刘总和二位领导对在下的信任。"说这样的话已经是高大卫信手拈来的，才不管对方信不信，只管对方爱不爱听。这下高大卫犹如获得了尚方宝剑，接下来的工作就好办多了，尽管手续依然相当烦琐，但毕竟都是可操作的，只要公司已经决定，那剩下的都不算事了。

"哦，对了，还有……"庄磊已经起身准备离开会议室了，突然又想起了什么。这让高大卫心里一惊，生怕庄磊又临时改主意。这个庄磊真的是让高大卫摸不着脾气，时冷时热毫无规律，而且严肃起来一点情面都不讲。"高总，再次强调，这个会上讨论的所有事情都是要绝对保密的，走出这个门我们谁都不会记得这里发生了什么。过几天我们就会组织一次全体董事会议，讨论这些投资事项，最后是否能够过会还是要看全体董事的意见。"庄磊说完，不等高大卫反应过来，就离开了会议室，管啸天也不知道什么时候走的，让高大卫甚是尴尬，惺惺地一个人收拾起自己的电脑，关上投影仪，独自离开了灰时住智。

接下来的事情非常顺利，如高大卫所料，在董事会上的汇报材料都是高大卫提供的，他根本没有参加会议的资格。据说会上包括独立董事在内的所有董事居然没有人提出什么关键性问题，大家好像都已经达成了某种默契。只有少数几个人象征性地提了一些不痛不痒的问题，庄磊也都一一回答了，最终全体董事全票通过了这个让灰时住智未来充满无限遐想与无限憧憬的投资决议。

公告发出之后，股市立即出现了热闹非凡的景象，开盘没多久灰时住智就冲到了涨停板，许多股民为自己没有买到这只黑马股而懊恼不已。这样的涨停板持续了3天，之后在小幅调整之后又继续上涨。就连高大卫也有些眼

第3章 抽逃
明修栈道暗度陈仓，资金乾坤大挪移

红了，只可惜自己是绝对的内幕人士，是绝对不能碰这只股票的。否则高大卫一定会把全家所有的钱都投到灰时住智的股票上，一定会赚到怀疑人生。当然，高大卫经过了不到半年的时间就把这5个投资全部完成了，相比任何一个投资高手来说，这都是非常不同寻常的操作速度。特别是海外投资，高大卫并没有走常规手续，而是通过他的私人关系实现了快速投资，这一点让刘松十分满意。按照庄磊给刘松的汇报，是不可能半年之内就搞定所有手续的，恐怕要等到第二年了。高大卫的确是行家里手，庄磊都非常吃惊竟然还有如此操作的方式，而且海外的投资最终是以刘松个人的名义而不是灰时住智作为投资方进入，自然这样的并购就与上市公司无关了。高大卫给出的方案里也考虑到海外项目尚需要大量投入，很可能并购过来以后就开始亏损，如果上市公司要合并报表的话，股价一定会受到严重影响，不如就走一下资金操作，先以刘松的个人名义来投资，如果将来盈利了，再走正常手续让灰时住智收购刘松的股份，这样上市公司就能够获得更多利润。如果将来亏损了，那也就让刘松以个人名义承担，上市公司没有损失。只不过其实刘松投的钱也是上市公司出的，上市公司把这笔钱投到了国内的几家基金公司里，在上市公司的公告里则是轻描淡写地作为理财业务提了一下。因为做成了这家公司的投资项目，高大卫也着实赚了不少钱，已经开始跟太太商量换一个大一点的别墅住住了。

　　南方的冬天总是会让北方人倍感舒适，早上听着窗外树林里各种小鸟的叫声起床，高大卫终于有了一次彻底放松的度假。这一年是高大卫划时代的一年，做成了他人生中最大的一次投资，让自己彻底放松一下还是十分有必要的。还是太太阮思捷有想法，这次他们并没有去什么大都市，而是跑到了南方一个人迹罕至的小岛上，说是人迹罕至，其实酒店各种服务设施一应俱全，这让有钱人既体会到了原始森林里的返璞归真，又能够享受到十分现代化的服务，不能不说贫穷限制了高大卫的想象力，国内居然还有这么好的地方。若不是阮思捷的安排，恐怕高大卫最多也就是跑到三亚的海边晒晒太阳、潜潜水而已。

阮思捷从卧室落地窗外的游泳池里上来，一边用浴巾擦着头发，一边拿起放在茶几上的手机，习惯性地打开了语音播报的早新闻。

"插播一条重大新闻，位于江边的一栋居民大厦在今日凌晨倒塌，据目击者反映现场死伤惨重，伤亡人数等待官方通报，此刻消防救援活动正在展开，市领导也在第一时间到达现场指挥抢救。据记者调查，这栋楼已经建成10年左右，当时的施工方正是上市公司灰时住智的子公司，有进一步消息本台将会第一时间公布……"

高大卫和阮思捷如同凝固住了一样，站在那里一动不动地听完新闻播报，仿佛有水泥将两人浇筑在原地。过了好一会儿，俩人不约而同地开始收拾自己的行李，给酒店打电话提前退房，预定最近的航班赶回公司。这一切来得太突然，高大卫和阮思捷知道，尽管客户的施工质量出现问题跟自己不会有任何瓜葛，但接下来肯定会有各个政府部门到公司里审查问责，保不齐会涉及刚刚完成的这一系列投资动作，万一有哪一个环节出现问题，那可真的是要吃不了兜着走了。更何况，在高大卫休假前，庄磊陪着刘松去了美国召开新公司的第一次董事会和对全体员工的首次见面会。此刻刘松应该还在美国新公司里没有回国，万一公司里有什么人说话不负责任透露了什么细节，那么高大卫的投资方案里的违规操作就有可能会暴露。所以高大卫不敢有耽搁，赶紧赶回公司找庄磊商量对策是第一要务。

去机场的路上，高大卫分别给刘松和庄磊都发了信息，但对方都没有回复。无奈高大卫拨通了管啸天的电话。

"管总，我听说了公司的事，也知道您现在很忙，我想问您一下怎么能联系到庄总？"高大卫故作镇定地问道。

"我们也在找他们，但手机始终关机，已经有两天了。"管啸天说完就挂了电话。

"失联?"高大卫不禁惊呼出来,"喂,喂?"对方电话传来了"嘟,嘟……"的声音。

"怎么了,发生什么了?"阮思捷问道。

"刘松和庄磊去了美国以后就失联了。"高大卫一边说着一边找了几个朋友去询问了一圈,都没有任何消息。

03

机场里人头攒动,高大卫和阮思捷迅速办理好了托运手续,又以最快的速度过了安检,此刻距离飞机起飞还有一个多小时。

"老公,先去吃点东西吧,这事也急不来。"说着阮思捷拉着高大卫走进了一家咖啡店。

店里除了店员几乎没什么人,两人点了咖啡和三明治就找了一个角落里坐下来。

"老公,咱们这样,你把你操作的这几个项目重新捋一遍,好好想想有没有什么问题会留下把柄,或者你想想有没有什么明显的疑问没有解决。"阮思捷问高大卫。

高大卫没有马上说话,眉头紧锁表情凝重,两眼死死地盯着桌子角,缓缓地打开咖啡纸杯的盖子,端起来慢慢地喝了几口。

"其实有几个事儿我的确没想明白。"高大卫冷不丁冒出一句话,然后又是一阵沉默。

"硅谷这家公司是刘松亲自去做的初期调研,那么也就是说在这之前一定有人告诉过刘松这家公司是有意转让的,如果是这么有前途的公司,一不缺市场二不缺资金,为什么要转让呢?当时我提出过要求去现场调查,结果被庄磊断然拒绝。我那时候认为是公司不愿为这趟美国之行支付几十万元的费用,那时我还一分钱没有拿到,当然也不愿出这钱,再加上庄磊给了我当地会计师事务所和律所的联系方式……对了,当地的会计师事务所和律所都是华人开的。我开始还以为是为了能跟中国人联系方便而特地找的华人来做翻译。还有，投资的国内两家创业公司都是被基金控股的，当时我就觉得不对劲，而且这两家基金公司背后的投资人完全查不到任何的其他投资记录，退出手续全程都是律师出面办理的，在退出之后也完全销声匿迹。"

高大卫越想越觉得到处都是可疑点，自己怎么就没有一点警觉呢？哎，自己被公司催着赶紧落地项目，又每天催促着更新时间表。再说了，这么大的一笔生意又是在这么显赫的商界大咖的公司里，谁有可能会往坏处想呢？

"大卫，快看。"阮思捷在高大卫发愣的这段时间里一直不断地翻看着新闻对塌楼事件的跟踪报道，不断报出伤亡数量，也不断有记者试图联系刘松都没有任何消息。大批记者已经涌到了灰时住智的大楼下等待公司有人出面解释澄清。阮思捷翻到了一篇追溯灰时住智发展历史以及刘松发家史的深度文章，这应该是很久以前的文章了，是从刘松还在工地里搬砖时开始的介绍。文章里的一段描述吸引到了阮思捷。

"文章里这段写着，当年跟刘松一起搬砖的一个小伙子救过刘松一命，后来在刘松做生意有了钱以后就对他报恩，资助他去了美国留学，这人学的是设计专业。"

"你的意思是，美国收购的这家公司，跟这人有关系？"

"不知道，多一个线索多一个思路吧。"

"难不成，这家收购的公司本来就是刘松控制的？"高大卫不禁打了一个寒颤，"当时有另外两家公司也要收购，所以庄磊就一直催着要快，为了能办成这事，我就动用了私人关系给他走了资金通道，而且是以刘松个人的名义，不过这些通道也基本是合法的。但这样一来，这资金在美国就变成了刘松合法来源的个人投资了，这资金在美国法律下就真的变成了刘松的个人资产了？"

"要是按你这么说，这就是明显的携款潜逃呀。如果上市公司这么有发展，干什么还携款潜逃呢？"阮思捷边问边翻看着跟灰时住智有关的所有信息。"老公，看这条，供应商开始堵门要钱了，而且，视频里看到的供应商写在大牌子上的金额都不低。"

"啊，这怎么可能，公司账上根本没有多少欠款的呀，你看看这几年的财报，除了银行贷款以外都没多少负债，应付账款充其量也就是一两个月的欠款。"高大卫不解地回答道。

"你的钱是不是还没有付完。"

"只付了30%。"

"你的欠款在公司报表上吗？"

"坏了，公司的欠款都不在上市框架里。我的天，难道他对所有供应商都是这么玩的？"高大卫开始激动起来，"我的合同是跟刘松控制的几家跟上市公司毫无关系的公司签的，所以对我的欠款在上市公司的报表里是看不到的。当时的说法是因为保密的关系不想让任何人知道。这样看来，如果跟供应商也都是这么签合同的话，也就意味着……"

"上市公司的供应商欠款在造假，而且，营业成本也在造假，也就是说，公司虚增了利润。"阮思捷说道。

"难怪这几年竞争对手都快活不下去了，灰时住智反倒是如日中天，我还以为是因为科技含量高所以成本低呢，原来是……"

"大卫，先别急，你把整个脉络梳理一下，咱们先登机，上了飞机再好好整理整理思路。"

机场大厅的广播里已经开始催促登机了，高大卫完全没有听到，他脑子里全部都是刘松、庄磊、灰时住智、塌楼、硅谷、管啸天、董事会、尽调报告、催债。的确是需要冷静下来，否则自己会被这一大堆没有头绪的信息压垮。高大卫定了定神，重新恢复了往日的沉稳，尽管心里还是无法平复，但他必须克制自己的情绪,都说愤怒是魔鬼,不能让魔鬼占上风。高大卫和阮思捷并没有排队,而是径直走向了头等舱的登机口。

早班机的头等舱只有零星几个人,另外几个人一到座位上就戴上耳机闭目养神了起来,这正好给高大卫和阮思捷的聊天留下了私密的空间。高大卫从包里取出自己平时开会总会带着的大本子和签字笔,先翻看着近一年的所有笔记。高大卫自从做投资以来始终保持着记笔记的习惯,他习惯了握笔在纸上涂涂画画的状态,这恰好就是他那个时刻原始思路的记录,而且无论过去多久的时间,再翻看也都能回忆起当时写笔记的状态、思路和心情。高大卫迅速地将所有与灰时住智的开会记录和自己的笔记逐页翻看着。全部看完以后,高大卫沉思了片刻,对阮思捷说:"恐怕真的是要出大事了。"

"你发现了什么?"阮思捷也开始紧张起来。

"但愿我想错了。刘松投资的这5家公司,就是完全由我操盘的这5家,恐怕只有这一家盈利最好的公司没有什么瑕疵,其他这4家可能都有说不明白的事。

硅谷这家问题最大,投资金额也是最大,如果我没猜错的话,或者说最坏的可能性是,刘松这是把上市公司的资金掏空转为自己的名下放在海外的手段,这钱按美国法律规定就是刘松的私人财产,这招太狠了。而且,当时交易的方式是全额收购,背后那些不出面只让律师办手续的股东,很有可能就是刘松一手安排的。他把资金从上市公司拿出来,投到美国收购公司,这些钱是给到了原股东。除了真正的创始人以外,绝大多数资金都给了不知名的那几个隐形股东。名字上看都是老外,但保不齐这是做了一个扣儿,三转两转就会变成刘松真正的个人资产。而且背后有律师和会计师团队操作,手续还都符合美国法律,人家到了美国该交税交税,刘松就彻底变成了美国富豪。刘松很有可能在此之前已经在美国有自己的公司。

从程序上，庄磊肯定是直接操盘手。我听说庄磊是刘松前妻的弟弟，因为离婚多年了这事就很少有人提起来了。对了，刘松前妻就长期旅居国外，不会就是在美国吧。

刘松跟前妻离婚不会也是假离婚吧，他们早就做好了逃离的准备了，以离婚为由先把一部分资产转移到美国，然后再在美国布局，找到这么一个看起来相当酷炫的公司重新包装打造成一个炙手可热的业内高手，让他的前妻在美国找人代持收购这家公司，然后再让中国的上市公司收购它。难怪庄磊反对我去现场调研，只要去现场一看，肯定就能发现破绽，而这一切都可能是庄磊一手策划的。他也是在美国留过学的，在美国肯定有他的一众人脉。这一来二去，就能神不知鬼不觉地偷天换日。"

"你这说得也太悬了吧。如果这次没有塌楼事件，你肯定不会这么想吧。"

"肯定不会。谁会想到上市公司老板能跑路呢？难道，他知道楼要塌不成？"

"怎么可能呢？"阮思捷苦笑着说，"难不成刘松当年离婚的时候就等着今天这楼塌下来呀。"

阮思捷以为自己说了句笑话，但她立刻收起了笑容，自己也意识到是不是被不幸言中了。

"如果当年上市之前，刘松就知道自己的工程是豆腐渣工程，不用说70年了，就连10年都会是问题。"

"那人家不验收呀，那么多监管部门呢。"阮思捷试探地抛出来一个常识问题。

"以刘松的做事风格，拿点批文不会是困难的事情。"高大卫又一次眼睛一亮，"或者是，刘松从当年决定公司要上市那一刻就知道早晚会出事，而且会是大事，就早早地跟太太做好了这个大局？这个混蛋！"

他的公司刚上市时根本就没赚到钱，如果不是上市，恐怕这家公司早就支撑不住了。他的钱全都是上市融来的资金，然后他拿着这些钱在公司外围建立起来一个供应商支付渠道，把许多成本都放在了上市公司体外。"

"那审计就发现不了吗？"

"提供材料是被审单位的责任，会计师事务所又不是检察院，总不能去企业掘地三尺吧。再说了，毕竟会计师事务所是赚人家上市公司审计费的，就算是再公允也不能胡来。我要是上市公司，我就死咬着公司的成本就这些，没别的了。你想想，一年审计才能审几天时间呀，想要把这么大的雷挖出来，怎么可能。再说了，既然他们已经做好了局，外人就不可能用常规手段发现。

所以，从上市第一天开始，他就铆足了劲要把上市公司融来的资金给洗成自己的。太过分了，我居然没有想到。"高大卫狠狠地拍了一下自己的脑门，懊恼不已。

"要是你说的是真的，那么刘松失联就合理了。不过，你当时不是给他做了5个公司的投资吗，其他的公司有没有问题？"阮思捷问道。

"有。我现在想来，这几家公司的背后都有一堆神秘投资人。更过分的是，那家创业公司里的一个神秘投资人是在我尽调后才刚刚投资的，害得我又重新做了一套资料。肯定是董事会已经确定要投了，刘松找人先把公司收购过来，然后上市公司再收购，非经营股东全额退出，经营股东则没有拿到什么现金，而是做了增资。这样上市公司的现金最大限度地被这些神秘投资人给变现离场了。"高大卫越想越觉得自己的分析有道理。

"大卫，这都是你的分析，或许这些都不存在，等飞机落地了，或许庄磊就会给你回电话，刘松也会很快回国来处理这些事。刘松一直以来对外都是责任心极强的企业家形象，总不会连人设都不要了吧，这些企业家都是要脸的。"阮思捷安慰高大卫。

"但愿吧。"高大卫陷入深深的沉思之中。

这样的事情高大卫是第一次遇到,恐怕以后也很难再遇到。作为整件投资事务的具体操盘人尚且无法发现背后的猫腻,股东、股民还有金融机构这些外人又怎么可能发现呢?高大卫多么希望这是自己吓唬自己,都是自己臆想出来的。可万一果真被猜中了呢?高大卫在脑子里反复思索着自己有没有哪些操作是会被监管部门揪住的?肯定会有。高大卫仔细回想着整个过程里留下来的每一份资料文件,哪些是自己公司盖过章、自己签过字的,想着想着他就在自己的本子上写下了一个长长的清单。一下飞机就必须第一时间让同事把这些文件找出来仔细查看是否有瑕疵,是否能够找到补救措施,这事肯定要快。不管刘松和庄磊能不能回来,灰时住智肯定是会爆雷的,而且这必将是一个连锁雷,拿不到钱的供应商绝对不会善罢甘休,肯定会是有多大闹多大,恨不得证监会都要立即进场封锁全部资料查个底朝天。

"老婆,恐怕这次要动用一下你的上层关系了。咱们可以不赚这钱,哪怕是再赔上多一倍的佣金也没关系。"

"我上飞机前都已经找了,不过现在出人命的事,谁都不敢伸头,躲还来不及呢。你也赶紧找找灰时住智的关系,要是能把你签过字的东西都撤出来,兴许能好办一些。"

"怕是来不及了。"

"尽量吧。我也找找其他的路子,没事的,事在人为。"阮思捷在关键时刻倒是比高大卫更加冷静。

高大卫再次陷入沉思之中。

如果,如果在接项目之前就能发现这些苗头,会不会自己就不接项目了呢?高大卫在心里狠狠地嘲笑了一下自己,不可能。自己不可能不接这么大的项目,即便是发现了问题,自己也有十足的把握把问题和风险都隔离在自己之外，但是他从来不会把出人命这一条考虑在内。按照高大卫的判断，这次的结论必然是偷工减料、谋财害命，刘松也必然是整个事件的罪魁祸首。这么想来，即便是刘松回国了，自己恐怕也见不到他了。更何况，很大概率是刘松根本不会回来。哎，自己这都做的是什么事呀。

　　当初自己接项目的时候的确也做了研究。公司利润如此之高，毛利比同行高出那么多，就应该有所怀疑。当初的公告是因为公司掌握了核心智能家居制造和控制技术，所以成本大幅下降，这百分百令所有股民都相信，因为这种理由看起来多么合理呀。但是仔细想一想，再怎么智能，你的价格也没比别人贵多少呀。家居市场已经是完全充分竞争的市场，绝大多数采购方还是很在意价格的，仅凭这一点就不可能卖得比竞争对手贵很多。那么就是成本了，不少招标公告里甚至都会对投标公司的毛利率提出要求，如果超过多少毛利率，就会直接废标。而灰时住智的毛利率显然是超过了行业里普遍毛利率一大截的，对于竞争如此惨烈的行业里居然还能赚到这么高的毛利，稍微走走脑子就不难判断。再说了，这个毛利差只要找到同行业上市公司放在一起这么一对比，就能明显看得出来。高大卫懊恼自己为什么就视而不见呢？这个分析他是做过的，当时自己就是太相信公告了，当然，自己肯定还是被利益驱使了。自己还号称比别人专业得多、也冷静得多，但其实在利益面前，跟普通股民没有任何区别。

　　再说欠款。同行业的上市公司付款周期都在 2~3 个月时间，而灰时住智的付款周期还不足 30 天，这看起来是多么靓丽的指标。公司想要及时给供应商付款的首要条件就是客户给自己钱，自己才有钱给供应商，这是一个良性循环。灰时住智的应收账款回款周期也比其他公司短很多，大家普遍都是在 2~3 个月的时间，而灰时住智则仅有 35 天。这样细想一想，他们面对的可都是同一拨客户呀，不可能给你付钱 30 天给别人就 3 个月，难不成你给采购喝了迷魂汤不成？这不就是荒唐的结论吗？如果应收账款的回款期是假的话，那么付款期也一定是假的。可自己偏偏就信了，而且大多数看过这个公告的人都信了，因为数据实在太优秀了。可是就凭刘松能有这脑子？庄磊也不一定能有这个掌控能力的。要知道，这一环套一环的日常管控难度是相当大的，搞不好就会前后脱节。没想到公司竟然支撑了这么长时间没有爆雷，居然也没有供应商跳出来喊一句其实上市公司欠了他好多钱。不过，这也难怪，高大卫自己的合同都是跟一些不知名的公司签的，即便是打官司，那也跟上市公司毫无关系。这招可真够毒的，上市公司最怕官司缠身，这下好了，把那些听话的供应商都转到上市公司体外循环，既可以把官司风险与上市公司彻底割裂开来，又可以减少上市公司的采购成本，也就是减少了营业成本，这样营业利润自然就会高出许多。高大卫就纳闷了，怎么以前那些股市打假人就没盯上灰时住智扒一扒呢，怕是所有人都认为商界精英不可能做这种下三烂的事情吧，几千家上市公司总不会死盯着号称民族骄傲的企业吧，他们只会找那种半死不活的上市公司去打假，也一定早就有人跳出来说它财务造假了。

  公司自从 IPO 开始，账面上的一大笔资金始终都没有按照当时融资的拟投事项去实施，当时说是要用 20 亿元打造一流的智能化研发中心，20 亿元打造机器人生产中心，10 亿元做全国的销售渠道。IPO 之后，钱在账上几乎都没怎么动，当时公告给出来的解释是，手续一直都没有办理妥当，公司考虑风险因素不会轻易大笔投入。说得真好听，原来是为了等今天这些圈钱的最佳时机呀，而自己则成了这个圈钱跑路人的帮凶，甚至就连自己也被卖了还帮人家数钱，真是愚蠢至极。但这一点，果真是不会有任何人在任何阶段有所察觉的，不少公司的高管都是用这样的手段把公司的资金掏空，摇身一变成了自己的钱，然后再反向投资回公司把自己变成更大的股东。刘松可好，第一天就做好了这钱有去无回的打算了，就是把钱都"投资"到了美国之后变成自己的钱，去享受荣华富贵。其实荣华富贵只是

第 3 章 抽逃
明修栈道暗度陈仓，资金乾坤大挪移

表面的，刘松最大的收益，其实是带着一大笔钱摆脱了自己曾经造下的孽而必须要承担的代价。高大卫想，如果当初自己并不是来赚刘松的钱，而是戴上所谓的"有色"眼镜给灰时住智挑刺，或许能发现一些线索，但也仅限于线索而已，如果不是深入到灰时住智内部，就没有任何可能再深度挖掘。除非这个环节里所有人都尽职尽责而且能力强、职业度高，那么任何一个环节都就有可能卡住这个蛀虫的蚕食。可惜呀，这个环节里所有的人都是要赚这家公司的钱的，怎么可能在中间设置障碍呢？尽管大家都很尽职尽责，都很专业，也很难有办法把这个精心策划的、瞒天过海的谎言揭穿。

还有，高大卫想起管啸天，这个地地道道的上市公司 CEO 却也是地地道道的傀儡，他并没有去美国，刚刚在上飞机前最后一分钟他看到记者采访的是管啸天，虽然一晃而过。但至少有一点高大卫是肯定的，管啸天无论对于刘松、庄磊这些圈钱的手段是否知情，他最多也只有旁观的份，刘松不会在这最关键最重大的事情上带着管啸天一起干。管啸天跟庄磊是截然不同的两种个性，庄磊老谋深算，而管啸天则大大咧咧，他才是从刘松第一天在工地上开始搬砖就在一起的兄弟，对刘松是绝对的忠诚，哪怕是刘松让他从楼上跳下去也绝不眨眼。管啸天能有今天，也全部都是靠刘松的提携，所以管啸天这辈子最感激的人就是刘松，为老板赴汤蹈火也在所不辞。刘松在创业打拼的前几年的确是靠着管啸天的帮助所向披靡，"野蛮"生长期就需要"野蛮"人。但到了上市公司的层面，再用"野蛮"思维就不灵了，毕竟管啸天跟了刘松多年，公司上上下下、里里外外没有管啸天不知道的，他人爽快，好交朋友，在公司里人缘非常好，不让他做 CEO 实在说不过去。只是管啸天只懂干工程，对于资本市场及投资完全是门外汉，所以对外管啸天是公司的 CEO，对内他也只是负责工程事项，其他事情一概不管。这也让管啸天乐得其所，有机会跟哥们喝喝酒、聊聊天，又是上市公司的CEO，这生活多风光、多惬意。这次塌楼事件即便是刘松在，也只能是管啸天出来摆平。高大卫突然想起就在一个多月前一次同学聚会晚宴上发生的事情。

那次是高中同学在当地特别有名的一个农家院搞的一次同学聚会，高大卫是班里绝对的风云人物，开始高大卫还感觉十分得意，但没多久就开始厌烦了昔日称兄道弟今天阿谀奉承的同学，喝了几杯酒就借故接电话溜出包房到外面抽烟去了。说是包房，其实就是农村草地里一间一间的木屋，站在院子里举目看去，大大小小的木屋有几十间，这个农家院在郊区，菜品口味十分独特而且位置也相对隐蔽，所以经常有不少大人物跑到这里来吃饭喝酒。高大卫一边抽烟一边到处溜达，心里想没准能碰到几个明星也说不定。

"高老弟，真、真是你呀。"

高大卫背后突然传来一声呼叫，吓了高大卫一跳，本能地一侧身仿佛是为了躲开后面来的袭击。他转头一看，只见一个醉汉被人搀扶着摇摇晃晃地走过来，一看就是刚刚去卫生间吐完酒回来，人还没到酒味就先冲过来了。高大卫仔细一看，这人正是管啸天，这位上市公司大总裁。

"老弟呀，没想到在这碰到你，缘分呀。"

"哎哟，是管总呀，这太巧了，您这是……"

"还管什么总，老哥，叫我老哥。"

"管……老哥，好的好的。"高大卫看出管啸天已经酩酊大醉了，"您这是跟谁喝这么开心，这么尽兴呀。"

"尽兴！"管啸天回头对旁边的小伙子说道，"斌子，你先回去，我跟我老弟说几句话。"

"好的管总，那个什么，李局他们……"

"那么些废话，滚。"

第3章 抽逃
明修栈道暗度陈仓，资金乾坤大挪移

这个被管啸天称斌子的小伙子把手里的矿泉水递给管啸天，悻悻地离开了。高大卫远远地听到斌子的嘴里还咕哝了几句。

"老弟呀，你可是刘老板的大恩人呀！"管啸天醉的说话已经不利索了，高大卫感觉真是晦气，本来想跟同学们一起把酒言欢，看到的却是让人难受的阿谀奉承。好不容易想出来清静清静，又碰到这么一个土包子总裁，还醉的胡言乱语。自己又不能不管，毕竟现在人家是自己的大客户呀。

"管总，呃，老哥，您这是哪里话，您和刘老板才是我的大恩人呀。"

"老弟呀，你是有学问的人，比我强，我就是一粗人，就只懂干活。"说着，管啸天左右看看四下无人，故意压低声音轻声地说，"老弟，我跟你说，我这个总裁早就不想干了，太难受了，那个混蛋庄磊太欺负人了。"说着管啸天眼圈就红了。

"老哥，别别别，您是喝多了，赶紧喝点水顺顺。"高大卫心里这个烦呀，可表面上还不能表现出来。

"我喝多了？我不喝多我还能干什么，我没文化，不懂你们那些什么资本什么财务什么金融的，还是你们厉害呀，我就是一个出苦力的，我哪是什么总裁呀，他庄大总管才是大总裁。"

高大卫知道管啸天是在抱怨庄磊，庄磊也的确不给管啸天留面子。说来也是，庄磊在海外留过学，哪能瞧得起这个连小学都没毕业的傀儡总裁。

"我就只……就只知道，没生意干就是死路一条，这个公司哪个项目不是我拼死拼活喝回来的，现在生意多难做呀！"管啸天几乎要抱住高大卫了，两手搭在高大卫的肩膀上，高大卫使劲屏住呼吸，管啸天还故意把嘴靠近高大卫大口喘着气，"你能喝人家比你还能喝，以前还行，那些对手都被我干掉了，没人敢跟我来竞标。现在可好，上市了，他庄大总管说了，不能再蛮干了。这下好，我不蛮干了，我做好人。做好人就有生意了呀？都盯着这块肥肉，这帮人把价都压到骨头缝了，你说你干吧，肯定赔钱，你说你不

干吧，更得饿死，你说我怎么办？"

"管总管总，您这是真喝多了您在哪个房间，我送您回去……"

高大卫刻意让自己忘记那天晚上的记忆，实在是太恶心了，就跟吃了一个苍蝇又卡在了嗓子里，咽又咽不下去，吐又吐不出来，这个难受劲。今天搜肠刮肚想所有细节的时候又想了起来，不过这倒是给高大卫提供了一些信息。听说管啸天以前拿项目跟抢也没什么两样。现在可是收敛多了，除了光辉伟岸的企业家形象，这几年管啸天从来没有传出过什么负面消息。做工程，的确是越来越不赚钱，听说这几年公司有几个大标也都丢了，正如管啸天说的，人家价格压得非常低，怎么干怎么赔，他们的生意明明就是在萎缩的。这就更加证明了上市公司不可能有那么高的利润。这次并购是赤裸裸的抽逃资金！

5家公司中，两家盈利公司是真有投资价值的，也可以说是这次抽逃资金的幌子，是为了让市场有正向反馈的。因为从财务报表上看，投资是资产，无论投多少钱出去都不会减少一分钱的净利润，而是增加大量的资产，在合并报表的框架下，公众看到的就是大额的商誉，也就是超过被收购公司公允价值的那部分超额代价。如果被收购公司本身就是盈利的，那么只要并购一成功，对方的所有利润就立即变成了上市公司的利润，这钱太好赚了。自己不用在那吭哧吭哧一点一点打市场管品质做服务了，不少上市公司就是这么让自己盈利的。如果被收购公司一直都这么优秀，那当然很好，这说明公司的投资十分成功，而那些差额投出的金额就会永久性地放在资产负债表里的商誉中，对公司永无伤害，同时证明了公司资产雄厚。但是，这个商誉是随时可能被引爆的雷，如果被收购公司开始不赚钱了，那么年底做资产价值减值测试的时候就一定会发现减值迹象，如果坐实了这个减值迹象，那么就要给商誉做减值，直接减少公司的净利润。并且，按照中国的会计准则，商誉减值了就永远不能再转回。也就是说，今天资产减值减少了利润率，若

第 3 章 抽逃
明修栈道暗度陈仓，资金乾坤大挪移

明天被收购公司又重新焕发了生机，那么以前减值减掉的利润也永远不能再转回来。这就意味着，越是收购当下盈利的企业，商誉就可能越高，商誉越高，未来被收购公司一旦爆雷，那么商誉减值对公司的伤害性就越大。所以，如果仅仅为了能够快速盈利而收购有高额利润的公司就是饮鸩止渴。很显然，灰时住智就是用的这个操作手段，让资本市场和股民看到公司净利润大增，却不一定能看懂商誉也在大涨。

另外两家创业公司，看来也一定是刘松在国内圈钱的渠道，而那家硅谷公司就是海外的圈钱渠道。这几家公司有一个共同特点，就是都有原股东退出，是股份大幅度增值以后拿到现金退出，而且，被收购的公司股权又被上市公司或者大老板控制。既然是控制，那么增资进去的现金理论上也是完全可以被控制方调配的。说白了，这还是自己的钱，只不过从左口袋放到了右口袋里而已。这个收购同样也伴随着大额的商誉，而这个商誉更加可怕，是长期无法获得利润的投资。不过，既然对方早就打算抽逃资金了，还在乎明年的股价如何吗？

"但话说回来，如果这次没塌楼，不就什么事都没有了吗？"高大卫冷不丁冒出这么一句话吓了阮思捷一跳。

"我看你是侥幸心理占上风了。"虽然阮思捷也在为高大卫担心，但显然飞机上密闭空间的压抑感让阮思捷昏昏沉沉很想睡觉，这一下被高大卫吵醒，也是有些没好气。但很快她就恢复了正常意识。"塌楼不塌楼只是一个导火索而已。是雷早晚要爆，是塌楼事件让这个雷提前引发。塌楼当然不是小事情，恐怕刘松早就预料到有这么一天，才提前布局。"

高大卫听出来自己的太太原本还是在安慰自己不会有事，这么一会儿的小憩之后，思路完全大逆转，居然跟自己想到了一起。

"不会的，你想想看，这样的投资还少吗？我之所以接这个项目，并不是我没有想到资金抽逃的可能性，干了这么多年的投资，这点警觉性我还是

有的。但是，往往在融资渠道畅通的公众公司里是完全可以用新融资掩盖这些偷盗行为的。如果没有这次塌楼事件，哎，或者说，任何一家知名企业最后的爆雷，都是雷本身首先爆的吗？"高大卫突然被自己的灵感给激发出了兴奋，"我刚刚回想了这几年所有的爆雷事件，几乎全部都是被其他某个事件引发牵连出来的，或者是被人举报，我的脑子里没有印象哪个雷纯是自己爆的。这样说来，如果这是早有预谋的财务造假，根本没有人会发现。换句话说吧，是根本没有人有那个时间精力去愿意发现它，所以财务造假才能如此张狂地大行其道。"

"你呀，别想那么多没用的了，还是想想怎么应对你现在的这些麻烦吧。"

"正是以前从来不去想这些可能出现的麻烦，才会在不知不觉中陷入泥潭，你想是不是？我想了，如果这几笔投资真的出事了，监管部门问我什么，我就全盘如实托出。项目可以失败，人设不能塌陷。我能想得出，接下来矛头肯定都会指向刘松，除非他人间消逝，永远不露头，否则肯定还会被拉回来受罚的。你说赚这种钱的人就真能那么踏实嘛？"

"呵呵，你说呢？你这坐着头等舱的人。"

"哎，也是，智慧与诡诈好像也就是一纸之隔，不过你不能说有钱人都诡诈，也不能说没钱的人就不诡诈，最后比的是谁在哪个平台、哪个圈子里的均值之上。"

"你真是闲的无聊了，大哲学家。"

高大卫并没有理睬太太的嘲讽，继续自言自语道："我总不能吃一堑也没长一智吧。下次再碰到这样'千载难逢'的好机会，也该好好理理头绪再盘算接还是不接。如果这次没有这么大的恶性事件，你猜未来几年会怎样？灰时住智投资硅谷全球著名设计技术公司，股价肯定会跟着疯涨。至于这家公司经营得好与不好，那要等到明年初的年报才能看到，到那个时候这个投

第 3 章 抽逃
明修栈道暗度陈仓，资金乾坤大挪移

资概念早就被炒完了，至于这家被收购公司具体能贡献多少利润，已经没有那么重要了，只要不亏的太严重就不会有任何人关注。再加上，公司只要宣传一下因为这家公司的设计获得了客户超多好评这类不痛不痒的话，就会一直夯实着公司投资是正确的这个结论。对应着付出定量代价的商誉，则很难去评估其减值迹象。你想，我投资前都没去评估成而是用当地事务所给解决了，那么到审计的时候同样可以用这样的手段摆平。那么，这个坑就会一直这样埋下去，永远不会有人发现。

那两家盈利的公司被收购以后很大概率会继续盈利，那么公司的利润就会增长，只要利润会增长，那么股民就开心，只要股民开心，股价自然不会太差。这又是一个成功的投资。并且，只要这两家公司一直盈利，那么商誉就不存在减值迹象，不必减值，就很完美。

突然"咣当"一阵巨响，飞机落地的冲击力让高大卫有种突然被惊醒的感觉，他迫不及待地打开手机，打开新闻 APP 等待网络接入。果然，映入眼帘的全部都是塌楼事件的新闻报道。灰时住智的股价也毫无意外地一开盘就跌停。与刘松和庄磊的失联形成鲜明对比的，是管啸天在媒体上发表的承诺。

"我们已经派了专家小组第一时间赶赴现场配合救援工作，对于这么严重的损失我们深感震惊，也对造成损失的家庭表示最诚挚的慰问……我们不会有任何推诿逃避，在一切都安顿好之后我们会等待政府和权威机构的最终结论，如果是我公司的施工质量问题，我们责无旁贷……请各位放心，我管啸天会一直在……"

"管啸天能说得这么好，这公司的公关还真是快呀。"阮思捷淡淡地说了句。

"看来，管啸天还真是一个汉子，大难面前毫不推诿，别看人家没文化，可人家有担当！我要重新认识这个大总裁了。"高大卫感慨道。

"还有些时日,接下来你打算……"阮思捷问高大卫。

"走一步看一步,我先回公司跟几个合伙人商量一下,做好完全准备。你先回家吧,对了,你也帮我疏通疏通关系,这个时候关键人说一句话就能保命。"

"行了,我这你就甭操心了,你路上小心点。"

说着,两人一起走出了机场。

第4章 炫技

造假魔高一尺，审计道高一丈

公司及人物介绍：（人物根据出场顺序介绍）

高大卫：投资银行高级合伙人。

阮思捷：高大卫的妻子，拥有美国律师执照。

钱晓东：前四云科技副总裁，财务造假高手。

蓝迅霆：某内资会计师事务所高级合伙人，审计高手。

第4章 炫技
造假魔高一尺，审计道高一丈

本章造假脉络图

企业财务造假整体流向与完整脉络图

利润结构

- 收入 ← 从外部虚增收入，或提前确认收入、虚增现有合同等实现虚增利润
- 成本 ← 不将成本费用纳入公司，而是体外循环虚增利润
- 费用及其他
- 净利润

资产负债结构

- 负债类区域
- 所有者权益类区域
- 资产类区域 ← 将成本费用均资本化，形成公司资产减少，对利润产生影响

现金流量结构

将现金支出向投资性和融资性支出中转移，造成经营性支出减少。将现金收入从经营性收入和融资性收入向经营性收入转移，造成经营性收入增大

- 经营性现金流区域 ↑
- 投资性现金流区域 ↓
- 筹资性现金流区域 ↓
- 净现金流

01

高大卫开完会以后匆匆下楼来到公司大堂，他并没有去地下停车场开车，而是在大堂等着太太阮思捷来接他，今晚他们几个最要好的同学聚餐。距离大家上一次聚餐已经有几年的时间了，尽管大家都在一个城市里，互相见面的机会却还不如回家乡见那些没有离开当地的同学次数多。

远远地看到太太的车在拥挤的车流里缓缓地靠近自己所在的大厦，高大卫赶紧走出大堂来到路边，这样阮思捷就不用再开进大厦内部通道转一圈，那样还会被堵半天。没办法，下班高峰期没有谁能躲得开。

"哎，这太堵了，靠马路边都靠了20分钟。"高大卫一上车就听到太太的抱怨。

"正常正常，这个点，哪都堵。"高大卫上车后第一件事情就是先亲吻一下太太的脸颊，这已经成了两人的习惯。

"今晚是怎么个意思，你们仨都几年没一起吃饭了吧？"

"老二要移民了。"

"啊，去哪？"

"美国。"

"呵呵，这下可好了，你们仨想要坐一块就更难了。"

"哎，就算老二不移民，这几年也没怎么见过面了。大家都忙。"高大卫回忆起上学时候的场景不禁有些感慨，"上学那会儿咱们四个成天在一起，老二还追过你，哈哈哈。"

"这说明你老婆优秀嘛，那时候追我的人多了去了。"阮思捷不以为然地呵呵一笑。

"对了，老二的公司没事了吧？"

"怎么可能没事，集体诉讼已经开始了，天文数字。美国证券管理委员会也介入调查，我看这公司算是完了。不过老二早早地就已经离开了，本来他也不是财务负责人，所有的处罚都跟他没有半毛钱关系，这家伙真是够贼的。"高大卫不无感慨地说，"上学那会儿就他最奸，老三最闷，我最傻。"

"嗨，这有什么，人家是老早就想好了自保的路了，不像……"阮思捷刚想说不像你，又赶忙换了一个词，"不像咱们，咱们没那么多花花肠子，就只能认栽了。对了，我得到了信息，刘松和庄磊在境外已经被找到了。虽然暂时没法去抓人，但已经定性，就是诈骗。很快就会提起诉讼，下发通缉令。幸亏你反应快，能完全配合调查，要不然恐怕你也变成从犯了。"

"老婆大人，这次还真是多亏了你。"高大卫已经不是第一次这么对太太说了，虽然麻烦已经算是基本过去了，但他依然是心有余悸。"那个什么，今天咱们别提这事了，免得聊起来没完。对了，咱们也别提老二的公司，他俩本来就有些谁也瞧不起谁。上学的时候还没这样呢，那时候他俩一起联合起来欺负我，现在可好，没我在他俩都不会见面。"

"他俩还那样呀。"

"哎，这扣没得解。不过他们面上还是很不错的，都是成年人了，涵养还是要有点的吧。"

"涵养？哈哈哈，就你们仨，还好意思提涵养？"

"不是我们仨，是咱们四个好嘛。"

"哈哈哈哈。"

离开拥堵的主路，阮思捷的车左拐右拐驶入了一个胡同里，这里平日除了老街坊其实人并不多，但一到晚上就开始热闹起来。几乎每天都会有来自四面八方的豪车聚集到这里品尝这家十分著名的菜馆。据传这家菜馆的老板是以前在皇宫里当大厨的后人，菜品口味十分讲究，这里不允许点菜，上什么顾客吃什么，但准保让吃的人赞不绝口。所以这里的饭菜相当昂贵，来的人也都不一般。

阮思捷把车停在路边，俩人一起走进了一个没有门脸的大院子，门外冷冷清清，门内灯火通明。俩人在领位服务员的带领下很快就来到了房间里。

"哎哟，老大，大嫂，你们可真够沉稳的呀，来来来，坐这。"钱晓东早就已经在房间里等候多时了，见到高大卫和阮思捷进来，赶忙热情迎接。"服务员，来倒茶。"

"哎哟老二，头一回白天见你不穿西装了，真的是要不干了。你行呀，这么大的事儿也没提前打个招呼，就这么飞了呀。"高大卫不无调侃地说。

"人家干什么要跟你说呀，你是能找总统打招呼还是能找移民局打招呼啊。呵呵。"阮思捷也调侃起高大卫来。

"你俩这嘚吧嘚吧的，怎么不进德云社呀，简直就是中国相声界的一大损失呀。"钱晓东不失时机地给大哥大嫂怼回去。

"怎么就你来了，老三呢？"高大卫一边环顾房间内的摆设，一边问钱晓东。

"你又不是不知道他的毛病。"钱晓东苦笑了一声。

"怎么，你俩还不说话呀。"

"没有没有，怎么会，偶尔还是会打个电话、发个微信。没你说的那么夸张。"听到钱晓东这么说，阮思捷看了一眼高大卫，此时高大卫也恰好转过眼看阮思捷，俩人都会心地笑了。

阮思捷对钱晓东说："晓东，你俩都几十岁的人了，怎么还跟小孩子似的。"

"思捷，这家伙上来一阵神神叨叨的，永远都是正义感爆棚，咱受不了还躲不了呀，是不是。"钱晓东给二人倒上茶，"对了大卫，你那事儿过去了吧。"

第 4 章　炫技

造假魔高一尺，审计道高一丈

"别提了，被那家伙坑惨了。"高大卫极不想提起的事还是被钱晓东给提出来了，"不过好在已经没事了，过去了。还是你小子聪明，四云科技的股票都跌成什么样了，你一丁点都没沾上，全身而退，我得跟你好好学学呀。"

"这不就那么回事嘛，进公司第一天我就看出来一大堆问题。要么它自己枯萎致死，要么你帮它放个礼花把它炸死。早晚是个死，还不提前自保，咱又不傻对不对。"钱晓东说着从自己带的一个手提包里拎出两瓶飞天茅台，不失时机地岔开了话题，"今天我跟老板打招呼了，这老板跟我是哥们，当年我在这个店里还投了点，大小咱们也算是股东吧。咱们好好喝几杯，今天不打烊，咱们想喝到几点就喝到几点。"

"是呀晓东，是该好好喝几杯了，这都多少年了。"

说话间，服务员已经把凉菜热菜都摆上了桌子，高大卫看了一眼手机微信抬头说，"老三来了，正在停车了。"

阮思捷笑着说，"这老三咋还开车来呀。"

"估计是不愿跟我喝酒吧，呵呵。"钱晓东说。

"不跟你喝？我看是不跟你少喝。你忘了你们俩上学那会儿一起灌我了。开车了找代驾不就完了，必须要喝。"高大卫作为这三个同学中年纪最长的，已经不自觉地成了老二老三的关系润滑剂。

"抱歉抱歉，来晚了来晚了。"蓝迅霆背着一个双肩电脑包快步地走进了房间里。

"你行呀老三，架子不小呀，让你俩哥哥在这傻等你。"高大卫起身走到门口迎接蓝迅霆。

"还有你大嫂，哈哈哈。"阮思捷也起身上前。

钱晓东也已经站起来走到门口，"迅霆，没事没事，快来坐。"

"我这刚从证监会出来，今年抽查把我的客户给抽到了。"蓝迅霆把包放在了一边的沙发上，来到餐桌边。

"迅霆，晓东今天可是带来了好酒，咱们多久没一起喝酒了，今天你开车来就是一个严重的错误，必须找个代驾。"高大卫不给蓝迅霆任何不喝酒的解释机会，不由分说，把蓝迅霆面前的分酒器倒了满满一壶。

"迅霆，我也把车放这里，不开了。"阮思捷立即迎合自己的老公，"咱们上次一起喝酒是什么时候来着？有3年了吧。"

"4年了，整4年。"钱晓东说道，"你都忘了，那次是班长的儿子来北京上大学的时候咱们几个北京的同学一起聚了，那次班长还喝吐了。今年班长儿子考研，这不正好4年了嘛。"

"还真是，这日子可真不抗混，这么一眨眼的工夫，都4年了，别说咱们自己老不老，这儿子辈的都成年了，你说咱们老不老。"阮思捷转头又对钱晓东说道，"你看你，老了老了，还移民了，不老老实实在中国待着，你居心何在啊？"

"我其实早就已经移民了，只是以前没想去常住，去买了房子之后就回来了。这次正好这边也没什么事了，老婆孩子都已经过去一段时间了，我也过去休息一两年，这几年太累了，该歇一歇了。"

"该歇一歇，没错，是太累了。真羡慕你。"高大卫也跟着一起感慨道。

"来来来，热菜都上了，咱们也别瞎聊了，端起来吧。"高大卫见蓝迅霆进门以后都没怎么说话，也感觉钱晓东有些许尴尬之情，自己当然是要赶紧打破这局面，"端起来，端起来，咱们四个还真是不容易，毕业这么多年了聚少离多，都在各自的岗位上奋斗着，也都取得了辉煌的成绩。晓东今天可是急流勇退呀，给我们做出了很好的典范，咱们这也算是给晓东送送行哈。今天不醉不归，干。"

蓝迅霆自然也是端起了酒杯，四人便开始畅饮起来。

好酒好菜配故人知己，很快四人就进入了无话不说的状态。

02_

"今天证监会的审查,怪我出报告前说的太多,红色金粉财务造假的事被媒体曝光后,所有高管被查。我呢,工作流程上有瑕疵,认错认罚,但我没有违背良知和道德。我们的底稿已经算是相当完整了,还是被查出来一堆事。没办法,这么多人干一个项目,怎么可能滴水不漏。"蓝迅霆已经不像刚进房间那时的自然防备状态,已然回到了上大学几人无话不说的时候。

"还是因为你厉害,人家证监会才查你不是?你要是公司一会计,证监会才懒得理你。"高大卫赶忙接住蓝迅霆的话,"上学那会儿就是你学习最好,好像校长还亲自找过你是吧,校长让你留校你还不给人家面子,你也真够可以的。"

"上学那时候都是犯傻,早知道我就应该听校长的话留校。"

"现在也不晚呀,去跟校长谈谈,哦对了,校长退休了是吧。现在的校长也没问题呀,教授没几个有公司工作经验的,你去了正好填补空白。"钱晓东借着一股酒劲开始跟蓝迅霆瞎聊起来。显然这两个大咖平日里对外人的情商都不低,反而互相之间的沟通就直接还原到了情商清零的程度。

蓝迅霆做出不予理睬的样子,直接回答高大卫,"我这才到哪呀,充其量也就只是纸上谈兵,根本没什么实操经验,恐怕以后也没机会去实操。"这哪里是跟高大卫说话,明显就是指桑骂槐地羞辱钱晓东。但钱晓东只是笑了笑,不再说话,显然钱晓东表现出了更大气的姿态。

"行了你俩,都几十岁的人了,说话阴阳怪气的,还没完了。"阮思捷终于还是忍不住了,她是不忍心看着几十年的同学情被这俩家伙互相拆台而毁掉。"一个个真闲出毛病来，有工夫咱们多互相帮扶一下不好吗，你拆了他的台他拆了你的台，就能上天呀。"

"哎哟，老婆大人一语点醒梦中人呀！行了行了，咱们谁也别说这些没味儿的话了。"高大卫不愧是几人中年纪最长的，每次几人出现争执的时候，最终还是需要老大出来缓和。"本来不想说的，咱们兄弟这么多年，我也就别只报喜不报忧了，你们肯定知道我参与了灰时住智的投资项目，其实今天我才真正意识到可能这真的是在帮他们转移资金了。刘松和庄磊到现在还没有回国，恐怕以后也不会回来了。现在是管啸天在执掌大权，但其实他私底下还是听刘松的调遣。管啸天是那种士为知己者死的主儿，可我也就只是一个投资人而已，我没想违法，更加不想协助人违法，怎么就偏偏让我给摊上了呢？钱没赚着不说，还差点蹲进去。我这可是检察院来查的，我当时想死的心都有了。"

"大卫别说了，你说了也是白说，你要是掉你这俩兄弟手里，别人想黑你都得排队去。"阮思捷冷不丁插上这一刀，让空气瞬间凝固了三秒钟，然后四人都憋不住哈哈大笑起来。

"谁都不容易，迅霆，你也别老用同仇敌忾的小眼神盯着咱们自己好不好，谁也不想呀，是不是晓东。"

"是，我是造假了，确切地说不是我造假了，是四云科技造假了。"钱晓东已然保持风度翩翩的微笑，"迅霆你也不用总盯着我，你要是我，恐怕比我做得更绝。我知道，那个吴乐是你的徒弟，而且我就是栽在你手里的。说真的，我其实是挺感激你的。

你以为我就那么醉心造假？我犯傻呀。造假对我没有半点好处，你可以说我是狡辩，也可以说我是找借口，但是我告诉你，我就是瞧不上那些胆大妄为、为非作歹的狂徒在如此完美的商业世界里任意践踏。这世界上永远都是聪明人赚笨人的钱，笨人里胆大的赚胆小的钱，胆小的人里没底线的赚

第4章 炫技

造假魔高一尺，审计道高一丈

有底线的人的钱。就这么互相坑，最后倒霉的都是那些老老实实赚死工资的人。对，没错，这些人是笨蠢的、无资源无人脉无钱财的三无人员，但咱们谁又不是这样的人呢？难道我们就应该被那些所谓的聪明人愚弄？被所谓的那些胆大的人玩弄？被所谓的那些无底线的人羞辱？"

"哎呀，怎么还上纲上线了呀，晓东，不至于不至于。"高大卫眼见着钱晓东端起自己的酒杯一饮而尽，赶忙说一句缓解这开始紧张的气氛。

"咱谁也不用瞧不起谁，都一样，能不能笑到最后一点都不重要，能不能活到最后才重要。"钱晓东显然已经是有些醉意了，以前从来不会如此表露出真性情，这让所有人都意识到，昨天的钱晓东恐怕真的要翻篇了。

"哎，干什么这么悲壮，有什么过不去的，这不都挺好的嘛。抒发抒发就得了，咱们还是聊点有营养的吧。"阮思捷作为四人中唯一的女性，很少真的发表自己的观点，总是以欣赏的眼光看其他三人，但也正是因为如此，她说话反而变成了四人中最有分量的一个。"晓东，你的事儿已经过去了，大卫的事儿说过去也算过去，说没过去其实也还在纠缠着，很烦。这还不是关键。关键是，大卫以后依然还是会再投资做项目的，保不齐下次还会碰到这类财务造假的坑，怎么办？你是专家中的专家，历史缔造者，传授点经验给大卫吧。"

"对对对，晓东，咱们兄弟也就不绕圈子了，你既然能做就一定知道怎么防，你传授给我几招，让我也不至于死的这么惨。"高大卫连忙说。

其实这也正是高大卫组这个饭局的初衷，本来今天的饭局他是有些担心会被这几个人数落。看看钱晓东，摊上这么大的事，公司都垮了自己却还能全身而退，现在是要钱有钱，要身份有身份。再看蓝迅霆，对钱对地位都没什么追求，一门心思干自己的项目，搞自己的研究，乐得其所。再看看自己，曾经最风光的就是自己，可是现在混得最惨的也是自己。最难以启齿的是自己英明一世却被一个土老帽给搞得身败名裂，这让自己的颜面往哪儿搁呀。这次栽跟头的根源就在于自己没有看透刘松的阴谋,但其实早在几年前,刘松的财务已经出现问题了,只是自己不懂怎么看,或者说自己被刘松的光环给遮住了眼睛。但就算是不遮住眼睛,仅凭自己上学学的那点财务知识,看刘松的财务报表恐怕跟瞎子没什么区别。今天正好钱晓东已经决定离开,不会再有什么顾忌,蓝迅霆也是自己多年的兄弟,不会不帮自己。平日里想专门去请教还有些磨不开面子,今天这机会太好了,大家都已经有些醉意,恐怕这是唯一一次这两位知无不言言无不尽的机会。

想到这,高大卫一本正经地说,"好了,好了。大家都安静了,把你们的手机录音录像都关上,把你们的录音笔电池都拔出来。任何人不得录音录像,否则格杀勿论。"

"哈哈哈哈……"

本来紧张的气氛又一次被高大卫夫妻给缓和了。

"行吧,大卫,咱们也就不废话了。我承认我的水平没有蓝迅霆高,我其实这次也是栽在这小子手里,否则估计至少还能再撑个三四年。但是我的确是咱们几个里唯一的一个造假亲历者,我就以过来人的身份聊聊,给你些启发,也不枉兄弟一场哈。"说着钱晓东端起酒杯跟四个人一一碰杯后一饮而尽。"迅霆,你也甭跟我这绷着,我能开诚布公地聊我这些糗事,你也给我见招拆招,我看看是你道高一尺还是我魔高一丈。"

"晓东,行。咱们今天哪说哪了,说完算完,出了这个门谁也不再提。我肯定不是什么高手,咱们俩切磋切磋,让大卫思捷两口子也做一次专家评委,看他俩灭谁的灯。"蓝迅霆早已经不是进门时的样子了,酒精这东西的确能拉近彼此的感情,什么分歧矛盾都不能阻挡酒精带自己回到青葱岁月的真挚情感中。

高大卫兴奋了,起身走到门口郑重其事地把门开一下又关上,仿佛是上了一把无形的大锁一样,然后回到自己的座位上,给四人都倒满了酒,也都

——斟上了茶。接着两手抬起做了一个"请"的动作，一手指向钱晓东，一手指向蓝迅霆。

"咱们这么说吧，我要粉饰财务报表，肯定第一要务就是不能让你看出破绽，也不能让审计看出漏洞，对不对？所以，想要做到天衣无缝，就必须把整个脉络全部都考虑完整以后再逐一布局。所以，作为普通公众基本上是没可能看得出来。当然……"钱晓东说着时不时地瞄一眼蓝迅霆，想看看他会有什么反应。"当然，其实这个造假的背后是让股民内心的渴望得到充分释放的完美过程。"

"这话怎么说？"高大卫不解地问。

"你想啊，股民买了我的股票，最希望看到什么？"

"涨呀。"

"对。咱们抛开所有消息面、行情面等一切的价格影响因素，最能让股票涨的原因是什么？"

"业绩。"

"没错，只要我的利润涨了，在市盈率不变的情况下，是不是我的股票自然就会涨？"

"对。"

"那么股民是不是最希望看到我的公司利润一直不断上涨，而且最好是大幅度上涨？"

"对。"

"我现在给股民看到的财报就是高利润、高成长性的，那么股民是愿意相信我骗他们还是愿意相信我的公司更值钱了？"

"那还用问，我要是抱着你的股票，你业绩飞涨，我怎么可能希望这是假的呢？"

"对，所以我说，我只是激发了投资者内心的渴望并且让这个渴望实现。

无论是股民还是你这样的大投资人，你想想，其实没什么本质区别，除了你们能够调用更大的资源以及所谓的专业度。"

"干什么还'所谓的'呀，就是专业好不好。"高大卫永远都是以一种乐观的态度对待一切负面事件。

"所以说，财务造假真正的对手其实不是审计，而是股民、投资人。而股民、投资人永远都不愿相信他们是被骗的，而更加愿意相信这一切都理所应当是真的。"

"所以这么说来，只要你将表面文章都考虑到位了，就不会有任何被发现的可能性？"高大卫问道。

"可以这么说吧，至少，单看我这某一张报表或者某一个数字，你怎么可能说我造假。我们先不说股民看什么，我就说投资人看什么，你告诉我。"钱晓东向高大卫发起挑战。

"你可别鄙视我啊，这毕竟是你的专业，我已然是外行了。"

"行了行了，你就说吧，不笑话你。"

"一级市场我主要看未来，二级市场我第一看体量，第二看利润，其实也是在推断公司的未来成长性。一级市场我们投的都是早期公司，很多被投公司都还没有利润，就只能看它们掌握的技术、市场有没有什么先机。二级市场大多都是成熟公司，成熟公司必须要赚钱，否则我投它干什么。"

"你说的没错啊，只不过你发现没有，你的这段话里绝大多数都是定性的话，定量的不多，除了利润、规模，好像没别的财务数据了吧。你可别小瞧你的这个第一反应，这就是你的底层思维模式。即便是你通过财务尽调帮你看公司、帮你出报告，你其实也只是关心你真正想关心的那些信息，你不想关心的信息，只要不是太过分的，你也就一笔带过了，对不对，你回忆一下？

所以说财务粉饰……好吧，就是财务造假，第一步，我让你心里想我公司应该有的样子,然后给你来个'梦想成真',是不是你会开心?不仅如此,我还会做到'超出你的所思所想',你是不是就会为我而疯狂?"

"你还真够狠的,搞个财务造假还整出心理学理论框架了。"

"哈哈哈,你以为造假的人都是傻子呀,出门脸上就写着俩字'造假'?这不真成神经病了嘛。再说了,我虽然是公众公司,但也不是扒光了让你一览无遗吧!我只让你看到你能看到的,我不让你看到你想看到的,我更能让你看到的就是你想看到的。所以,我首先会把你想要看到的样子在纸上描绘出来,然后把这个逻辑在公司完整的商业逻辑中打通,让所有显性指标全部都合理。我就问,你有几个脑袋能想明白我的数哪里有问题?"说到这,钱晓东又看了一眼蓝迅霆,不无骄傲地等待着这个审计师来挑战自己。蓝迅霆并没有任何要说话的意思,只是静静地看着钱晓东。

"好了心理医生,这不是我们关心的重点。你是打算绕圈子到明早吗?"高大卫看了一眼钱晓东,又看了一眼蓝迅霆,"别卖关子了,说说,你具体是怎么做到天衣无缝,让我们这些傻子乖乖入瓮的?"

"哪有那么夸张。你去看看,几乎所有的造假都是从收入开始的,盘子越大故事也就越丰富。除非你已经被人盯上了而不得不藏收入,这种状况在上市公司里并不常见,所以,你首先要解决的就是把收入做大的问题。收入做大涉及三个核心问题:客户、供应商、现金。"钱晓东端起面前的酒杯一饮而尽,继续说道:"所谓客户,就是收入来源;所谓供应商,就是供给来源;所谓现金,就是落地来源。这三个来源只要公司具备,基本上你想要多少收入我就能给你多少收入。"

高大卫仿佛找到了什么灵丹妙药一般,眼睛直愣愣地盯着钱晓东,脑子里一遍又一遍地复习着当时刘松让自己收购的那些公司有没有钱晓东说的这些情况。阮思捷则面带微笑一言不发,做出一种似懂非懂又不愿戳穿的样子时不时地慢慢品茶。蓝迅霆依然保持着左胳膊横架在胸前右肘撑在左臂上的样子，右手遮住半张抿着的嘴，眼睛盯着钱晓东仍旧是一言不发。

"这样吧，迅霆，咱们俩也别这么一个炫耀一个玩深沉了，咱俩玩个游戏怎么样？"

"什么游戏？"过了好一会儿，蓝迅霆才回复道。

"彻底扒光了站这。"冷不丁冒出这么一句劲爆的话，三个人都一脸惊愕的表情。钱晓东不禁哈哈大笑起来，"瞧瞧你们一脸猥琐的样子，都想哪去了。我是说，我已经要离开这里了，也离开会计这个行业了，以后就想找个学校去听听课，陶冶一下自己，这些破事不会再碰了。所以今天索性咱们就真的来个对抗赛，我把我的这些手段说出来，你把你的审计手段也拿出来，看看能不能发现我这些坑，如何呀？"

"好呀！"不等蓝迅霆开口，高大卫先兴奋起来了，"太好了，这一晚上聊天绕的我呀，酒没喝醉，让你给我绕晕了。来来来，迅霆，你也别在这绷着了，你俩比试一把，让你们大哥大嫂也开开眼。"说着高大卫冲着自己的太太阮思捷努努嘴，阮思捷也乐了，起来说道，"对呀迅霆，来吧，今晚你们几个好好玩玩，让我也长长见识。"

"咱们可说好了，无论说到什么状况，咱可不带翻脸的啊。"高大卫又补上一句，仿佛是在说，迅霆，你已经站在擂台上了，不由得你想不想参赛了。

"好，晓东，咱们就玩玩。"蓝迅霆终于还是说话了。

"太好了太好了，来来来，"高大卫连忙举起酒杯来招呼大家都端起来，"这才是兄弟嘛，有什么好东西就是要分享出来嘛，干一个。"

"那我先说。'客户、供应商、现金'中头一个就是客户，也就是销售，只有让销售额扩大才有更多的造假空间。扩大销售额的方法可就多了去了，最常用的方法就是虚增销售合同。最近我看到那家僵持了好几年的公司终于退市了，退市前公开发布的那份调查报告，说实话我是有些失望的。为什么呢，本来还想跟这份报告学两招，看看人家都是怎么搞的，这么多年居然都没有被发现。结果你猜是什么，调查报告显示基本上都是合同造假，就是凭空做出一堆销售合同来，甚至有些公司都是特意成立来跟公司签合同的。"

"调查报告就是为了防着你这号人的。"阮思捷乐呵呵地说了这么一句话，让钱晓东也笑了起来。

"防我干什么，在我面前这些都是小儿科。凭空捏造销售合同最简单，效果最明显、隐蔽性也最强，可谓是最佳粉饰起点。"钱晓东看到蓝迅霆想要说话，估计肯定是憋着要反驳自己，于是钱晓东要马上打消蓝迅霆的想法，"迅霆，不急，不急。先等我说完了你再反驳我，我继续说。咱们会计确认收入是按照权责发生制，只要有证据表明权利义务发生转移了，或者是说控制权发生转移了，那么你就可以确认收入，无论有没有资金流都没问题。所以，如果能够找到真实存在的公司，最好是你现有的客户，你去跟它签一份合同，然后做出来一套货物已经交付的手续资料，那么确认收入就没问题了，公司无非就是多交点税。那点税才到哪呀，比起资本市场的股价变动来说根本不值一提。"

"现在很多公司都是 to C 的，都是直接在网上交易，哪还签什么合同呀。"高大卫问道。

"你说到的正好就是第二条渠道，凭空捏造销售记录。你听说过刷单吧，以前一些不法之徒刷单是为了赚取平台给他的补贴，现在刷单就是销售方自己主动刷自己的销售记录，这估计你也听说过。自己刷了销售记录，这不就是增加销售额了吗？我这么跟你说吧，这招已经不仅仅在创业公司里流行了，创业公司为了融资就会买流量，这可不像买广告那样，非正常渠道的买流量就是找一堆僵尸账号给你增加关注量、点击量，甚至是交易量，这已然成了一个职业，有不少人专职干这个。正向的理解就是造势，就跟你在地摊上卖刀具，你吆喝半天也没人理你，要是你找几个托儿围观，然后跟你砍一会儿价,再直接掏钱买你的产品,几个托儿就能把你这场子搞热来吸引人购买,这叫作推广营销。我说的买流量根本就不是这么回事,虽然操作的人一点都没变,手段也没变,表面上看起来的效果也没变,是一种推广手段。但是,这种招数在上市公司里如果频繁使用,就是为了'创造'利润,这个创造可是打引号的创造,有了收入,自然利润就不愁了,对吧。这种在外部买流量的做法还算是有良心的,至少还付出了一些代价。那种在自家系统里直接改交易记录的方法就太赤裸了,连外部数据都不用顾忌。"

"你是说你自己吧。"蓝迅霆突然冒出来一句,搞得气氛骤然紧张起来。

"又来了,不说了咱们是切磋嘛。没错,是我,我就是那个没品的。"钱晓东并没有生气,而是乐呵呵地回答蓝迅霆。只是自己被蓝迅霆这么突然打断了,心里很不爽,不管怎样也要把自己这完整的逻辑说完了才行,憋了这么多年没个人商量,这种孤独感实在太难受了。今天,终于在这个还算安全的环境里,必须要一吐为快。"你先别急行嘛,我给你反驳我的机会,你先等我把话说完。"

蓝迅霆习惯性地拿起自己的手机看了一眼,其实他也不知道自己要看什么,恐怕是自己的确有些让兄弟下不来台,也有些尴尬,不知道做点什么。

"我用什么方法,当然是取决于监管的力度和审计的水平。给我们审计的事务所有两把刷子,但是我很清楚问题不是出在外部,恰恰是在我们内部,如果不是内部出了蹊跷,恐怕你就算是再聪明,也一点招儿都没有。"钱晓东早已意识到给他审计的吴乐跟蓝迅霆是什么关系,而且也知道蓝迅霆更加是整件事情的参与者。只是今天,已经是自由人的钱晓东已然无所谓了,他的杰作更加需要观众。当然,钱晓东还是不留声色地含沙射影了一下蓝迅霆,这句话只有蓝迅霆知道钱晓东是指的他,高大卫和阮思捷并不知情,当然只是认为钱晓东的话是泛指种种。

"我们的方法就简单了,没什么太高的技术含量。事很简单,我就是在我的数据库里增加了一个映射的备份数据库，在这个备份数据库里随机添加了交易记录，以及随机将一定区间的交易记录做了不超过一定比例的增长。这些被改动的交易记录，选取的不是金额最大区间的，那样显得太突兀；也不是金额最小区间的，这样做没什么效果。我只找那种金额和交易数量都在中间区间的，增加以后也不会超过金额在最大区间的那些交易记录。所以，外部人员很难通过常规手段看到任何异常。这个操作必须是我自己亲自做，交给任何人都不靠谱。"

"你居然还懂编程？你在哪学的？"高人卫瞪大了眼睛看着钱晓东。

"不用懂编程，我只是学了一点对数据库操作的脚本。其实这种操作并不难，难是难在选择对象和反复测试，以及相关周边数据的匹配性上。系统里的数据也必须要有来源支撑，第三方交易平台没法给这种数据支持，我能改我的数据却改不了第三方交易平台的数据。"

"所以你们就把数据从第三方系统里导出，在 Excel 状态下直接改成你想要的样子，然后给审计。"蓝迅霆脱口而出。

"答对了。第三方给我们开放的 api 接口，我们的数据是系统对系统的，都是在后台里的数据传输，只要不打开前端界面来查看，谁也不会有这个数据的原始状态的。前端界面其实也是我们公司自己开发的，具体在后端是读取了第三方的数据还是读取了我的数据，还是读取了我的备份数据库，谁知道？以审计的能力，他们也只不过就是懂些从分录到凭证、从凭证到明细账、从明细账到总账、从总账到报表的知识而已，岂不知会计只不过是一个有特殊归集规则的大数据处理而已，核心越来越不是从分录到报表的逻辑，而是最基础、最底层的数据源。"

"那些大的会计师事务所不是有 IT 审计吗？"蓝迅霆问道。

"他们的 IT 审计大多数都是关注 IT 建设本身的有效性，什么机房有没有垫高呀，数据有没有灾难备份呀，密码有没有定期换呀，这些都是承载数据的基础，他们反而不怎么关注数据本身。的确他们给我们做过IT审计，也做过穿行测试，我们自己也定期做这种穿行测试，以确保我们自己的数据内部传输准确无误。当然了，这是我们自己的系统，从哪个中间数据库传输还不都是我们自己说的算。"

"你们这招儿可真够损的，我看以后审计必须要懂系统，否则被你们这帮人给欺负死了。"蓝迅霆有些愤慨。但其实他更多的是无奈，信息系统方面自己也没有什么经验，如果自己遇到钱晓东这样的审计客户，恐怕也没有什么有效的方法能从茫茫海量数据中发现漏洞。

"怎么样，大合伙人，你就说我这神操作你有什么办法吧？"钱晓东越发觉得这酒的味道太沁入人心，美酒之下一吐为快，好在这个从来都没有瞧得起自己的家伙面前狠狠地炫耀一次。

"说了半天，你不还是被人家事务所给揪出来了嘛。"蓝迅霆客观上还是很佩服钱晓东这大脑袋，竟然把造假这事想得这么深邃，自己当然不能在这个"小人"面前流露出任何示弱的表情。

"所以我说嘛，这事儿是因为我们内部出了内奸，否则，你们审计就那么点时间，都不够查我一件事的，你怎么破？无解的。除非你们都变成数据高手，懂财务会计逻辑和审计逻辑的数据高手。哎，说到这，咱们学会计的这帮人太不思进取了，成天就知道考这证考那证的，考来考去把会计这个专业都给考成奴才了，变成除了考试没有任何进取心的蠢才了。"

"你这一棍子打的，把咱们一班人都给打死了，你真是作死的节奏。"高大卫开玩笑道。

"他还没说完呢，这才是刚开始。"蓝迅霆知道钱晓东讲的这些仅仅是冰山一角，他的一大套逻辑怎么可能就这么简单地就说完了。

"你看看，知我者迅霆也。哈哈哈，大幕这才刚刚拉开。其实对利润有贡献的不是收入，而是毛利。毛利是什么？是你主业真正赚到的钱，对吧。

否则就算你的收入增加 3 亿元，成本也增加了 3 亿元，有什么意义？这不瞎折腾嘛。但是也不能一点都不管成本，否则凭空出来的收入没有成本，有点脑子的审计一眼就能看出来，成本还是要和收入匹配的。只是，匹配的时候适当增加一些毛利空间，也就是对应的成本适当减少一些，把毛利空间留出来，这样，增加的所有毛利除了税以外全部都会变成净利润，这多爽。

可是，成本的来源又是个大问题，这些不存在的货从哪来呀？所以虚增收入的代价就是一定要虚增成本，要做到大收入小成本，就需要跟供应商再签些合同，走走单据。供应商也不是随便找来的，大供应商一般不太敢碰，有些供应商比我们还牛，正气凛然的样子，咱们也不去招惹。所以你的主要物资供应商里一定要预留二三流的，而不能只留最好的。这些二三流的供应商就好说话多了。与其让他们把钱花在贿赂采购员的身上，不如让他们把钱花在给我倒腾合同的税钱上，这不两全其美吗？我把有倾向的供应商一个个全都翻开底牌地彻底沟通了一轮，不上道的就点到为止，慢慢减少采购量。而且，我还顺便把我的采购员全部清理了一遍，那些太贪的一个都不留，全部都分配到销售部门去。哈哈哈，你猜怎么着？这帮家伙做 to B 的销售简直比销售出身的人员强百倍呀。因为他们太了解采购心理了，哈哈哈。"钱晓东太有成就感了，仿佛自己能够掌控公司管理所有的暗逻辑，把供应商和手下玩弄于股掌之间。"这样我的这些二三流供应商会一跃成为我的'优质'供应商，交易量骤增，当然，这里面也包括了我想要的那部分合同。这部分我从来不会讲账期，什么时候办妥手续立马付钱，绝不耽误一分钟，咱们不能伤了这些对公司有价值的供应商的心呀。"

"你把钱给他们，怎么还给你呢？"高大卫马上发现了这里的逻辑不连贯。

"不就是小金库先从外围转一圈给客户，再让客户正常付款给公司，公司再把这些钱给供应商，供应商再从其他渠道转几圈还给公司。"蓝迅霆不屑地说。

"公司没必要留小金库，都是老板的钱，还用得着小金库吗？整个逻辑里，只要有现金就能走通所有的业务，其实说白了，不管这钱在公司内外，不都是老板的钱嘛。开始他们还不给我钱，我就直截了当地说你给我钱我才给你办事，想办多大办多大。你不给我钱，就另请高明去吧。这帮人想赚钱还一毛不拔，当我是神仙呀。"

"所以你老板就给你一笔体外循环的周转资金，让你一圈一圈地洗？"高大卫追问道。

"资金这么转几圈自然就把合同、订单、进出库单、应收应付、收钱付钱所有的逻辑都打通了。话说回来，就算是审计有什么怀疑，只要让他们看到有现金交易，只要让他们看到交税了，呵呵，他们基本上也就都接受了。"

"你这些交易付钱这么及时，难道审计就没有怀疑吗？"蓝迅霆问道。

"他们也得能发现得了呀。这么多交易记录，怎么能一笔一笔地对应我付钱给供应商是付的哪一笔采购呢？再者说了，这个行业我是专家，我知道哪些货稀缺，必须用现金采购。你审计就不一定知道了，到时候还不是我说什么就是什么。即便是被你发现了我这些钱付款很及时，我只要解释说这些货都是稀缺的，我们自己很难买得到，只是让这些供应商代为采购。或者说这些供应商对不同的货品采用不同的付款条款，这些稀缺的货就是要付现金，行业里都是这样。行业里也的确有这样的稀缺物资需要付现金，你去打听去吧，错不了的。我的客户给我钱那么及时，当然也可以用相同的说辞了，这还提高了我的应收账款周转率，是我业绩增强的表现，谁会怀疑？"

"你们这些败类，你让我们这些门外汉还怎么活？这不全都是坑呀。"高大卫乐呵呵地骂道。其实他心里是真的想骂，我就是这样被你们这帮无耻之徒给绕进去的，那些股民的钱也都是这样被你们给骗走的。但高大卫表面上当然还要做出自己其实是能够接受这样的现状的样子，好像老江湖一样无所谓。"照你这么说，上市公司都是这么造假的不成？"

"那不疯了呀，要是都造假，这资本市场还有的玩呀？别人造不造假我不知道，我也没兴趣。我猜像我这样的败类不少，有我这水平的恐怕不多。"钱晓东还是不失时机地自夸了一下，"我是有胆有能有环境。有些人有胆无能，干两下就被查出来了，这种人造假简单粗暴，以为人家审计都是傻子，这不自己作死吗？也有些人有能无胆。"钱晓东瞄了一眼蓝迅霆，继续说道，"有些人有胆有能没有坏境，要么就是公司太赚钱了，哪里还需要造假？要么就是老板懂事不惹事，是怎样就怎样，那也没有造假的需求不是？这造假环境呀，多半都是自己把牛吹上天下不来了，要么就是自己内部管理做得实在太丢人了，不忍心让外人知道公众眼里的商业奇才、创业明星原来是管理蠢蛋，所以就化化妆喽。"

一直坐着不说话的阮思捷就这么静静地听着，像是在内心里在按着钱晓东描述的样子画着所有的路径，意识里形成了一个巨大的造假链条。她一边想着一边看了一眼高大卫，自己老公那个样子，真不像是这几个人的老大，除了年龄大点，真是一点老大的沉稳度都没有，被钱晓东这一通忽悠就乱了自己的阵脚了。但是比起钱晓东别人永远都不知道他在想什么、能干出什么，高大卫的确是简单多了，能陪伴一生的，还是高大卫这样的人更靠谱。此时的高大卫也同样若有所思，他脑子里同样在构建着这个造假链条逻辑，只是心里多了一丝恨恶。尽管钱晓东的前公司跟自己没有任何瓜葛，自己也没有买过他们公司的股票，但高大卫怕了被人欺骗，也讨厌故意愚弄别人的人。

03

"迅霆，来来，挑战这小子，我不管你怎么想啊，我是气够呛，这家伙太贼。你来，看你有没有招儿对付他。"高大卫恨不得让迅霆给钱晓东一个下马威。

"你别急，晓东还没说完呢。"蓝迅霆不慌不忙地说。

"完了，没了，这些还不够呀。"钱晓东乐呵呵地说道。

"你上年不是还把一个固定资产做了重分类了吗？"蓝迅霆问道。

"呦呵，我发现你真够贼的呀，这你都看到了，厉害厉害。但这又怎样呢？我没什么毛病呀。"

"当然，对你当年的业务是没有任何影响，只不过就是将固定资产转换到了投资性房地产，你公告说这栋楼不打算自用了，打算对外出租。你们那栋楼真的租出去了吗？"蓝迅霆问道。

"是打算出租，当然现在还没全都租完。"

"我猜你现在往外租的也不是真的租客吧。"

"哈哈，你怎么知道的，说了出租就是出租呀，这还有假吗？"

"我再猜，你这是给你明年或者以后年度的亏损预留出来一个增加收入的利润空间吧。"

"厉害呀，这都被你看出来了呀。"钱晓东毫不掩饰自己的兴奋，仿佛终于遇到了知己一般。"迅霆你行呀，在我这公司上你可没少下功夫吧，你把我们这年报公告什么的都吃透了。"

蓝迅霆见钱晓东不再避讳，自己也呵呵一笑："晓东，你这是给你前主子留下了一根未来解燃眉之急的救命稻草吧。从你的主仆忠诚度上来说，你还真够意思。还是你说吧，我说出来就没意思了。"

"迅霆呀迅霆，你行，我服了。好，我来说，没想到能被你给看穿了。没错，这是我给公司留下的合理合法合规合矩的救命稻草。依我的判断，这公司未来亏损的可能性很大，当然我是走了，以后亏不亏跟我也没有半毛钱关系，按理说我根本不需要管它以后会怎样。不过，话说回来，我的老板对我还真的是够义气，我只希望能给他多留一些机会，没准还能有重新翻身的可能性。"

"你俩等等，这都说什么呢？我没明白。"高大卫早就等不及了，不知道他俩卖什么关子。"看你那一脸猥琐的奴才相吧，赶紧说正题，到底是怎么回事？"

"你个乌鸦嘴，骂人还那么理直气壮。"钱晓东根本不在意兄弟间的胡说八道，平时这几个人也是互损，此刻钱晓东醉心的是对自己的杰作不吐不快。"我问你，你做投资肯定要了解公司的资产状况吧，公司有什么资产减少，多半都会影响利润的，也就是说，我现在有的资产一旦决定卖出了，基本上就会增减利润。这增减利润的学问可就大了，我那楼如果直接卖，无论我赚了多少钱都是在营业外收入里核算，而且是净额呈现，没有收入成本的列示。这你还记得吧，不会连这点知识也都还给老师了吧？"

"我知道，这也不是老师教我才记住的，谁还记得这么细碎的知识，这都是我投资时研究公司的时候看到的，没错，是营业外收入。"

"那么你肯定知道，如果一家公司的主业，也就是毛利亏损，但用营业外收入赚了一大笔钱，看报告的人会怎么想？"

"不务正业。"

"对，没错，就是不务正业。我公司的那栋楼如果按固定资产卖掉，就是取得营业外收入，如果这样扭亏为盈，就是不务正业。但如果是在投资性房地产，就不同了。"

"有什么不同？"

"投资性房地产就成为我的营业项目了呀，你没察觉变化吗？以前咱们上学那会儿的损益表是不是还有个主营业务收入和主营业务成本，以及其他业务收入和其他业务成本的列示？现在把这俩收入合并在一起叫作营业收入，俩成本合并在一起叫营业成本，对吧？那么就是说，现在的营业收入里，既包括主营业务收入也包括非主营的其他业务收入。而投资性房地产既然已经成了我的一项对外经营的资产了，所产生的收入是不是就变成了我的其他业务收入？"

"哦，如果你卖掉了投资性房地产，也就表示我在利润表里看不到营业外收入变化，而是看到营业收入和营业成本的增加，进而我会认为这是公司主业的市场扩大、毛利提高，对吗？"

"行呀，还没全忘。尽管我卖楼这件事没法复现，不能跟我的主业似的可以不断地重复，我又不能家里一堆楼一年卖一栋，就这么一栋，最多能解决三年的问题，以后我也就真管不了了。"

"为什么是三年？"高大卫不解地脱口而出。

"你想，公司第一年亏损是不是没事？第二年亏损股票前才显示ST，我就把第二年的亏损解决，是不是第三年又可以亏损一年了？你可以去看看那些边缘公司，是不是有不少都是盈利一年亏损一年，盈利是小盈利，亏损是大亏损，这样每年都不会被ST？"

"这也太明显了吧，你就能保证股民看不出来？"

"当然不能保证。而且我这楼在账面重分类，我将来卖楼、卖给谁我都会公告，一丁点也不会隐瞒。可是，真正像迅霆那样看年报的人能有几个？恐怕我两个手也能数得过来，谁会真的在意？"

"哎，晓东，你这么搞让我们这些没有财务基础的人可怎么活呀。"高大

第 4 章　炫技
造假魔高一尺，审计道高一丈

卫转头看了一眼蓝迅霆，"你们审计就应该把这些贼人全部都揪出来，否则你们就要把我们的损失全部承担了。"

"哈哈哈哈……"钱晓东大笑起来，"也的确有这样的，公司出事让事务所背锅，该不该背我先不说，如果这样的话，岂不是这世界上就没有风险投资了吗？只要有风险，后面就有会计师背锅，那以后谁还敢再给你审计了呀。"

"晓东还真是说了句公道话。"蓝迅霆并不觉得钱晓东是站在自己的角度上帮审计说话，反而是因为他了解钱晓东这样的专业人士应当有自己的判断标准。所以尽管嘴上这么说，但其实蓝迅霆不可能接受让事务所背锅的这种说法，"这就好比说，警察在路口设卡来追踪杀人犯，结果还是被罪犯给逃脱了。受害人的家属一想，得了，设卡的警察没抓到杀人犯，就把警察抓起来抵命吧。这不太荒唐了吗？尽管我不是说事务所就是警察角色，人家警察还能有执法权呢，我们事务所有什么？我除了能有点专业能力，还能有什么呢？你也不能把问题都往我们头上扣呀。

不过，其实你也不必那么多虑，像晓东这样的聪明流氓毕竟还是少数。你看到的只是爆雷的那么几个案例，你没看到的是大量造假早在公告之前就已经被审计师给识破了，已经改成正确的了。也正是因为有了这样的机制，资本市场才能够有'信任'二字，不是吗？

咱们今天聊的已经很深入了，不妨我就跳过晓东的那点事儿，给你讲讲造假的脉络究竟是怎样的，你以后也能有洞察能力，我也顺便告诉你这些造假都会留下什么破绽，在哪个渠道能够发现。"

"太好了迅霆，我正是需要这个。晓东，你去让服务员加一盘油炸花生米和一盘拍黄瓜，咱们就着小酒好好把这事儿聊开了。"

"哈哈哈，好好好，我去加菜，我也顺便听听迅霆的高招，也跟着学学。"

"你打住吧，迅霆说完，你再把迅霆的招给破了，你的道行再提升一个段位？不行不行。要不然你先去隔壁回避回避？等我们聊完了你再回来买单就行。"

"大卫，其实没事的，"蓝迅霆听到大卫这么调侃，也乐了，"既然是造假，那么百分之百会留下痕迹，这些痕迹是抹不掉的，他再怎么学也都是秃子头上的虱子——明摆着的，他最多就是再给自己挖更多的坑来填补前面这个坑，可是后面的坑如果不找更多的坑来填补，也很容易被发现。而且你想，我为什么说像晓东这样的聪明流氓少，是因为想把这么一系列造假脉络做出来，这得需要多大的掌控力呀！这可不是所谓在公司里的权威不权威，而是对公司各个环节的细枝末节了如指掌，不仅了解公司的业务还要了解公司的历史发展，不仅要了解每个部门的负责人的品行，还要知道每个关键岗位的人能不能察觉或者说能不能配合他的工作。这种事情知道的人越少越好，越多就有越大风险，这就意味着几乎不可能实现全面造假。除了财务人员多少有些风险意识，其他部门只要多少知道一点，其实也包括财务基层人员在内，只要是知道了一点造假的事，都会把这些当作谈资在公司内部聊天，甚至跟家人聊、跟朋友喝酒聊，早晚会被暴露出来的。你问问晓东，他敢吗？除非……"

"除非什么？"高大卫问道，钱晓东也瞪大了眼睛盯着蓝迅霆。

"这就真不能让晓东听了，哈哈哈哈。"蓝迅霆也玩起了吊胃口的小手段。蓝迅霆进饭店时脑子还在想着白天的事情，防着钱晓东跟自己找茬，毕竟当初他们公司垮下来跟自己不无关系，钱晓东不会不知道。现在三人喝了接近两瓶高度白酒后，状态已经全部都放开了，此刻的蓝迅霆也有一种冲动想要把自己的洞见拿出来跟老同学炫耀一番。酒精这东西，真是神奇的存在，能在不知不觉中改变一个人的状态。

"服务员，服务员！"蓝迅霆对着门外喊道。

第 4 章 炫技
造假魔高一尺，审计道高一丈

"不用不用，我去找服务员。"钱晓东赶忙起身。

"不是，我是问服务员要个笔纸。"

"这有，我包里有笔记本，我给你撕几张不就得了。"高大卫让阮思捷帮自己把公文包拿过来，接过公文包，高大卫掏出一个大笔记本，从空白位置撕下两张纸，又把笔记本里插的一只三色签字笔一起递给了蓝迅霆。

"我用这张纸简单画一画，把脉络先给你梳理梳理。"蓝迅霆接过笔纸快速地画了三个并排的结构。"我画的这个你们一看就知道吧，这就是财务的三大报表的结构，咱们就在这个框架下说。你们想一个问题，企业为什么要造假？"

"为了赚钱呗。"高大卫不假思索地说。

"对，谁赚谁的钱？"

"上市公司赚我们这些韭菜的钱呗，那还用问。"

"你先别那么着急。你的股票都已经上市了，你的公司也不持有自己的流通股，那么股票涨跌都跟你没什么关系了，你还怎么赚钱？"蓝迅霆说完后，高大卫也觉得自己有些莽撞了。

"是股东？"

"没错。你可以先把目标放在大股东与股民的博弈上。咱们就这么说吧，股价是怎么来的，是不是估值模型最常用的未来现金流量现值？那么未来现金流量现值最关键的指标是什么？"

"每年的现金流和折现率。"高大卫抢答道，"这是我们投资的时候常用的模型。"

"那么自由现金流的计算逻辑又是什么？"蓝迅霆进一步追问道。

"我们算自由现金流也没有那么标准，一般都是用净利润加上不影响利润的经营现金流和去掉不影响现金的那些折旧摊销之类的，再把当年购买的那些长期生产物资所花掉的钱扣除，就是自由现金流了。"

"没错，描述很准确。所以这个自由现金流的起点就变成了净利润，也就是说，净利润变成了你估值的重要驱动因素。"

"对。"

"咱们再从另外一个脉络说，股民们判断股价高低通常最关注的一个指标是什么？"

"市盈率？"

"是的，市盈率。市盈率就是股价跟净利润的比值，相当于在市值跟净利润之间搭起了一座联动桥梁，如果简单粗暴地理解，在市盈率不变的情况下，净利润越高，是不是股价就会越高？进而得到一个结论，只要这家公司的净利润增加了，那么股价也会跟着联动涨起来？"

"影响股价的因素多了去了，要是这么简单的逻辑，哪还可能有那么多韭菜被割呀。"高大卫听到这有些泄气，这算什么呀，这是所有常识里最有可能影响股价却又在现实中最没有影响到股价波动的因素。

"当然，现在咱们看到的股市价格波动，好像已经完全和净利润没多少关系。但你看的是短期，甚至是超短期的价格变动。长期看股价跟净利润之间还是有关系的。再者说了，上市公司都被认为是比较成熟的公司，成熟公司就应该赚钱，如果上市公司不赚钱甚至长年持续赔钱，抛开被人恶意炒作之外，是不是股价也不会高到哪去呀？所以想要让公司看起来是正常的、优秀的，那么首要一点就是要把利润做大。如果不是市场业务管理能力导致的高利润的话，就要造假了，所以造假的第一点就是虚增利润。"

蓝迅霆在净利润的位置上用红色的笔画了一个大圆圈。

"但是，咱们都知道，净利润并不是一个记账项目，而是计算的结果。或者换句话说，想要让净利润提高，你死盯着净利润本身是没作用的，你要让收入提高、成本降低、费用降低，你的净利润自然就提高了。造假也是一样，想要让净利润提高，你要做的就是：虚增收入、虚减成本、虚减费用，当然那些在利润表里的每一个项目都是会影响净利润的、可以操作的点，例如不要太高的减值准备、不要太高的投资损失。比方说，你的应收账款减值准备主要用账龄分析法的话，年限越长你的减值就越多，可是如果把逾期应收款替换成近期的，也就是你用资金把这个时间缩短了，你的坏账准备是不是就减少了？对你的利润影响就没那么大了。再说投资收益，很多公司对外投资了不少'重大影响'的公司，你要是控股就合并报表了，所以合并报表里不会有控股公司的投资收益。你知道的，投资方持有被投资单位20%到50%之间的表决权叫作'重大影响'。这类被投企业的报表无论亏赚，都会直接算到投资收益里。而你想想，如果你的被投企业不是上市公司，他们的审计通常都没那么较真。是不是也可以把你投的亏损公司伪装一下，甚至都不让事务所出审计报告就直接把报表拿过来用？那么你的投资亏损也会被弱化，甚至有些会计师事务所可能会忽略这些小细节，那么这些对净利润的干扰因素就又少了一些。当然这只不过就是一些小细节，重头戏还是在收入成本上。"

蓝迅霆又在纸上画了几组圆圈，第一组是大圆套小圆，第二组是大圆小圆分离，第三组是大圆和小圆交叉。

"我把这类造假做了分类，从造假渠道上分，主要有三大渠道：表内造假、表外造假、内外结合。从操作手法上分，又分为两种：个别操作和嵌入业务。当然我这个分类也不是绝对的，只是便于我自己摸透门路而做的分类。这三类情况都可以是个别操作和嵌入业务，先说个别操作，造假第一步多半是对收入造假，因为如果没有更大的收入规模，想要造假就只能减少成本、费用，但这个操作空间很小。所以你以后要投资哪家公司，第一步就是先去看它的收入是不是真实，这一步至关重要。"

"我怎么能看出来收入是真实的呢？"高大卫问道。

"这就开始正式进入造假逻辑了。咱们先不说假账什么样，就说真账会是什么样。比如你是一家做工程的公司，你的收入是不是首先要有合同，签合同之前是不是先会中标？中标之前是不是先有投标？投标之前是不是先有客户的需求？如果这家客户根本就不需要这项服务，那么你的收入就很值得怀疑。想要把整个链条都造出来可不是那么容易的，你要先让你的客户去公告招标，而且必须是在当时那个时点。既然是招标还要有陪标的，你想想整个动静可就大了，过程中难免会有疏漏的地方。"

"有些项目是不需要招标的，或者有些非国企也没有那么多监管流程，想买谁的都行，那怎么看？"高大卫追问道。

"当然有很多不招标的。咱们可以回到收入的场景中，你的客户真的需要吗？它不买你的服务还有其他解决方案吗？凭什么不招标就直接买你的？这个世界上只有你一家公司生产？你的质量天下第一？或者你的成本天下最低？恐怕难吧，如果你真有这样的能力，还用造假？"

"那我要是普通股民的话，怎么可能看到这些信息呀？"高大卫问道。

"普通股民当然是没这个可能性了，其实就算是直接把这些信息摆在股民面前，他们也不一定对这个行业的交易特性有感觉，还不是企业说是怎样就怎样。这是审计需要重点关注的，恐怕晓东也知道，事务所对上市公司审计的时候重点关注的一定是收入。如果收入上没有发现问题的话，那么基本上判断这家公司靠谱的概率就会更大一些。因为收入是创造利润的第一步，而且是创造利润的最佳源头。同样，如果是非上市公司，则会做更多的隐藏收入假设，隐藏了收入，就隐藏了利润，最终实现所得税减少。所以造假的目的首先要判断清楚，后面我的假设就都是上市公司，所以就不说为了省税的造假，省税那种你就把我后面说的反着考虑就行。

说回收入，这的确需要分行业看业务实质，工程是工程业务的手法，零售是零售业务的手段，服务是服务业务的特点，全都不一样的。刚刚晓东说的那个案例我也看了，我也是有些失望。直接赤裸裸地伪造销售合同，每年都伪造几个亿，的确没什么技术含量。"

"你以为证监会公告出来的案例是来教你造假的呀，再让你的水平提高一个层次进行更高超的造假？"阮思捷冷不丁说出一句话，让仨人都愣了一下。这一晚上都不怎么说话，说到这家公司却触动了阮思捷，"这家公司我接触过几次，他们虽然手段没什么高明之处，但也不像你理解的那么没层次，还是用了很多的隐藏手段。"

"老婆你厉害呀，我怎么不知道你还有这能耐，你也懂财务造假？"

"我哪懂那些，我顶多就是看看案例瞎聊而已。是不是把迅霆给打断了，抱歉，你继续。"

"思捷，没想到你跟他们还有联系，那他们是怎么把审计给骗过去的呢？这多么年呀，每年都造假，我不太敢相信审计竟然没有察觉。"蓝迅霆有些惊讶地看着阮思捷，问出了自己不愿问出的这句话。毕竟自己也是会计师事务所合伙人，同行的水平不管高低他内心深处还是有对这个行业维护的心理。

"审计当然不会一点都没有察觉的，我听说审计当时也质疑过，只不过人家财务的故事讲得好，资料准备得充分吧。具体我哪里知道。"阮思捷轻描淡写地说。

"你看，只要是造假者花大力气把整个逻辑给搞通了，想要以常规的审计手段发现造假几乎是不可能的。"蓝迅霆说道。

"你这好家伙，说了半天我是听出来了，你就是想表达你审不出来不是我军无能，是敌军太贼，你这不是给你的审计找借口嘛。"高大卫说道。

"呵呵，你说找借口也好，你说审计师无能也罢，总之审计师是按照审计准则来办事的。再跟你说一次，审计不是警察，更加不是检察官，审计是一项鉴证服务，是服务，不是督查。我们能采取的只能是常规手段，可是造假的公司有几个是采取常规手段的？有几个？"蓝迅霆说着也有些急了。

"好了迅霆，大卫不是那个意思。你知道他在这上面吃了大亏，咱们不都说好了吗，谁都不许急。"阮思捷赶紧出来解围，酒桌上有一位女士就是会好很多，有些话男士不方便说的，女士只要一开口就很管用。果然蓝迅霆立马不再大声，恢复了平静。

"好吧，我还是继续说完，尽管我们没有超常的审计手段，但我们毕竟还是有手段的，绝大多数造假都逃不过我们的审计。说白了，审计手段也都是工作了多年累积总结出来的经验，是有能量的。收入需要看业务实质，"说着蓝迅霆在他那第一张纸上的收入位置画了一个红色的圈。"所以我们审计的时候会首先了解你的业务到底是什么，看你以往签订的合同再加上通过跟公司各个部门关键岗位沟通来把业务实质贯穿起来，在这个基础上再去实施那些审计手段就会有的放矢了。"

"我不知道你看的是哪家公司的案例，照你这么说，你要是这家公司的审计师，你能怎样查出来他们造假？"高大卫追问道。

"我不确定，我试着跟你说说看。这家公司业态很多，有 to B，有 to C。to B 看合同链，to C 看交易记录。先说 to B 的，签过的合同我肯定是要全部捋一遍的，别看合同文本多，销售合同大多都是销售方拟写的，能改的条款不太多，除非对方是大公司，否则基本合同样本就会固定下来。如果在合同上造假的话，通常都会用自己的合同文本，这种合同量大，隐蔽性强。我同时还会关注客户的名称，以前有造假的公司会找虚拟公司（根本就不存在的公司）签约，现在人们没那么笨了，都找那些真实存在的公司。但这些公司也有特点，以前跟公司有过交易吗？如果有，以前买过什么？这家公司在市面上是个怎样的存在？除了从你家采购还从其他家采购吗？"

"这你怎么能知道，如果对方不是公众公司，你从哪查呢？"高大卫继续追问。

"如果对方真的是特别不起眼的公司，那么我就很有理由怀疑对方采购的真实目的,没准我会要求公司带我去对方公司当面问询,特别是在采购金额很大的情况下。"蓝迅霆说道。

"你这不靠谱的,如果我是这家公司的CFO,我就把所有资料都摆在你面前让你查,除非你查出漏洞,否则我没义务带你去我客户那骚扰人家。"孙晓东不自觉地开始进入了角色,成了蓝迅霆的被审计单位。

"你说的没错,你可以不理睬我,但你捆不住我的脚呀,你不带我去我就自己去。"

"你的审计人员有多少时间供你这么折腾?你要是对你审计的200多家公司都怀疑,你挨家去一次第二年审计都开始了吧。"

"呵呵,我又不傻,我不会每家都去。但对于金额大又有怀疑的,就一定要去看。本地的我就亲自去,外地的就找我们当地的分所或者合作伙伴帮我跑一趟。总之如果我认定这是一个高危合同的话,我是不会轻易放过的。而且如果真的去了,想要查清楚也不难,咱们也就只问一些常规问题,拿着这份双方合同到对方处核对一下,询问一下对方公司的生产进度。看看对方的出库单手续、物流运输手续、发票手续、收款手续等,对方就算不给我提供,就单聊一下,这些信息也能知道个七七八八了。"

"你这可是要得罪客户的,你以为你的审计费是谁给的呀。"孙晓东不屑地说道。

"我当然知道。可是如果真的有风险了,恐怕连事务所以后还能不能继续营业都要受到影响,你说我还要不要较这个劲?"蓝迅霆不依不饶地说。"我对这类合同通常都是亲自去查,我也会教给我的属下们,什么样的合同必须要提交给我。交易额特别大的,交易次数特别多的和特别少但金额特别大的,交易合同特别多的,这类都要给我列表,把合同原件都给我,我来判断。其实这里还是有些小技巧的,通常财务自己是有办法分辨哪些是假合同哪些是真合同。还有就是销售部的文员,别小瞧这些最最基础的岗位,他们掌握的信息往往是最真实的。如果他们不知道这个合同，或者知道这个合同但对于如何交付印象不怎么深的，你想吧，他们天天就在这些合同里'滚着'，这些客户都是他们每天嘴上念叨的，他们会不清楚吗？门儿清，让审计人员跟他们一起吃几次饭就都了解了。"

"你这算是侦探手段了吧，不，是心理战术吧。"阮思捷笑着说道。

"这还是常规手段，我总不能就这么跟个傻子似的让他们在这耍我吧，我也会对公司的情况做些了解。所以，如果团队中有新毕业的审计小朋友，通常我是不会让他们审收入的，他们连公司是怎么运转的都不懂，何来审计？我一般会让带队的负责人亲自审收入，这些人经验丰富，我也会将我的这些招式不遗余力地教给他们，至少到目前为止，我还没看走过眼。"

"to C 的呢，都没签合同，甚至都是些现金交易的，你怎么办？"

"这的确是问题，不过现在还好，你出门带现金吗？不都是用微信、支付宝吗？只要有第三方交易记录，我就能拿到这个数据做匹配测试。"蓝迅霆看了一眼钱晓东，晓东以前的公司就有不少是 to C 的客户交易，钱晓东恐怕也知道蓝迅霆会说什么，所以钱晓东也就保持了沉默。蓝迅霆继续说道："这些交易记录是海量的，必须要做数据匹配的测试，恐怕用一般的 Excel 会比较难判断，我们事务所里明年准备专门招一批做数据处理的人，这些人对审计不一定精通，但只要知道我想要什么，他们的效率可比我的那些审计强多了，这类交易数据量再大也不怕，只要确保数据是真的从数据库里直接出来的，数据库没错、路径没错、下载的数据没错，我们做测试的时候就心中有底。我们以前审计的时候，会特地从别的公司临时请来懂数据库的小伙伴配合审计，就是现场盯着客户的 IT 人员一步一步操作下载数据，每个环节都不能眨眼，才能确保中间环节不会被动手脚。在这方面我们吃过亏的，以前审过一个客户，给我们导出来的数据就是他们备份出来的经过修改的第三方数据，差一点被他们蒙混过关。"

第 4 章 炫技

造假魔高一尺，审计道高一丈

"这我有兴趣了，你们又是怎么知道数据有问题的呢？"高大卫问道。

"那次也好险，也幸亏是对方做得实在太扎眼了，零售数据里给我来一大堆几十万元一笔的交易，零售呀，在线的零售，他们也不想想自己又不是卖奢侈品的，这客户都犯傻了吗？锅碗瓢盆一次买几十万元？傻子都知道是假的。还有，他们做的毛利对照表，就生生地把几笔大额交易的成本给删除了，这一下子，这一笔交易记录的毛利就是百分之百。怎么，当我们都是空气呀？这还不一眼就看出来了。别看几百万条记录肉眼根本不可能——检查，我只要做一个毛利率测试，然后把超出额定范围的全部都筛选出来，一眼就能看得到。"

"你这是撞大运了吧，哪有这么傻的造假呀。"高大卫笑道。

"你也别把那些财务造假的人都想的神乎其神的，绝大多数都是自己扛不住了才造假，既然是扛不住了，又怎么可能把造假做得那么完美？你放心，绝大多数造假都是搞得千疮百孔的，你只要保持清醒，回到业务实质，冷静思索，找出审查点和异常范围多做一点测试，基本上都能查得出来。我们查出来的就直接要求客户改回真实的数据了，公众看到的就是对的报表。"

"你这都是已经发现的，你就能保证一点都不会漏掉吗？"钱晓东挑战道。

"当然不能保证。不过我们会把每个业务、每个科目都按重要性原则反复推敲验证其真实性和合理性，来确保数据整体上是相对公允的，我们也不能确保数据就一点都不会错。但整体上不影响报表使用者的判断就可以了。"蓝迅霆从容应对。"说了收入其实还远远不够。刚刚晓东也说了，还需要现金，没有现金就没法真把造假做的没有漏洞。要知道，收入有了，咱们借贷记账法的另外一边是什么？应收账款对吧，如果应收账款长期这么挂着，或者突然增加了大额的应收账款，审计能不怀疑吗？造假最难的就是用现金坐实，如果这一步也跟晓东那样坐实了，要发现还真的是有些难度了。"

钱晓东的脸上划过一丝既尴尬又得意的神色，这细微的表情也没有逃过蓝迅霆的眼睛，"我说句客观的话，能把造假研究得这么透，而且能把实操做得如此天衣无缝的，晓东绝对是高手。好在我的客户里还没有遇到过这样的狠角色，否则我也保不齐被蒙蔽。"蓝迅霆这么说钱晓东，是从操作手法上的确很佩服晓东的手法和掌控力。当然，蓝迅霆可不是单单只为了夸钱晓东，"但是，凡是造假就必定会留下痕迹，无论你的手法有多高明，只要审计师有企业管理经验，再加上自己不是太笨，都能找到线索。说到现金，你的确是把账面做得很干净、很好看，而且在审计师面前，无论对方如何质疑，你只要说，我的现金都已经落袋为安了，你还能不认我的收入？这不合情理呀。审计师就没办法了，或者说没什么经验的审计师就只能认了。这一认，恐怕后面一系列的东西就都迷失了。

要知道，收入对应的报表项目是应收账款、预收账款以及应交税费，这几个科目是联动变化的。确认收入实际没收钱的就是在应收账款，收了钱就是减少应收账款、增加现金，现金流量表里的'销售商品提供劳务收到的现金'就会增加，因为利润表和现金流量表都是时期数，都是同一个时间段里的业务交易数字，所以这两个数字是可以匹配测试的。其实这一点，哪怕是只看财务报表的股民，也是能有一些判断线索的。"

"这个我也很感兴趣，我并不是每个项目都请会计师事务所给审计的，有一些业务简单的我也是自己看看就投了。你说说看，怎么判断？"高大卫问道。

"如果公司业务正常，通常两三个月就能把客户的钱收回来，除非你跟那些大制造企业交易，或者那些付钱不及时的大客户交易。你就要先判断公司的客户属于哪一类的，然后再大体判断公司现金应该几个月能够回收，再看看公司去年的销售收入和今年的销售收入的增长幅度，你就能推算出今年每个季度确认的收入大约应该在多长时间里回收现金，最后再看看现金流量表里的这个数字是否有很大出入。"

"你等等，这有点太绕了，我有点恍惚。"高大卫打断了蓝迅霆的话，因为实在是没有听懂蓝迅霆的逻辑。

"你呀大卫，你可真是把上学学的那点知识毫无保留地捐献了。"阮思捷不无嘲笑地对高大卫说。

"行行行，你继续说吧，我猜晓东肯定是没问题的。哎，我就纳闷了老婆，我在家从来没听你聊过财务报表这些事儿，你居然还这么门儿清？你是真的过目永不忘呀。"高大卫也对自己的太太开始调侃了。

"那当然，不看我是谁的太太。"

"行了你俩，狗粮回家撒去，都老夫老妻了还这么酸不溜丢的。"钱晓东乐呵呵地笑出声来。"哎哎，别打断迅霆。迅霆你继续说。"

"可以用一个简单的公式就能搞明白了，如果你的收款期是 3 个月，那么上个季度的收入 1 亿元，就应该是你这个月的现金收款数对吧，加上增值税就应该收 1.13 亿元的现金。理论上是这样的，相差不应该太大。如果这个数字相差很大，就表示可能有问题，无论收款期是过长还是过短。你这个收款期可以用以前年度的数据做一个测算，这不难吧。"蓝迅霆继续说道，"如果是造假，那么基本上付款周期通常不会跟真实的情况同步，因为造假的笔数不会太多，单笔金额通常也不小，所以这类收入是能从付款周期上看出端倪的。"

"如果造假的人就是按照合同期严格执行付款呢？"高大卫问道。

"那就继续往下追查成本环节，收入和成本是匹配的，有收入必定有成本同时确认，你就看看成本是不是匹配等比例的。成本过会儿再说，先把收入说完。客户隐蔽性最强的其实是真实有交易的客户，就是已经跟公司有日常交易了，而且客户关系也很不错，老板之间能无话不说，也愿意帮上市公司这些忙，公司就直接让自己的客户来操作这些虚构合同，这个真真假假的的确就不太好判断了。当然不好判断也不是没有办法，你要知道，客户也必须要有办法很快识别哪些是真实的哪些是虚构的合同。否则，客户的采购系统就会乱了呀，总不可能我为了帮你造假就把我的管理体系给弄混乱，这不现实。所以，通常虚构的合同在客户的管理系统中是不存在的，虽然也会有出入库单什么的，但通常都是直接伪造。就算是真的铁哥们到了两肋插刀的地步，客户也将合同录入管理系统了，那也不会有真实的执行记录。否则那不就是真合同了吗？所以，这类隐蔽性强的，通常合同事项、金额、验收记录、执行记录都有可能跟正常的合同不一样，而且金额通常不是很小也不是最大，是中等偏大的居多，多关注关注这类合同有没有异常，也就能规避许多风险了。"

"哇，这可真是上了一堂大课呀。"高大卫感慨道。

"大卫，这还是刚开始呀，后面多了去了。"蓝迅霆笑了笑，"收入造假的手法是最丰富、最多的，因为要把收入坐实了，后续的造假动作才有足够大的空间，否则规模太小都不值得去造假。还有隐蔽性更强的，的确是真的合同、真的交易、真的业务，这里也是会造假的。"

"真合同怎么造假？"高大卫问道。

"当然可以，他可以在真的合同上做一个追加合同，追加合同有没有执行就很难判断了，因为都合并到真实事项中，审计也很难区分。还有，本来没有完成交付的项目，到年底让客户帮帮忙签署一个签收证明，然后私下再签署一个'签收证明'无效的证明，就可以骗过审计，因为审计主要还是看证据的，如果客户的大红章盖着，项目负责人、采购经理的字都签着，你还有什么理由说人家没完成呢？"

"这你就真没招了是吗？"

第 4 章 炫技

造假魔高一尺，审计道高一丈

"恐怕真就是没招了。充其量如果时间允许的话，我就跑到客户现场去翻看曾经在 12 月 31 日当时的执行记录，但如果这两方都已经商量好了，估计这些资料也早会准备好，至少文字上的资料会准备。而且当审计人员进场的时候，通常都已经过了好几个月了，哪里能找到蛛丝马迹呀？不过，"蓝迅霆想了想，"如果我能在审计之前先做个预审，就是在 12 月底就到被审计单位进场，去看那些截至月底才确认的收入都是哪些，或者接近年底那两三个月看有没有大额异常的收入确认，然后就直接去他的客户现场问询查阅，那估计想隐藏就难了。但是，我们在这个时候的审计手段是没有那么狠的。"

"我看呀，你们就应该常年在客户那里待着，随时查验他们的造假行为。"高大卫说道。

"大卫你这有点太极端了，"阮思捷说道，"事务所哪有那么多人手呀，再说了，企业会付这笔钱吗？再再说了，就算是企业能付这笔钱，你就能保证居心叵测的企业就不能腐化这个审计吗？你就算是每个月随机轮换一个人过来，那么全面的事情审计间就算有交接也没法对企业行为有感知度。所以，你这方案根本不可取。"

"那你说，怎么能管得住这帮居心叵测的人？"高大卫被太太这么一激是有些找不到台阶下了。

"我哪有那本事，还是得看迅霆他们事务所的能力吧。不过，说实话，境外股市的沽空机制的确是一个用商业手段打击造假的最佳实践。"阮思捷的这句话触动了钱晓东。坐在这张桌子上的人没有一个人不知道钱晓东之所以被迫离开这个自己深耕多年的企业，就是因为公司被境外机构沽空，而且把证据都坐实了。阮思捷当然清楚得很，但阮思捷更加清楚自己在说什么，这是她认为唯一有效的解决方法，"靠审计这种商业服务手段是永远无法真正解决的。晓东我并不是针对你，我只是就事论事而已。我始终相信无利不起早，在利益面前，用两股相对的利益互相博弈，无非就是一死一活。如果沽空方搞错了就要赔钱，沽空方搞对了上市公司就要赔钱，天经地义。"

"老婆大人，你还真是冷酷决绝呀。"高大卫对阮思捷这几句话震惊不已，他怎么也没有想到自己的太太能说出这样有力道的话来。

"思捷，或许你是对的，不过你想想，当年美国开始做沽空的时候，有多少前景大好的公司就这么被搞垮了，如果不是整体经济实力强大，恐怕美国这个国家就完了。"钱晓东还是忍不住怼了阮思捷。

"哎呀，咱们今天哪说哪了啊，别这么针尖对麦芒的，没什么意思。迅霆，你接着说，你这东一榔头西一棒槌的，我都被你转晕了。"高大卫总是这个四人组合里的和事佬，他最不喜欢冲突，可另外仨人的冲突仿佛点火就着，每次都是自己出手缓和气氛，他也庆幸这仨还是给自己留足了面子。

"好啊，继续。收入其实也说的差不多了，不过收入的'差不多'才是真正拉开了造假大幕。无论是伪造合同、伪造交易记录、伪造现金流记录、互开发票等，都是为了能让造假空间更大一些，让后面的操作空间更大一些。对于那些拥有相对保守的董事层、管理层的上市公司来说，你可以关注一下如果没有这些利润公司会不会亏损。对于那些拥有极端的董事层、管理层的上市公司来说，就不是公司亏不亏的问题，而是要保持高增长，谁的股票获利最大的问题。

收入匹配的一定是成本，成本的来源是存货，这是一条脉络线。所以在正常收入的情况下，虚增利润的一个手段就是少结转成本。也就是说，我东西卖掉了也当作是没卖掉，库房里这么多东西，如果不细查，谁知道哪些已经卖了哪些没卖呢？这样一来，你看到的就是公司毛利逐年提升，存货好像也是逐年增加。"蓝迅霆在那张纸上的成本位置画了一根连线。

"这样来说，存货总有一天会爆雷的，仓库里根本就没有那么大的存货对不对？"高大卫问道。

"对。所以小范围的这种造假不会有太大影响，但如果是大范围的就会露出马脚。不过，说回晓东他们的那个做法，堪称'完美'。我这么举例子吧，以正常的收入成本，本来你的毛利是50%，如果你伪造了收入，那么当你伪造成本的时候你完全可以宣称你掌握了一门'技术'让毛利提高。反正都是虚的，我就少虚进来一点成本，一方面可以虚签采购合同，另一方面还可以把以前虚的存货慢慢消化掉，把那些虚假存货悄无声息地消化掉，真的是没人会觉察得到的。所以账面上有虚库存就先解决账面库存问题，账面上没有虚库存了，就找供应商签假采购合同。咱们前面其实聊过的，这也都是真的交易记录呀！除了货物没有流转以外，什么合同、发票、资金都有无可置疑的证据。因为有出入库单，其实就表示已经有了货物流。"

"那你们事务所就被人当猴儿耍了呀？"

"当然也不是。如果这是小规模的，不细查难以发现。如果我们感觉这个动作过分了，那么我们还是有手段的，只是代价可能会比较大。"

"说说看，都是什么手段？"高大卫迫不及待地追问道。

"就是把客户所有的招投标文件拿出来分析喽，不仅是对外发出的招标文件，还有他们的投标文件，让他们来给我们解释每个项目用到的物料都是什么，为什么要用，需要多少人工，需要多少工时，为什么当初报价是这样的结果。这样就能反推出来他们的真实成本大约是多少。要知道，在企业里特别是 to B 的招投标，中标的一方如果没有猫腻的话，绝大多数中标价格对应的毛利都会比实际执行的毛利高一些，因为投标的人想给公司领导看到的是赚了不少钱。而执行过程中各种问题、困难都搅和在一起，再加上基本上执行过程中的投入监管都很弱，甚至根本就跟投标过程的预算完全不关联。这样的企业不在少数，我们就从这个点突破，基本上都能抓得住要点。

当然还有在对外公开的数据里，我们也会参考同行业的上市公司，特别是那些公司的竞争对手。我们多多少少还是有些渠道能够得到竞争对手的投标文件的，拿过来对比一下马上就能知道可能会出哪些问题。当然如果这也没有发现的话，就只能用公开数据做细节对比了，对比完了再质询被审计单位。那个时候就只能靠运气，赌对方的造假漏洞各岗位的人不可能一点儿不知道，这么多方聊一聊通常也能聊出一些线索，再进一步追查，多半都是能查出些事的。"

"搞了半天，你这不还是搞心理战术呀。"

"所以说，审计并不是什么人都能干的，而且是越干越有经验但同时是越干越胆小。我说呀，我们审计就跟宫斗剧里的嫔妃一样，指不定在哪个细节就被其他娘娘摆一道，自己吃亏还被娘娘骂。"

"你现在就挺像个小怨妇，哈哈哈。"高大卫的调侃配合蓝迅霆的自我调侃，让气氛又回到了轻松中。

"呵呵，我还不如个怨妇呢，人家怨妇还能找人吐吐槽不是。"

"你现在不就是在吐槽嘛，哈哈哈哈……"

"行行行，言归正传。说完收入成本，你们肯定都知道费用资本化吧，咱们也都知道费用资本化也是一个虚增利润的渠道吧。"

"当然，你不管用什么合理的理由，本来花了研发费用就是减少了公司利润，现在只要是立项的就不减利润了，反而是增加资产了。"高大卫说道。

"对，准则里说了，研究阶段是费用化，开发阶段是资本化，可是谁来区分研究阶段和开发阶段呢？不还是企业自己吗？甚至一些企业把日常工艺技术的费用也都归到了研发费用里，你说我们这些审计哪能区分得了这个呀？我吐槽也没用。只要企业给的资料充分必要，我们就只能认了，这的确超出了我们的能力范围。你不信去随便找几家你感觉不应该有研发费用的企业，看看它们的财报，冷不丁冒出一个大额的研发费用，你甚至都会怀疑自己的人生。这些公司能有什么研发？"

第4章 炫技
造假魔高一尺，审计道高一丈

"我们当时的那个企业的确有不少研发人员的，也的确有很多的研发投入。"钱晓东一听讲到了自己曾经操作过的业务，不免有些兴奋起来，"我们当时就是不管资本化的还是费用化的投入全部归为项目化，我们自己还做了一个研发费用归集系统，还是我亲自带团队开发的，效果很不错。我们当时就能做到一键切换项目，所有的配套资料也都一键切换。"

"一键切换又怎样？"高大卫不解地问。

"当然是切换资本化和费用化呀！"蓝迅霆没等钱晓东开口就抢先说出来，"你说你们技术水平那么高，花点精力真正搞出个高科技来不好嘛，你们反倒是把精力都放在了这些歪招上。"

"哎，你还别不服，我只是把我们最丑陋的一点爆出来给大家乐乐而已，这个系统的正面价值远比负面价值多得多。现在有多少企业的研发支出是乱七八糟的，你们怎么审？恐怕你们也不会去审吧，都是一些业绩平平的事务所把高新技术研发的审计包圆了吧，我们暂且不说这些事务所的水平怎样，就说企业如果自己都没有好好归集研发费用，事务所怎么审？你难道就敢保证这里面没有乱审乱出报告的吗？"钱晓东愤愤地说。

"我为什么要保证？跟我也没关系。我们事务所之所以不接这类审计的活，是因为我们的确没有技术人才来做判断，我们不懂怎么养这类人，所以干脆放弃这个业务了。至少我们不会胡来。"

"我当时开发的那套系统，其实是可以市场化销售的，任何企业都是可以用它归集研发费用的，而且最终出来的数据可以直接生成会计凭证，逆向也可以追溯到哪个具体项目，哪个具体的人在哪个项目上花费了多少工时。而且我的系统还跟研发预算挂钩，随时都能看到预算执行的进度情况。还有研发成果进展情况，甚至出来的研发数据可以直接导入高新技术企业的审查系统，每年的高新认证我们都可以轻松过关，就这一条，我们每年至少可减免10%的企业所得税，包括资本化的成果转化后的所有研发支出全部都能实现所得税加计扣除。我当时是给研发系统和财务系统做了专门的接口，财务系统也专门做了一个独立的分录序列号，单独生成独特编号的分录，这样只要一看分录编号就知道这是研发系统传来的数据。即便是过程中出现了数据错误，我更改以后重新生成分录也是能跟原先月份的数据融合在一起的。怎么样？恐怕市面上也不一定有这样考虑周全的系统吧。"

"你要是这么说，的确不简单，晓东我还是要对你刮目相看了。你还真是有实战经验，这一点我的确是自愧不如。研发系统我也见过不少，能全面考虑的人也不在少数，可是真的能完全实施成一个成熟系统的，我还没有见到过。"蓝迅霆的确没想到钱晓东果真是有实力，根本不是他脑子里所想的那个只会造假的人，"有机会你教教我，让我也长点见识。"

"哈哈哈，我哪能教的了你呀，我的大博士，我什么时候还能入得了你的法眼呀。"

"你俩不吵不闹就不活了是不是，人家迅霆这话肯定是真心的，你又何必这么冷嘲热讽的。迅霆，甭理他，瞧他这嘚瑟的样子吧，给点阳光就灿烂。你说你的，我是真心想跟你学的。"

"没事，企业实操方面我的确技不如人。刚才说到研发费用，其实咱们就这么说吧，如果从造假的角度上分析，'一切资产都可藏费用，一切负债都可藏收入，一切垃圾皆可其他化，一切收支皆可资本负债潜藏化'。"

"你这总结可够简洁的呀，快说说看。"高大卫不无佩服地说道。

"先说这'一切资产都可藏费用'，这个'一切'是稍微有些夸张的说法，但很多资产都是可以的。这个'可以'可不是说真的允许呀，是不允许的，而是造假这么做了的。你想费用花都花了，还能怎样？不报销存小金库吗？不报销是不可能的，人家员工也不干呀对不对。小金库本来就是来侵蚀上市公司的，也有侵蚀自家小金库去丰满上市公司的情况，这样做的人也有但其实目的不同。往资产里面藏费用，藏哪个资产？有几个是没法藏的：货币资金，这本来就是钱，没法藏。商誉也没法藏，商誉是公司合并出来的，商誉藏得可不是这么一点点的费用，一会儿我再说商誉。还有什么不能藏？咱们把资产从上往下数数看：藏在交易性金融资产和衍生金融资产内的可能性没那么大，因为太突兀了。短期资产里的买入返售金融资产和划分为持有待售的资产也差不多，而且这些都有第三方的金融机构提供证明，跟银行没太大区别，在这里面藏费用的代价太大。应收账款和应收票据本来就是对应收入的，要藏在这里就相当于藏在枪口上，也没多大必要。预付款项是跟采购有关的行为，倒是有可能藏，不过如果在预付款项里的单位是自己的客户，这也会是很突兀的，仿佛是故意让审计看出来一样。其他应收款有巨大藏匿的可能性，这里往往藏着不可告人的垃圾，这咱们可以放在'第三句'里说明。应收利息和应收股利太特殊了，一般企业的业务和事项也不太用这个项目，所以但凡有，大家都会特别关注，肯定会盯着，所以也不好藏。"

"迅霆你等等，你说的这些都是资产负债表里的资产项目吧，我可记不了那么清楚，我有点被你的这些名词绕晕了。"高大卫有些急了。

"我也是凭自己的印象说的，要是你手里现在有一份上市公司的财务报表的话，你这么对照着听我说，就清楚多了。"

"你等等，我马上下载一份年报不就完了，我带电脑了。"

"哎呀，你瞧瞧咱们大卫这学习劲头，比喝酒都积极呀，当年上学的时候要这么积极早就成教授了。"钱晓东笑着说道。

"你还嘲讽我，"高大卫一边操作着刚从公文包里掏出来的电脑，一边没好气地说，"要不是你们这些有能力的败类，我还至于这样嘛。"

不一会儿，高大卫很快找到一家上市公司熟练地下载下来了一份年报，打开年报找到了资产负债表，"行了，我找到了，你继续说吧。"

"行，我继续说。下一个是存货，呵呵，这可是一个宝藏科目呀，你们都知道，存货的数据源可是从十多个一级科目以及几十个二级三级科目里来的，再加上存货与成本核算那些麻烦科目搅和在一起，存货才是一个绝对能藏得住的造假天堂。当然这也是审计重点审查的报表项目，存货这个报表项目其实应该再进一步拆分出几个状态来列示才好。不管是原材料还是在产品，不管是产成品还是半成品，都是公司的存货，但形态不同，能够产生的验证效果也是决然不同的。再加上生产过程的制造费用以及各种人工折旧摊销的多重分配，等等。我们在审计分工的时候甚至会抽出三分之一以上的兵力对付这一个报表项目，都不一定能真看得清楚。如果把费用藏到存货里，你就是把藏好的单据拿给我看，我也不一定能判断得出来这是一项应该减少利润的费用。我们有时也会给自己找理由，存货早晚会卖出去，卖出去就会结转成本，结转成本就会减少利润，这不还是对利润产生影响了吗？可是，如果我的存货永远都不卖呢？如果我的这些账面存货就等着在收入造假的时候才消化呢？真是无法摸透的存货。

在流动资产里还有一年内到期的非流动资产，这是从长期资产里转过来的，可丁可卯，不太容易藏东西。当然你要是真的藏了，审计多半还是有办法给你抠出来的。

待处理流动资产损益就是要处理掉的短期资产，这肯定不会是太大的金额，否则公司就太不正常了，而且这个科目也不太可能长期放着不动，否则就是提醒报表使用人'我有问题'。

最后一个流动资产就是其他流动资产，这里是有可能藏匿的，虽然审计也会重点审，但有的时候也不一定能审明白，特别是企业给出的奇奇怪怪的说法没准就会把审计师给绕进去。你看，虽然流动资产里看起来就只有其他应收款和存货最有嫌疑，但其实如果这家企业真的是无良、无底线的，什么地方都敢藏，藏了就能增加利润。

再说非流动资产，可供出售金融资产和持有至到期投资这些金融资产跟短期投资差不多，不太容易藏，但如果不经过审计，这里放上什么数据对于普通股民来说也就只能看着，没什么判断力。

长期应收款通常是要有一些大的合同的，审计看到这里有数据的话就不会轻易放过，只要是经过审计的，那么想藏是比较难的。长期股权投资是有些可能的，但毕竟这些都是一次性的大额的资金，而且要提供大量的第三方证据，这里要藏也不太容易。

投资性房地产，呵呵，我就不用说了吧，晓东已经给我们上了一课了。不过投资性房地产的修缮或者装修支出很有可能是资本化的，有的企业放在长期待摊费用里，有的企业就直接增加到投资性房地产里。提到修缮装修，咱们都知道这里的水有多浑了吧。

在建工程和工程物资，这两个科目跟存货不相上下。你就想吧，盖楼花费的费用多杂乱呀，各种费用都可以化妆成在建工程，而且我说我的这个工程没完工，没法达到预定可使用状态，谁来判断呢？不还是企业自己判断吗？你逼着我用一个我认为不能用的楼，结果楼塌了，砸死人了，谁能负得了这个责任？对不对？所以，这个科目，诸位，小心没错。

后面的固定资产通常确认了就不怎么再变了，只不过这里的坑更加隐蔽。我就见过一些企业，把一些本来应该摊销三年的资产愣是划分到了摊销十年上，人家的分类就直接把固定资产的名称给改了。摊销时间越长，折旧的金额就越小，对利润的影响也就越小，利润不就又涨上来了吗？特别是那些重资产的企业。

无形资产和开发支出是一对，就跟固定资产和在建工程是一对一样。开发支出就是研发支出里著名的资本化，我就不必多说了吧。后面的商誉一般不会在日常费用里掺和，商誉这项目，人家要不就不玩，要玩就只玩大的。这可是腾挪资金相当给力的一个项目，等我后面再跟你们说。

剩下的还有什么，长期待摊费用是可藏的。递延所得税的可能性不大，很多公司的会计都不会用这个科目，而且这只跟所得税有关，不太敢乱用。

再就是其他非流动资产了，这个跟其他流动资产一样，是可藏的。

你看看，是不是费用都可以在资产项目里找到藏身之处。说白了，无论你花了什么费用，无论金额有多大，总能找得到一些歪七扭八的理由放在某个资产里。有人问了，不是有会计准则在管着吗？没错。但是，只要企业想藏，就能找到合适的理由。只要企业想要用这个方法造假，就一定会铺垫好所有的条件。"

蓝迅霆说完看了看这仨人，他们都不说话，陷入了沉思，或者都在想着蓝迅霆的逻辑是怎么来的。蓝迅霆喝了一口茶，也不等他们问什么就继续说："第二个是'一切负债都可藏收入'，什么意思呢？如果你想要增加收入，那么你的对方科目多半是应收账款。如果你想要减少收入，那么替代科目多半是预收账款，就是常年挂着预收，就是不结转。按照这个逻辑的话，你们可以大概想一想，"蓝迅霆再次把自己手上的那张纸拿起来，指着说，"所有的资产里都有可能藏着没有确认的成本费用，所有的负债里都可能藏着没有确认的收入，对不对？"

"好像是的。"高大卫不由自主地说。

"当然，我说的'所有'也只是夸张的说法，应该是'很多'就更精确一些。我刚刚的这个描述如果反过来说能成立吗？"蓝迅霆也不由自主地开始卖关子了，看大家没人给他回复，也就只能自己接着说，"如果说，所有的资产里都有可能藏着没有确认的收入，所有的负债里都有可能藏着没有确认的成本费用，其实也成立的。因为这些报表项目对应的科目如果藏着负数，就是这个效果了。也就是说，资产里的负数藏收入，负债里的负数藏成本费用。我这里说的成本费用以及收入都是泛指，成本费用就包括所有减少利润的因素，收入就是所有提高利润的因素。"

"你们审计的时候不是会做重分类吗？"阮思捷问道。

"你说重分类就表示你其实很懂我们审计的路数。没错，理论上会做，但是，如果把这些事项都包裹在一个没有辅助核算的大科目下，你自己是做了痕迹，知道哪笔业务是哪笔，我审计可不一定知道呀！我当然会审计，也肯定能发现绝大部分的造假，但你说我能确保所有这类造假都能被发现吗？坦白说我可不敢确保。

我还是接着说吧。'一切垃圾皆可其他化'，这里用得最多的就是其他应收款和其他应付款，我们审计经常说这两个科目就是两只垃圾桶，企业不管有什么处理不了的、不好处理的、历史的错账烂账什么的，都很有可能往这两个项目里丢。这俩报表项目变成了万金油，企业凡是有不知道如何处理的，直接丢进去错不了。你说为什么借贷记账法发展几百年经久不衰？这的确是人类历史对商业行为记录最伟大的发明，没有之一。它的伟大之处就在于它形成了一个完全自我验证、自我纠偏的平衡记录，只要不平衡一定有错误，只要平衡了就一定有一个可验证的对应科目，只要对应科目出现了逻辑偏差，就一定能发现可追查的线索，只要有线索，就可以逆向追溯到最源头的业务上。你看看，多么完美。所以，管理者只知道加大收入，却不那么清楚会带来应收账款的对应增加，或者是只知道从上市公司里掏钱出去，却不知道这在财务不知如何处理的时候就会记录一笔上市公司老总欠公司的其他应收款。而且如果该科目内的笔数特别多，业务特别复杂，这个科目查起来也是相当有难度的。我跟你们说吧，不少上市公司里的其他应收款和其他应付款都不怎么干净，表面上看是没有触发到重要性原则，审计师暂且搁置，但实际上是就连企业自己也不知道历史上发生了什么，一任一任的会计辞职入职好几轮，已经不知道原先的账务是怎么回事了，谁都不敢处理，就这么越积越多。企业自己也想甩掉包袱，可谁也不敢冒这个头。审计师也不愿碰这些历史垃圾，所以一来二去，就成了公司里的毒瘤。如果这些毒瘤爆雷了，没准还能揪出什么大家伙呢。所以这第四句'一切收支皆可资本负债潜藏化'，就变成了一句总结语，让资产负债表这一本来应该体现企业健康状况的报表变成了一个藏污纳垢的好去处。"

又是一阵沉默。蓝迅霆看着对面这三个人,这些话对钱晓东肯定不陌生,甚至这就是他每天都在想的逻辑。对高大卫来说,这些话一定是触痛他了,恐怕他不会想到会计准则之所以如此晦涩难懂,都是因为这个世界上真的有一些无底线的"聪明人"煞费苦心创造出了各种造假"杰作"。而阮思捷虽然一晚上极少说话,但每次说话都能直切要害,这让蓝迅霆也不得不重新认识这个老同学。

04_

"我就不明白了，好好做生意不好吗？"高大卫终于打破了沉寂。

"没有一个人不想。哪个生意人不想踏踏实实地好好赚大钱。可问题是，赚钱那么容易吗？特别是在当下的环境，你就说吧，是不是很多产品上市以后需要降价？降价就意味着竞争，竞争就意味着利润空间缩小，利润空间缩小就意味着有一天企业会没有利润，没有利润企业怎么活，员工怎么活？"钱晓东也收起了一整晚的笑容，"如果大家都能理性对待价格，企业有利润，给员工的工资也能高，员工有高工资也能买得起好东西，这才是良性循环。结果现在的竞争局面恰恰相反，给员工的工资越来越高，企业产品的价格越来越低，压缩的不都是利润空间嘛。"

"可是老百姓只要有受益的感觉，他就会去买又便宜又好的东西，这是把产品中更多的超额利润水分挤出去，不能说这是坏事。"阮思捷依然还是那么轻描淡写的口吻，"以前企业赚的太多了，反而在市场上为所欲为，内部管理混乱不堪。混乱就代表更大的成本费用，就代表产品质量不易保障。企业只有获得了应有的正常利润而不是持续的高利润，才有管理的动力，才有不断提升的动力。大卫这次栽跟头，就是因为这家企业已经习惯了以前不怎么好好管理就能赚到那么多的钱，现在市场真正开始竞争了，反而措手不及了。这位企业家又太好面子，更加肆无忌惮地摆排场让市场上看到他的财大气粗，反而公司内部已经烂到根儿了。怎么办？这样的公司就应该让它倒闭，让真正有管理水平的公司为老百姓服务。"

"照你这么说，美国硅谷的那些大牌科技公司岂不是都应该被革了命？

人家现在的利润可比一些中国同行业企业多了几倍几十倍好嘛。"高大卫说道。

"人家能有高利润，不是因为造假，而是因为有门槛，甚至是垄断没有竞争对手。关键是它们的客户还很买它们的账，不是吗？只要产品好、技术强、客户喜欢，不愁发展不起来真正的好企业。但如果成天就想着造假骗人，拿什么跟别人竞争？"阮思捷反驳道。

"对呀，所以说企业就应该好好做生意，好好改进技术，好好跟人家竞争。"高大卫说道。

"哪有那么简单，你以为跟你投资似的，看好了谁重金投进去立马就能卖更高的价？"钱晓东说道，"资本的贪婪可比实业重口味多了，要不是资本贪婪，这个世界上90%的财务造假都会消失。"

"哼，离开资本，这世界上90%的技术根本没法存在，硅谷那些赚得盆满钵满的公司哪一个不是资本扶持起来的？咱们别一棍子打死一大片好不好，即便是这样，也依然有踏踏实实做生意的公司呀，不能说大家都造假吧。"高大卫愤愤不平道，转过来又问蓝迅霆，"迅霆，你说说看，财务造假完了，然后呢，总该有个然后吧，总该有一个终极受益者吧。"

"肯定有，不过你先别着急，造假手段我还没说完呢。我刚才说的都是资产负债表和利润表对吧，还有一张报表，现金流量表我还没提到，这里也有四句话：'**筹资流入经营化，经营流出投资化，投资流入经营化，经营流出筹资化**'。你们体会一下这是要干什么？"

钱晓东不假思索地说道，"让日常经营的现金流做大呗。"

"对，是'做'大。把本来筹集来的资金放在日常经营的现金流里，看起来好像是收到很多客户的钱的样子。"蓝迅霆说道。

"那你们审计就查不出来吗？"高大卫问道。

"我描述一下，你先体会体会。这第一句'筹资流入经营化'，我给你举个例子。比如你跟 A 公司借了三个亿资金，本来就是用来日常经营周转的，A 公司也会问'你拿什么来担保呀？'你说'我就拿我仓库里的货吧，我不仅用来担保，我还能直接把货放到你的仓库里去，这样更保险对不对？'A 公司说了，'我要你的货干什么，我又没有用。'你说'那没事呀，你要担保可以，你也帮我一个忙，帮我办一个销售出库手续怎么样，我借你的钱一分都不会少给你，利息也一分都不会少，如果产生税，我担着，你就帮我个忙吧。'A 公司一想，帮你也没损失，大家都是朋友，无所谓嘛。于是你收到的这三亿现金本来应该是筹资性质的，结果变成了你销售商品的经营性质的现金流入了，这是不是就填补了你本来真实销售没有收款的那些空缺了？

这第二句'经营流出投资化'，其实就是费用资本化的现金流表现。既然已经资本化了，就变成了投资行为，对不对？这就配合了我前面说过的手段，是不是天衣无缝？有的时候你会看到一些上市公司投资流出的一大笔现金流，却没有发现公司长期资产里有增加，为什么？很有可能就是把现金流这么乱倒腾出来的效果。

这第三句'投资流入经营化'跟第一句很像，你去年对外投资一笔钱今年想要回来，人家不是很情愿。于是你就说'我不是直接来要钱的，我可以把我的货给你呀，你也可以用这批货做个抵押，我回头再把这些货买回来不就得了。'对方一听，你这是在犯傻我还不帮你一把呀！行呀，办手续吧。于是你把收回来的投资款变成了日常经营的流入现金流，是不是完美？当你把钱返给对方买回这些存货的时候，你又做成了一笔投资，结果你的购买商品的日常流出现金流变成了对外投资，这又是一笔完美的现金流。同样的道理，你把购买原材料的钱让你的债主走走手续，就变成了第四句'经营流出筹资化'，本来应该是日常经营的对外流出，变成了你还给债主的筹资性质的钱。你看看，这四句话就把现金流的腾挪做到了'极致'。"

"你这案例太极端了，真实的情况会这么直白吗？审计就不会查吗？"

高大卫问道。

"不用极端的案例我担心你听不懂呀，真实的情况当然不会这么直白了，隐蔽性会更强，其实都是为了配合收入进行成本费用造假。你想啊，公司连续两年亏损就会被ST，但是连续两年经营性现金流是负数就没事，对不对？你要是有兴趣去查一查上市公司里有多少净利润长年保持1%左右而经营性现金流常年是负数的？也可以查一查那些一年大亏损一年小盈利的企业，它们的经营性现金流又有几个能保持常年正数的？毕竟现金才是企业内部真正有效的检验证据。不过这样一来，现金也变得苍白无力了，甚至有些银行也帮着企业造假，出具一些根本不存在的现金收支。而审计怎么办？这就不能只看资料证据了，这些手续肯定是一应俱全，你要什么企业会给你什么，从证据链上不会给你留下任何漏缺。所以就要看对方公司的性质和业务实质来做判断了，其实不仅仅是对方公司的性质，也要综合所有线索来判断这笔交易的合理性，然后寻找突破口。

不过话说回来，咱们能看到的在现金流上动心思的造假也真没有什么太深奥的地方，如果监管部门要求经营性现金流连续两年为负企业就会被ST，你猜我刚刚说的那四条会不会成为很多公司的手段？现在这些手段之所以没有太多人用，只是因为做了也只是配合股票不要被ST而已，或者是配合其他造假的佐证信息不要露馅而已。"

"你说了半天还是在财务里面瞎转悠，说好听点这叫财务造假，说得不好听就跟小孩子过家家一样无聊。"高大卫有些听不下去了。

"你刚才不是问我，最终的造假受益者到底是谁吗？我就给你分析分析。造假的原动力无非就是'遮丑'和'赚钱'。'遮丑'就是企业真的有不可告人的囧事烂事不想让人知道，那就找个遮羞布盖上呗，这个遮羞布最简单的其实就是财务造假。'赚钱'可不是企业赚钱，而是大股东赚钱，图谋不轨之人赚的不义之财。遮丑咱就不说了，只要企业还想好好活着，早晚有一天能反省过来把历史问题统统解决，包括曾经的财务造假也都会慢慢消化，这样的企业主大多不会看着企业这么烂下去，只是用造假给自己争取一点喘息的时间而已。那些想要赚不义之财的，就可以说道说道了，这类人又分为两大类，一类是赚上市公司的钱，另一类是赚资本市场的钱。咱们就先从上市公司内部的'小虾米'思路开始，把这张纸给你画全了。"说着蓝迅霆举起早已经圈画连线的、错综复杂的那张纸给高大卫看。

高大卫笑了笑，"你这画的已经够错乱的了，还没完呀。"

"这不是还有一个蓝色的笔我还没用，就用蓝色的笔画资金转移出去的流向吧。

先说第一条'**费用化流出**'，这一条最简单，无非就是报销嘛，拿你那些跟公司日常经营无关的花费发票到公司来报销，表面上增加了公司费用，实则装进了你自己的腰包。你说这不是增加公司费用减少利润了吗？当然。你想，在个人利益面前，公司利益就会变得苍白。不过这些充其量也都是小打小闹，对公司的伤害没有那么致命。有些公司做的就有点过分了，自己家七大姑八大姨、舅舅外甥八竿子打不着的老家邻居都到公司来报销，这样积少成多也是相当可怕的，没准也是公司控制人用这些人的名义把资金转移出上市公司，不仅省了自己的个人所得税，还减少了企业所得税，是不是很过分？我告诉你，这些人其实有些蠢。只要想查，这很容易就查得出来，而且公司账面上的记录都有痕迹，想改就难了，这些都是企业偷税漏税的证据，这还不一查一个死呀。

第二条就是'**成本化流出**'，这一条跟第一条很像，但操作手法上更加隐蔽，相当于让供应商多开发票，公司多付钱，付了钱再从供应商的账上转到个人名下的账户，再经过几轮倒腾就回流到真正想要赚钱的个人手里，这种方式其实很难查得出来。不过还是那句话，只要想查就能查得出。但用审计的手段就显得无力了，权威的执法人员顺着资金链条追查就能查得出来，而且一旦查出来了都不是小事。

第三条就是'租赁化流出'，我租一个本来不需要租的东西，对外付租金，租金自然就是将钱从企业流入个人腰包。还有些案例是以富豪私人名义购买了豪车游艇豪宅飞机等，然后公司以高价租入，名义上是董事长办公交通使用，其实你想想，公司就是不租，董事长也要住豪宅。但这样一操作，不仅个人的日常费用都可以明目张胆地让公司负担，而且个人还能赚到大把的高额租金。

第四条就更加直接，叫作'挪用化流出'，可谓是简单粗暴，直接从公司拿出来几千万几亿元的，公司账面上就记着其他应收款，其实这钱就是被个人侵吞了，这些人才不管你公司账面上是怎么记的，拿了钱就会移民跑掉。这种方式跟抢钱也没什么区别，反正到最后也很难抓到人。

前面这四条其实还都算是小打小闹，尽管有些金额也不小，手段看起来好像挺酷炫，但其实手法都很笨拙。第五条'投资化流出'就有点高级了，大卫掉坑的公司用的就是这一招，他为什么找你来赚这个钱？就是骗你来配合他们演一场大戏，表面上是做一笔大规模投资，而且这些资金来源不仅是上市公司自有的，还可以继续增发让更多的投资人进来，甚至还可以去银行贷款、去证券市场发债，让这些人都来投资公司的未来。上市公司的融资渠道多了去了，你拿到这些钱的前提条件也是有好项目可投对吧，你就攒出几个超级值钱的好项目给投资人看，而且还有第三方投资机构的调查背书，只要有头部投资者领投的，其他钱就会像白开水一样倒进你的公司。你把这些钱投资出去，结果投资却失败了，怎么办？投资人的钱要不回来，银行也不敢让你倒闭。而你，跟那些你攒出来的公司勾结好把钱一分，就移民了。大卫，刘松那几个人至今也没回国吧，估计现在连人在哪都不知道了吧。不过大卫，既然你已经入局了，也是没办法的事，你也是受骗者，先摘清了自己，再留下足够的证据，来日方长吧。

还有一条就是'**担保后赔款**',这种方式的隐蔽性也不小,相当于你对外担保的这个动作在财报里是一丁点也看不出来,尽管证监会要求上市公司对外担保必须要公告,可是你真的对外担保了,就算是不公告,你还能免去担保责任吗?肯定是不能的。一旦被担保方出问题了,债主告上法庭,上市公司就要赔钱的,当初借给被担保方的钱真的就在其日常经营中赔光了吗?你信啊?

这些都是造假以后把钱从上市公司卷走的渠道,你就说我们审计累不累吧。这些都是跟各种公司、各种老板斗智斗勇总结出来的,是不是血淋淋的?当然了,这也还只是企业内部的,还有企业外部的,更大的招儿都在资本市场上。咱们前面说了那么多利润造假,目的是什么?股价会跟着利润抬高对不对?那股价抬高了怎么获益?退出呀,这就是第七招'**增值后退出**',退出本身无可厚非,只要过了限售期,无论你买或卖,做好公告就行,问题恰恰是在于股价增值的缘由是不是客观真实的。如果是因为财务造假而导致的股价抬高,这不就跟接下来的第八招'**内幕后炒作**'——就是搞搞内幕消息给隐蔽的投资人去炒作,在抬高股价后获利离场是一样的道理。这都是财务造假的最终获利需求,就是怎样把上市公司的钱骗到自己口袋里、怎样把别人的钱骗到自己口袋里的阴谋。

还有第九招'**抵押后清盘**',就是把你自己的股票抵押出现金,看起来你是打了不少折扣拿到现金,但其实有可能是股价抬高做的抵押对不对?如果股价大幅度下跌了呢?你拿着钱没影了,最终资金还是被你落到了自己口袋。"

说到这,蓝迅霆看着三个人都不说话,蓝迅霆不确定自己还能不能说下去,就这些内容已经够多的了。

"我说的也差不多了,我就给我自己做个总结吧。整体上财务造假就是一个表内造假,一个表外造假。表内造假就是用不该用的分录项目做记录混淆视听，目的就是粉饰；表外造假就是完全在企业的体外循环业务，目的主要是避税。当然还有内外结合，"蓝迅霆拿起自己画过几个圆圈的纸指给大家看，"将外部资源向内部流转，或者将内部成本向外部流转，其目的多在于掩盖亏损或者展示过强的盈利能力，其表象目的在于提升股价。将内部资源向外流转，目的是抽逃上市资金。无论哪种造假，其管理难度都是相当之大的，甚至远比正常经营一家企业还难。

这些操作手法各有利弊。纯表内造假被发现的概率更高，因为在账面上都有痕迹，但如果是多公司间超级大量的错综复杂的交易往来，会造成审查的时间困难。以目前短暂的审计期来算，就很难查出真正的脉络关系。纯体外循环造假相当于完全利用另外一家公司造假，是审计范围之外的，隐蔽性极强，难以发现。不过其实最大的疏漏也在于此，你猜怎么？只要你在企业内部待上几天，企业内部人员的闲聊就会完全暴露出来，因为日常运营怎么可能把这些边界画得那么明显呀，说到底还是一个掌控力的问题。

造假手法里的个别操作，也就是单笔运作不影响正常经营，这类手法动作小、幅度大、易管理、屏障高、难隐藏。但一旦突破了关键防线，就能全面攻破。最高级的手法是嵌入业务，也就是日常业务里真真假假纠缠在一起。

不过话说回来，咱们把造假说的这么玄乎，但做起来哪有如此驾轻就熟、得心应手的。造假本来就是做亏心事，当然要防这防那的，特别是要防着内部的知情人，所以你想想，他们的日常才是难熬的，我给他们总结了**造假八道槛——'审计槛、尽调槛、打假槛、沽空槛、媒体槛、公众槛、监管槛、税务槛'**。审计就是我们了，审计也不是吃素的好嘛，尽管造假手段多，审计的门道也不少。尽调也是有会计师参与的，当然还有律师券商从多视角去查，他们查出的问题也会跟会计师通气的，这个调查力度还是有一些的。咱们有打假先锋这大家都知道，国外有沽空公司，他们都是盯着公司的造假线索一追到底，甚至还能跑到公司里安插线人搜集证据，你就说你怕不怕吧。要是真有了线索，那么媒体就来了，一曝光再加上一发酵，公司的股价就开始蹭蹭跳水，再加上国外还有集体诉讼，公司还怎么活？这还没完呢，别忘了国内可是有证监会的，美国也有证券管理委员会，这些监管机构你以为就那么好骗？醒醒吧。要是你碰了税，呵呵，国税局可是高手云集之地呀。所以这八道门槛，道道都会让造假公司死无葬身之地。"

"迅霆呀迅霆，真有你的，没想到你把财务造假想得这么透彻，以后你要是开公司了，我打死也不会投资给你，你把我卖了我还在这帮你数钱呢。"高大卫感慨道。

"你恐怕是没这个机会了，"蓝迅霆笑了笑说道，"我这种人永远当不了老板，我可吃不了那个苦，担不了那个险，我就是一个本本分分的老百姓，充其量没准哪天能回学校里教教书，也就是我的人生目标了。"

"别，你可千万别去教书，你把一帮孩子都教成晓东那样的，这市场上还能有做真账的财务嘛。"高大卫说。

"你这什么话，你以为迅霆去上上课，那帮孩子就能为非作歹了？你也把造假想得太幼稚了吧。你就问问迅霆，他把这个逻辑想通了花了多少年，低于十年我跟你姓。"

蓝迅霆苦笑着摇了摇头说道，"我是咱们仁里最笨的，我花了快三十年了才想通，也都不敢说自己全然明白了，其实客观地说，晓东虽然是财务造假的亲历者，但晓东的财务能力以及业务掌控能力其实是世间少有的，这方面我是自愧不如。虽然晓东做的事没啥可评价的，错就是错，晓东自己也承认，但他能力强也是事实，否则我说的这一晚上挺轻松的，你真干干试试？还是那句话，你正常经营都还没搞明白，想要造假就会更加漏洞百出。你说我去教孩子们造假？多虑了。我会去教孩子们识破造假术。"

"吞噬，这完全是赤裸裸的吞噬，把金钱当成美食的饕餮怪兽。"高大卫还是忍不住说，"你说这世界为什么能允许这种人大行其道？"

"吞噬什么？吞噬金钱？吞噬金钱之人必定被金钱所吞噬。"蓝迅霆说道，"吞噬的感觉的确会让人上瘾，可是拥有金钱就真的会富有吗？"

"吃不到葡萄说葡萄酸。我是吃过葡萄的人，知道葡萄有多甜，也知道太甜的东西给糖尿病的人吃会致命。但好在我没糖尿病，我清楚钱不是我的目标。"钱晓东说道，"别看我姓钱，但我不贪钱，更加不是你们说的吞噬怪兽。我用我的本事赚钱。尽管我承认这恐怕有违公知，但这个世界还是允许给人悔过的机会的。人人都会犯错甚至人人都会犯罪，一错就废，一罪就灭？不用吧。"

"行了，你兄弟仨也聊透了，该说的不该说的你们也都说了，你的确应该成为财务造假里的'廉政公署'，财务这些事呀我也多少了解一些，毕竟咱们学这个专业，也在社会上这么长时间了。坦白地说，我看不惯这些财务造假的人。"阮思捷一扭头正视着钱晓东的眼睛，"晓东，咱们是同学是朋友，有多年的交情，但交情归交情，情分归情分，你做的这事的确不地道。我不是来声讨你的，我也是表达一下自己的想法。迅霆说了一晚上我也听出来了，不下点狠招恐怕想要改变现状也是不太现实的，可是咱们又能怎样呢？所以，咱们的第一要务就是要保护好自己。"阮思捷看了一眼蓝迅霆，"还是要多些你这样的明白人才好呀，大卫这次跌得这么惨当然也不能怪别人，这本来就是一个弱肉强食的战场，没打赢是我们没本事，下次想办法打赢也就是了。"

"行吧思捷，我这也自由了，你也甭替我操心了。以后不干了，也没心情去干了，我也想跟迅霆一样去教教书，要么就满世界去转转。说实在的，我也看过那些还没有爆雷的上市公司，我就这么跟你说吧，我这眼可比迅霆贼多了，他那是被条条框框捆绑得太厉害了，哪怕是真的看出问题了也不敢去跟企业对峙。我就不一样了，我现在是一身轻松。哎，思捷，要不咱俩也

第 4 章 炫技

造假魔高一尺，审计道高一丈

成立一个沽空公司，我懂财务你懂法律，而且你还懂美国的法律，咱们也沽空去。我跟你讲，这次我真把沽空公司的底层逻辑给研究透了，在国内打假没什么意思，也没有合法渠道赚钱，要不我先去美国打打前站，踩好了点你就一起过去。"

"哎哎哎，晓东，你想干什么，把你嫂子撬走？图谋不轨呀，把我这老大放哪了？哪凉快待哪去。"高大卫没好气地说道。

"也别说，没准晓东这思路还真有可能成事儿。"蓝迅霆冷不丁冒出这么一句，仨人互相看了一眼，忍不住哈哈大笑起来。

四个人离开餐厅的时候，已经是最后一拨客人了，四人叫的代驾也在门口等半天了。

"行吧，兄弟们，我过两天就走了，也就不跟你们打招呼了，我到了就告诉你们，多多保重吧。等我稳定下来以后，那边有什么需要我的就跟我说，走了。"钱晓东说完与大家一一握手道别，转身上车头也没回地走了。

高大卫有些摇晃，酒精的力量已经占据了上风。看着晓东的车缓缓驶出停车场，右转弯拐上主路渐渐走远。高大卫不无感慨地说："再见面可就不知道是什么时候了，我可看见晓东这眼圈红了，哈哈哈，还挺伤感。"

高大卫回头看了一眼蓝迅霆那茫然的表情，"迅霆也伤感起来了，喝多了？瞧你俩，又不是生离死别。"

"迅霆哪能跟你似的没心没肺呀！"阮思捷赶紧接过话来，"不管怎么说，事归事人归人，你们兄弟这么多年打也打过吵也吵过，毕竟还是难得的好朋友，迅霆是重感情的人，情理之中。"

"走了，大卫，思捷，路上小心，到家在群里说一声。"蓝迅霆不等二人道别就急匆匆走到自己的车旁开门上了车，跟代驾司机说了声"走吧"也离开了。从茶色车窗隐约看见高大卫和阮思捷也走向了他们车的位置。

结束了，仿佛一切都结束了。这一晚上蓝迅霆说得口干舌燥，他自己都有些不敢相信自己居然能说这么多话，太久没有喝这么多酒了，或许是酒精让自己有些兴奋，也或许是谈到了让自己熟悉的话题、在意的话题——财务造假，自己才能这么兴奋？蓝迅霆不知道，也不想再去复盘自己都说了什么。自己就只想好好研究怎么从技术上破解财务造假，仅此而已。蓝迅霆也清楚自己的这个想法根本不现实，技术永远没法参透人心叵测。或许是，改善？哪怕是能改善一点也好。让更多的会计师懂得这些猫腻，知道从哪个位置寻找突破口，让监管部门能更轻松地抓到财务造假，让更多普通投资者知道如何去用简单的方法判断上市公司的公告信息正确与否、真实与否，自己能做的恐怕也就这些了。没准晓东以后能做的贡献比自己要大，只是将来要面临的风险也不是常人所能理解的。按照晓东的性格，他可能真的跑到美国去创立一家沽空公司，这家伙可是敢想敢干的人。或许沽空还真有可能是大范围减少财务造假的最有力武器。时代总是在发展的，审计手段也是在进步的，投资人越来越趋于理性，这些都是很好的趋势。蓝迅霆打开了一点车窗，让夜晚凉爽的风吹进满是酒味的车里，顿感精神了许多。未来或许有一天，财务造假这个污浊空气也会被清爽之风吹散，让中国的资本市场越来越清新，越来越充满活力。

几天后首都机场等待早航班的旅客络绎不绝，钱晓东从出租车上下来，左手拎着一个行李箱，右手拎着一个高尔夫包，一身精致的休闲装让整个人显得格外精神，就如同他每次去海南打高尔夫一样，除了行李箱大了一点。

钱晓东不紧不慢地走向国际航班的离港办理柜台，顺利地办理好登机牌，把箱子和提包办好托运以后，环顾了一下四周，有种说不出来的轻松。这几年自己在事业上投入的精力实在太多，几乎从没有考虑过自己真正的喜好，也很少考虑家人的需要。身边每个人都认为自己是事业有成的精英，却不知道自己越是不断收获成就也就越发感到心里不踏实。今天，这种感觉终于没有了，可以踏踏实实地重新做一次真正属于自己的选择了。不知不觉已经走到了海关通道，等待过海关的人并不多，每个通道里只有三三两两的几个人，钱晓东随便选了一个通道站在了队尾。

海关柜台后多了两个身穿黑色西装、白色衬衣的男士，站在钱晓东排队的海关窗口后面。钱晓东不知什么原因犹豫了一下，本能地向后转身，可此时身后也站着两位男士，挡住了钱晓东。

"请问是钱晓东先生吗？"其中一个男士发问，表面客气的语气中带着一股不容反驳的威力。

"我是。"钱晓东一脸茫然地盯着两个人。

"钱先生，我们是市公安局的。"说着其中一个人掏出证件在钱晓东前面亮了一下，"麻烦您跟我们回局里协助调查一些事情。"

"可是，我的行李已经……"钱晓东的脑袋开始嗡嗡作响，但自己居然还清醒地意识到竟然不是说已经快要登机了，反而说了自己的行李。

"您放心，您的行李我们已经给您妥善保管了，而且您也已经被限制离境。您的行李随后也会和您一起送到局里。"

"……"钱晓东刚刚放松不到十分钟的状态瞬间回到以往。该来的还真的只是迟来了而已。

这时在海关柜台里的两个人也走了过来，四个人把钱晓东围在了中间。钱晓东定了定神，脑子里飞快地划过了这几年做过的所有的财务处理，两手习惯性地拽了拽运动夹克，抬起头来对着他们说了声"好的，走吧。"

四个人围在钱晓东四周，一行人快速地穿过候机大厅走到室外，早已经有几辆黑色轿车等在外面，钱晓东站在车边停下来，使劲地看了一眼蓝色的天空，便坐上了黑色轿车消失在了北京的早高峰车潮中。